湖北省社科基金一般项目（后期资助项目）成果

中国社科研究文库

CHINESE SOCIAL SCIENCE RESEARCH LIBRARY

新时代文化育人研究

涂爱荣 ｜ 著

九 州 出 版 社

JIUZHOUPRESS

图书在版编目（CIP）数据

新时代文化育人研究／涂爱荣著．--北京：九州
出版社，2021.6

ISBN 978－7－5225－0158－1

Ⅰ.①新… Ⅱ.①涂… Ⅲ.①文化素质教育—研究

Ⅳ.①G640－012

中国版本图书馆 CIP 数据核字（2021）第 113727 号

新时代文化育人研究

作　　者　涂爱荣　著

责任编辑　周弘博

出版发行　九州出版社

地　　址　北京市西城区阜外大街甲 35 号（100037）

发行电话　（010）68992190/3/5/6

网　　址　www.jiuzhoupress.com

印　　刷　三河市华东印刷有限公司

开　　本　710 毫米×1000 毫米　16 开

印　　张　17

字　　数　301 千字

版　　次　2021 年 6 月第 1 版

印　　次　2021 年 6 月第 1 次印刷

书　　号　ISBN 978－7－5225－0158－1

定　　价　95.00 元

目 录
CONTENTS

导　言

　　党的十九大报告作出中国特色社会主义进入新时代的重大判断。新时代意味着新起点、新要求，新时代呼唤新气象、新作为，新时代要有新的精神面貌，新时代的公民也要有新的、更高的文化素养、道德素养和法治素养。新时代为我国社会发展指出了新的历史方位，也对新时代的文化育人工作指明了方向。新时代我国社会主要矛盾已经发生变化，由"人民群众日益增长的物质文化需要同落后的社会生产之间的矛盾"转化为"人民日益增长的美好生活需要和不平衡不充分的发展之间的矛盾"，这是从量到质的变化。这一社会主要矛盾发生变化的社会基础是，只讲"物质文化需要"已经不能真实、全面地反映人民群众的愿望和要求，而提出"美好生活需要"则涵盖面更广，更能体现人民群众的需要呈现多样化、多层次、多方面的特点，包括更好的教育、更稳定的工作、更满意的收入、更可靠的社会保障、更高水平的医疗卫生服务、更舒适的居住条件、更优美的环境、更丰富的精神文化生活，等等。这一新的社会矛盾表现在文化方面，一是"美好生活需要"包含了更丰富、更美好的精神生活和文化生活，二是"不平衡不充分的发展"在文化领域、精神领域、教育领域同样存在，这一矛盾也对新时代文化育人提出了新的课题。

　　新时代，坚持和发展中国特色社会主义，需要物质文明和精神文明全面发展，人民物质生活和精神生活水平全面提升。中国特色社会主义进入新时代，实施文化育人，落实立德树人，以社会主义核心价值观为遵循，加强公民道德建设，加强公民爱国主义教育，提高全民族的思想道德文化素质，是全面建成小康社会、全面建设社会主义现代化强国的战略任务，是适应社会主要矛盾变化、满足人民日益增长的美好生活需要的迫切需要，是促进社会全面进步、人的全面发展的必然要求。2019年中共中央相继出台的《新时代公民道德建设实施纲要》和《新时代爱国主义教育实施纲要》，将新时代的文化育人工作提升到了前所未有的高度，对新时代的文化育人工作也提出了新的更高的要求。新时代是伟大的时代，伟大的时代孕育伟大的思想，伟大的思想引领伟大的时代。新时代文化育人必须以习近平新时代中国特色社会主义思想为指导和引领，紧紧围绕进行伟大斗争、建设伟大工程、推进伟大事业、实现伟大梦想，促进全体人民在思想信念、价值理念、道德观念上的紧密团结，在全民族牢固树立中国特色社会主义共同理想，在全社会大力弘扬社会主义核心价值观，促进全体人民思想道德素养和文化素养的提升。

文化是一个民族的血脉，一个国家、一个民族的兴盛，总是以文化的兴盛为前提，它的存在和发展关乎国家兴衰。马丁·路德有句名言："一个国家的前途，不取决于它的国库之殷实，不取决于它的城堡之坚固，也不取决于它的公共设施之华丽，而在于它的人民是不是具有开明的品格和高尚的道德，这才是利害攸关的力量所在。"这表明，作为一种精神力量的文化是一个国家的灵魂，如果一个国家只有经济的发展、物产的丰富、军事的强盛，但是没有兴盛的文化滋养，也不能实现真正的富强。文化在育人中担负着促进人的全面而健康发展的重要使命和责任。近年来，党和国家出台了一系列重要文件，多次强调文化的重要价值，并强调指出，"文化育人"的基本任务是要"注重以文化人，以文育人"，为新时代的文化育人指明了方向。"人是文化的存在物，对于人类社会而言，文化也无异于是社会的各种物质骨骼的纽带及人类社会进步的牵引力"①，文化赋予世界和人生以意义和价值。文化是一套蕴含意义和承载价值的符号体系，无论伦理、哲学还是艺术，都以特定的方式构建着世界和人生的意义和价值体系。文化的层面是相对稳定的层面，也是最深层次的层面，无论对一个人或一个政党，一个国家或一个社会，它都是一种潜移默化的因素，是影响潜意识的因素。"一个国家或政党，当把自己的政治纲领由政治的层面深入、内化、涵摄、升华到文化的层面，就能更好地对人们产生影响力，更好地发挥其领导作用，从而更好地巩固政权，基业长青。"②

---

① 沈壮海. 中国文化建设的现实境遇及其方法论原则［J］. 武汉大学学报（人文科学版），2000（9）.

② 冯刚. 关于大学生核心价值观培育问题的思考［J］. 学校党建与思想教育，2012（05）.

　　2014 年，习近平总书记在联合国教科文组织总部发表演讲时指出，"我们要大力推动文化事业发展，通过文化交流，沟通心灵，开阔眼界，增进共识，让人们在持续的以文化人中提升素养，让文化为人类进步助力"①，在此，他明确提出要在"以文化人中提升素养"；随后，在全国高校思想政治工作会议上，他又进一步强调做好高校思想政治工作要"注重以文化人、以文育人"；2018 年 5月 2 日在北京大学师生座谈会上他又强调"要把立德树人的成效作为检验学校一切工作的根本标准，真正做到以文化人、以德育人，不断提高学生思想水平、政治觉悟、道德品质、文化素养，做到明大德、守公德、严私德"②。习近平总书记多次强调要更加注重以文化人、以文育人，实现全程育人、全方位育人，以"培养担当民族复兴大任的时代新人"为着眼点，推动社会主义核心价值观内化于心、外化于行，不断提升文化育人工作的质量与水平，并提出了关于文化育人的一系列新思想、新观点、新战略。在新时代文化育人中，"要切实提高政治站位，把用习近平新时代中国特色社会主义思想铸魂育人作为首要任务落实和推进，持续为中国特色社会主义培养有信仰、有大德、有担当、有能力的合格建设者和可靠接班人"③，用习近平新时代中国特色社会主义思想铸魂育人，事关国家意识形态安全，事关立德树人根本任务，事关国家发展民族复兴。用习近平新时代中国特色社会主义思想铸魂育人，落实到行动上，就是要养成积极笃行的态度，将习近平新时代中国特色社会主义思想融入日常学习生活，转化为推动个人和社会进步的物质力量，努力做到在行动中感悟习近平新时代中国特色社会主义思想，以实干和笃行推动个人成长、国家进步，做担当民族复兴大任的时代新人。

　　所谓文化育人，简言之，就是以文化的理念、文化的内容、文化的形式、文化的手段、文化的方法、文化的意蕴、文化的精神来培育全面发展的人，使之在德智体美劳各方面得到充分而健康的发展。具体而言，就是以渗透在风俗习惯、伦理道德、规章制度、法律条文、政策文件等社会化介体中的文化为手段，充分运用人类创造的一切优秀文化成果来教育人、影响人、熏陶人、培养

---

① 习近平. 在联合国教科文组织总部的演讲［N］. 人民日报，2014-03-28.
② 习近平. 在北京大学师生座谈会上的讲话［N］. 人民日报，2018-05-03.
③ 沈壮海. 用习近平新时代中国特色社会主义思想铸魂育人［J］. 思想理论教育，2020
（6）.

人和发展人。文化既是育人的理念和内容，也是育人的途径和目标，"文化育人"这一概念，全面地回答了"以什么育人、怎样育人、育什么样的人"的问题。人是文化和教育的主体，文化育人是一个启发、引导、提升人的创造力、道德力和精神力的过程，其实质是人借助于文化的力量和人自身的本质力量，不断获得文化中所蕴含的道德力量和精神力量，使人不断趋于文明化、文化化，不断提升人的精神境界和文化素养、道德素养，不断脱离低级趣味，不断摆脱野蛮状态，不断成长为更加文明、更加完善的人，不断发展为更加全面的人，正如习近平总书记指出："文化的力量，或者我们称之为构成综合竞争力的文化软实力，总是润物无声地融入经济力量、政治力量、社会力量之中，成为经济发展的'助推器'、政治文明的'导航灯'、社会和谐的'黏合剂'"①，因此，"要化解人与自然、人与人、人与社会的各种矛盾，必须依靠文化的熏陶、教化、激励作用，发挥先进文化的凝聚、润滑、整合作用"②。这里所讲的"助推器""导航灯""黏合剂"都是文化所产生的最深层的作用和影响。

强调文化育人，首先要明确"用什么样的文化来育人"的问题，这是新时代文化育人的基础和前提，用什么样的文化来育人，从根本上决定了新时代文化育人的最终成败。冯刚教授曾指出："我们强调'以文化人'，首先明确'文'必须是体现人类社会发展方向的以马克思主义为指导的社会主义先进文化，在当今中国，就是要以社会主义核心价值观引领人们的言行；'化'即教育感化，就是要重视人文教育、隐形教育，注重精神成长、思想提升，坚持潜移默化、润物无声，通过人们喜闻乐见的方式，长久地、默默地、逐渐地感染人、影响人、转化人，让人们在潜移默化中接近和接受正确的价值观、远离和摈弃错误的价值观。"③ 可见，用来"育人"的文化，从性质上讲，必须是体现人类社会发展方向的文化，在新时代，即是以习近平新时代中国特色社会主义思想为指导的、体现社会发展要求和社会进步的中国特色社会主义先进文化。因此，"在当代中国，'化人'之'文'必须以马克思主义为指导，来保证'文'的方向；必须以社会主义核心价值观为灵魂，来滋养'文'的生命；必须以中华优

---

① 习近平. 之江新语 [M]. 杭州：浙江人民出版社，2007：149.
② 习近平. 之江新语 [M]. 杭州：浙江人民出版社，2007：149.
③ 冯刚，刘晓玲. 坚持以文化人，深入推进社会主义核心价值观培育践行 [J]. 思想理论教育导刊，2016（01）.

秀传统文化为命脉,来传承'文'的基因;必须以其他民族的一切优秀文化为借鉴,来丰富'文'的涵养",这其中,最重要的化人之"文"就是中国特色社会主义文化①。中国特色社会主义文化,即具有中国特色、中国气派、中国风格、体现中国精神的中华文化。习近平总书记指出:"中国特色社会主义文化,源自中华民族五千多年文明历史所孕育的中华优秀传统文化,熔铸于党领导人民在革命、建设、改革中创造的革命文化和社会主义先进文化,植根于中国特色社会主义伟大实践"②,这种文化包括老祖宗留下的"传家宝",也包括建设积累的"健力宝",还有充满文化资源和精神财富的"支付宝"③。

中华文化发轫于人类文明的轴心时代,在漫长的历史长河中薪火相传,一脉相承,推陈出新,与时俱进,历经沧桑而绵延不绝,形成了"在5000多年文明发展中孕育的中华优秀传统文化、在党和人民伟大斗争中孕育的革命文化和社会主义先进文化,积淀着中华民族最深沉的精神追求,代表着中华民族独特的精神标识"④,习近平总书记的这段话鲜明地指出,源自中华民族五千多年文明历史所孕育的中华优秀传统文化,熔铸于中国共产党领导人民在革命、建设、改革中创造的革命文化和社会主义先进文化,是当代中国的主流文化,是中华文化的精髓,是中华民族的精神血脉。优秀的传统文化、奋发向上的革命文化和社会主义先进文化作为新时代的主流文化,是相互交融、相互渗透的。与时俱进的中华优秀文化,有着穿越时空的恒久生命力,不断为中华民族提供着持续的精神动力和丰富的文化滋养,在新时代,为中国发展社会主义先进文化提供了坚实基础和精神保障,也为中国人增强了文化自觉、文化自信、文化自强的底气,成为文化育人的源头活水。

党的十九大报告明确指出:"中国共产党从成立之日起,既是中国先进文化

---

① 骆郁廷,陈娜. 论"化人"之"文"[J]. 思想理论教育导刊,2016 (11).

② 习近平. 决胜全面建成小康社会 夺取新时代中国特色社会主义伟大胜利——在中国共产党第十九次全国代表大会上的报告 [EB/OL]. 新华网,2017-10-18.

③ 孟宪平. 习近平关于社会主义文化建设重要论述的特征论析 [J]. 中国井冈山干部学院学报,2019 (01).

④ 习近平. 在庆祝中国共产党成立95周年大会上的讲话 [EB/OL]. 新华网,2016-07-01.

的积极引领者和践行者，又是中华优秀传统文化的忠实传承者和弘扬者。"① 中华优秀传统文化是先进文化之"根"，中华优秀传统文化孕育了中华民族宝贵的精神品格和崇高的价值追求，是社会主义先进文化最丰富的精神资源，是中华民族生存和发展之"根"；革命文化是先进文化之"源"，中国共产党在继承中华优秀传统文化的基础上，在新民主主义革命中，紧紧依靠中国人民，创造了丰富多彩的革命文化；社会主义先进文化是当代文化之"魂"，它集中反映了中国特色社会主义道路的本质要求，继承了中华优秀传统文化和革命文化的精神内核，吸收了世界文明的有益成果，体现了以爱国主义为核心的民族精神和以改革创新为核心的时代精神，是中国特色社会主义文化的本质体现，反映了新时代文化的价值追求。正如沈壮海教授形象比喻的："如果将中华文化喻作由远古奔腾而来的一条长河，那么，中国特色社会主义文化则是这条汪洋激流在当今时代的流段，是引领中华文化的汪洋激流继续向前的潮头。当代中国共产党人和中国人民的文化使命，就是为这条汪洋激流拓展更加开阔的河床，开掘更加丰富的源泉，注入更加充沛的流量。"② 新时代文化育人必须大胆借鉴、广泛吸收人类一切优秀文明成果，推进中华优秀传统文化的创造性转化和创新性发展，继承革命文化，发展社会主义先进文化，以习近平新时代中国特色社会主义思想为文化育人的主要内容，在为新时代鼓与呼中以文化滋养社会、铸魂育人，更好构筑中国精神、中国价值、中国力量，为人民提供精神指引。

总之，新时代文化育人必须坚持以马克思主义和习近平新时代中国特色社会主义思想为指导，来保证"文化育人"中"文化"的性质和方向，必须以社会主义先进思想和核心价值观为灵魂，来滋养"文化育人"中"文化"的活力和生命，必须以中华优秀传统文化为根脉，来传承"文化育人"中"文化"的传统和基因，必须以其他民族的一切优秀文化为借鉴，来丰盈"文化育人"中"文化"的气度和涵养。新时代文化育人要从中华优秀传统文化、中国革命文化和社会主义先进文化中汲取营养、吸纳智慧、吸收能量，将中华优秀传统文化、中国革命文化、社会主义先进文化以及文化的新形态网络文化、作为育人重要

---

① 习近平. 决胜全面建成小康社会 夺取新时代中国特色社会主义伟大胜利——在中国共产党第十九次全国代表大会上的报告 [EB/OL]. 新华网，2017-10-18.
② 沈壮海. 担负起新的文化使命 [J]. 思想理论教育导刊，2017（11）.

阵地的校园文化等文化形式"像石榴籽一样"紧密结合在一起，形成可持续发展的文化育人系统，增强新时代文化育人底气，加厚文化底蕴，坚定文化自觉与文化自信，形成文化育人的巨大合力，为培养中国特色社会主义事业的合格建设者与可靠接班人提供源源不断的育人动力。

第一章

文化：概念及功能

　　文化，是一个古老的词汇，其内容十分广泛和丰富，由"文"和"化"两个字组成，在汉语口语系统和典籍中，"文""化"和"文化"都是常用词汇，也是众多学科的研究对象和范畴，不同的学科、不同的学者甚至不同的语境下，人们对"文化"所下的定义不同。作为一种精神现象，在不同的范围、不同的层次，文化具有不同的功能，其中，教化功能、育人功能是文化最主要的功能。

一、文化概念的演变

　　"文化"是一个内容十分广泛和丰富、包罗万象的系统，是一个纷繁复杂的概念，"文化"一词，既是一个汉语词汇，也是一个外语词汇。据不完全统计，古今中外学者关于文化的定义不下两百种，但都莫衷一是，因此，构成文化概念上的仁者见仁、智者见智的现象。

（一）国内"文化"概念的演变

　　"文"和"化"为汉语中常用的两个字，也可以看作是汉语中的两个单音节词汇，随着语义学的发展，成为一个词语"文化"。

　　1."文"字溯源

　　《易经》中说："物相杂，故曰文"，《礼记·乐记》中称："五色成文而不乱"，在此，"文"即各色交错的纹理，这是"文"的本义，后来引申为"包括语言文字在内的各种象征符号，进而具体化为文物典籍、礼乐制度"，《尚书·序》所载伏羲画八卦，造书契，"由是文籍生焉"，《论语·子罕》所载孔子说"文王既没，文不在兹乎"等，就是这个意思；后来，由"各色交错的纹理"这一意思又导出彩画、装饰之意，引申为修饰、人为加工、经纬天地、人为修养等含义，与"质""实"意思相近，所以《尚书·舜典》疏："经纬天地曰文"，《论语·雍也》中也称"质胜文则野，文胜质则史，文质彬彬，然后君子"；再后来，其意又进一步推衍为美、善、德行、文德教化，以及文辞、文章等含义，与"野"对称，或与武事对称，这便是《礼记·乐记》所谓"礼减而进，以进为文"、郑玄注"文犹美也，善也"、《尚书·大禹谟》所谓"文命敷于四海，祗承于帝"① 之中"文"之意所在。《说文解字》中又讲："文，错画也，象交文"，即"错而画之，乃成文"。在中国传统文化习惯中，"文"含有文明、文章、人文等含义。从"百度汉语"中可以搜索到，"文"字的意思则多达12种：1. 字；语言的书面形式；2. 文章；3. 文言；4. 指文科；5. 非军事的，与"武"相对；6. 柔和，不猛烈；7. 旧指礼节、仪式等；8. 指自然界的某些现象；9. 在身上、脸上刺画花纹或字；10. 文饰，掩饰；11. 量词，用于旧时的铜钱；12. 姓氏。足见其义之丰。

2. "化"字探源

"化"是汉语中的常见字，最早见于商代甲骨文②。"化"字的古字形由一个头朝上的人和一个头朝下的人组成，其本义为"生成""变化""改变""造化""化育"等，如《庄子·逍遥游》："化而为鸟，其名曰鹏"；《易·系辞下》："男女构精，万物化生"；《黄帝内经·素问》："化不可代，时不可违"；《礼记·中庸》："可以赞天地之化育"等等。可见，"化"主要指事物形态或性质的改变，由此义引申为通过教育使风俗、风气、人心发生改变，这一过程称为"教化"，如"我无为而民自化"（《道德经》）；还可引申指风俗、风化，也指自然界从无到有、创造化育世间万物，即造化；另外，"化"又可引申为教行迁善之义，即以德化民，如《礼记·乐记》中的"化民成俗"。《说文解字》中讲："化，教行也。""百度汉语"中搜索到的"化"有10种意思：1. 变化，使变化；2. 感化；3. 熔化，融化，溶化；4. 消化，消除；5. 烧化；6. （僧道）死；7. 指化学；8. 后缀，加在名词或形容词之后构成动词，表示转变成某种性质或状态；9. 姓；10. （僧道）向人求布施。按照中国传统文化习惯，"化"包含有变化、转化、进化、开化等含义，如《易·系辞》中所讲"拟议以成其变化"，而在现代汉语中，"化"字多表示转变为某种性质或状态，或表示将某种事物普遍推广，作后缀用。

---

① 冯天瑜，何晓明，周积明. 中华文化史［M］. 上海：上海人民出版社，2015：3.
② 李学勤主编，赵平安副主编. 字源［M］. 天津：天津古籍出版社、辽宁人民出版社，2013：723.

3. "文化" 词源

最早表达 "文化" 一词含义的，当数《易经》："刚柔交错，天文也；文明以止，人文也。观乎天文以察时变，观乎人文以化成天下。" 其意是说，天生有男有女，男刚女柔，刚柔交错，这是天文，即自然；人类据此而结成一对对夫妇，又由一对对夫妇而化成一个个家庭，最终形成国家，乃至天下，这是人文。通过观察天象，来了解时序的变化，通过观察人类社会的各种现象，用教育感化的手段来治理天下。《易经》中的这段话强调，治国者既要观察 "天文"，以明了时序之变化，还需观察 "人文"，使天下之人均能遵从文明礼仪，行为止其所当止，为其所当为。"人文"，指人伦社会规律，即社会生活中人与人之间纵横交织的关系，如君臣、父子、夫妇、兄弟、朋友，构成复杂的人际关系网络，具有纹理表象。在此，"文化" 虽然尚未作为一个独立的词汇运用，但其中的 "人文" 和 "化成" 即已构成完整的 "文化" 的含义，"以文教化" 的思想已十分明确。《论语》中也记述了孔子曾极力推崇周朝的典章制度，他说："周监于二代，郁郁乎文哉！吾从周。"（《论语·八佾》）这里的 "文" 也已经非常接近 "文化" 一词的意味了。而将 "文" 和 "化" 正式联用，将 "文化" 作为一个独立的词汇，最早出自西汉刘向编撰的《说苑》一书，《说苑·指武》中写道："圣人之治天下也，先文德而后武力。凡武之兴，为不服也。文化不改，然后加诛。" 此外，《文选·补亡诗》中还记载有南朝梁昭明太子萧统所谓 "言以文化辑和于内，用武德加于外远"，即所谓 "文化内辑，武功外远" 的说法①。在此，"文化" 一词，强调的是与武治、武力相对的教化文治，其本义就是 "以文教化"，即以 "文" 对人的性情进行陶冶，对人的品德进行教养。后来，南齐王融在《三月三日曲水诗序》中写道："设神理以景俗，敷文化以柔远。" 可见，在中国古代，"文化" 的概念更多是侧重于 "文治" "教化"、礼仪风俗、礼乐典章制度等意义，更多是指以伦理道德教导世人，使人 "发乎情，止乎礼" 的意思。

4. "文化" 一词的嬗变

从最本原的涵义来讲，"文化" 一词或与天造地设的 "自然" 相对，或与未经雕琢的 "质朴" "野蛮" 等原生态状态相对。随着社会的发展变化，尤其

---

① 参见王炳华，盛瑞裕等. 中国传统文化十二讲 [M]. 武汉：华中科技大学出版社，2001：3.

是西方人文社会科学的传入，"文化"一词的涵义也在不断丰富和发展，逐渐演化为一个内涵丰富、外延宽广的多维概念，成为众多学科探究、阐发的对象，从而呈现出对"文化"概念的"百家争鸣"盛况。林毅夫在《经济发展与中国文化》一文中写道："什么是文化。当然定义文化的方式非常多，不同学者的定义方式会不一样，我个人比较接受费孝通先生的一个定义，他认为文化包含三个层次：第一个层次是生产、生活的工具，国家、社会用什么样的工具、器物来生产、生活。比如中国人用筷子、西方人用刀叉、印度人用手抓，所用的器物不一样。这当然包括国家打仗时候用什么，用洋枪大炮、还是大刀长矛？这是器物层次；第二是组织层次，按照费孝通先生的定义，包括这个社会里面怎样把个人组织起来，让单独的个人能够结合在一起、在一个社会里面共同生活以及他们之间怎样互动。它包含很多内容，比如政治组织、宗教组织、生产组织、国家机器等等；此外还包含一个价值观念的层次，人怎么想，什么可以接受？什么不可以接受？什么好？什么不好？好坏之间，各个社会的价值观念、行为选择标准不一样。三个层次不可分割，是一个有机整体。"① 有的学者认为，文化是指人类精神生产的领域，是观念形态的反映，其核心内容是作为精神产品的各种知识。如，我国著名学者任继愈先生认为文化有广义和狭义之分，广义的文化，包括文艺创作、哲学著作、宗教信仰、风俗习惯、饮食器服之用，等等；狭义的文化，专指能够代表一个民族特点的精神成果②；梁漱溟先生则认为："文化，就是吾人生活所依靠的一切，意在指示人们，文化是极其实在的东西。文化之本义，应在经济、政治，乃至一切无所不包"③，在他看来，文化从外延上讲，是无所不包的；著名学者钱穆认为："文化只是'人生'，只是人类生活。文化是指集体的、大众的人类生活"④，他认为中国的"文化"偏重于精神方面，"最简切扼要言之，乃以教人做一好人，即做天地间一完人，为其文化之基本精神者"⑤，他强调的是文化的精神属性。以上观点，或仅从"文化"的内涵角度来做解释，或仅从"文化"的外延方面来做说明，凡此种种，不一而足。根据新中国成立后修订的《词源》，"文化"一词是指文治和教化，具体

① 林毅夫. 经济发展与中国文化 [J]. 战略与管理, 2003 (2).
② 任继愈. 任继愈谈文化 [M]. 北京：人民日报出版社, 2010.
③ 梁漱溟. 中国文化要义 [M]. 济南：山东人民出版社, 1990：9.
④ 钱穆. 文化与生活 [J]. 中华文化之特质, 台湾世界书局 1969：90.
⑤ 钱穆. 人生十论 [M]. 北京：三联书店出版社, 2009 年.

而言，文化指人类社会历史发展过程中所创造的全部物质财富和精神财富，也指社会意识形态。改革开放以来，文化界思想也越来越活跃，对"文化"的定义以及文化相关问题的研究也日渐成为中国学术界的一股潮流。

5."文化"的定义

关于"文化"的定义，林林总总。有学者认为，"文化是人类在处理人和世界关系中所采取的精神活动与实践活动的方式及其所创造出来的物质和精神成果的总和，是活动方式与活动成果的辩证统一"①，这个定义强调，"文化不仅是一种在人本身自然和身外自然的基础上不断创造的过程，而且是一种对人本身的自然和身外自然不断加以改造、使人不断从动物状态中提升出来的过程"②，这表明，"文化"的本质在于"创造"。也有学者认为，文化是人的生命活动发展的特殊方式，是人与自然、人与世界全部复杂关系种种表现形式的总和。如台湾作家龙应台将"文化"定义为"文化其实体现在一个人如何对待他人、如何对待自己、如何对待自己所处的自然环境。在一个文化厚实深沉的社会里，人懂得尊重自己——他不苟且，因为不苟且所以有品位；人懂得尊重别人——他不霸道，因为不霸道所以有道德；人懂得尊重自然——他不掠夺，因为不掠夺所以有永续的智能"，在此，她强调品位、道德、智能，是文化积累的总和。作家梁晓声认为"文化是根植于内心的修养，无需提醒的自觉，以约束为前提的自由，为别人着想的善良"。龙应台和梁晓声的文化定义，更多强调的是一种人文素养和品格修养。

与以上定义表述冗长不同，著名文化学者余秋雨用三十个字给文化作了最简短的定义："文化是一种成为习惯的精神价值和生活方式，它的最终成果是集体人格。"对此定义，他自己说，"这个定义好不好暂不去管它，但肯定是全世界最简短的"。这个定义包含三个核心概念：精神价值、生活方式、集体人格。用他自己的话说，"作为组成文化含义的精神价值和生活方式，在早期时间顺序上，是生活方式在前，精神价值在后。但当精神价值一出现，文化就有了主心骨。文化定义的精华，是'集体人格'这个概念，它使文化找到了终极归结点，那就是人"③，对此定义，他进一步阐释道，当生活稳定成习惯，就变成了生活方式；在一定生活方式中，人会逐渐处置自己与天地、与家族、与他人的关系，

① 张岱年，程宜山. 中国文化论争［M］. 北京：中国人民大学出版社，2006：1.
② 张岱年，程宜山. 中国文化论争［M］. 北京：中国人民大学出版社，2006：1.
③ 余秋雨. 中国文化课［M］. 北京：中国青年出版社，2019：23.

于是就出现了精神价值；精神价值和生活方式经过长时间的沉淀而为集体人格。

关于"文化"的定义，目前最权威的解释出自《辞海》一书，其中将"文化"一词的含义划分为三种。其一，从广义来看，文化是人类社会历史实践中所创造的物质财富和精神财富的总和；从狭义上讲，文化是社会意识形态，以及与之相适应的制度和组织机构。其二，泛指一般知识，包括语文知识在内。例如"学文化"就是指学习文字和求取一般知识；又如对个人而言的"文化水平"，也是指一个人的语文和知识程度。其三，指中国古代封建王朝所实施的文治和教化的总称。可见，文化是相对于经济、政治而言的人类全部精神活动及其产品。应该说，这个定义抓住了"文化"一词的基本特质，精准地解释了"文化"一词的内涵和外延，代表了我国目前大多数学者的观点。

（二）国外"文化"概念的演变

与汉语中"文化"一开始就具有"文治教化"含义不同，在国外，"文化"一词的含义也经历了一个不断变化和发展的演变过程。

1."文化"词源

从词源和语义上考察，英文中与"文化"对应的词汇为"Culture"，"Culture"源于拉丁文"cultura"（名词），也与"Colere"（动词）一词有关，"Colere"原意指耕耘、栽培，即是用农业来暗喻哲学上所谓灵魂的发展，即人类发展的最高境界，也就是通过人的能力的培养及训练，使之超乎单纯的、原生态的"自然"之上，因而，这一词汇含有"培养""耕种""发展""尊重""教育""居住""练习""留心""注意"等多重意义，蕴含着通过人为努力摆脱自然状态的意思。古罗马哲学家西塞罗在《图斯库卢姆辩论》中首次使用"Culture"一词的转义，他的"性灵的陶冶""智慧文化即哲学"这些名言中，将"文化"的转义表达为改造、完善人的内在世界，使人具有理想公民素质的过程。此后，"文化"一词又逐渐引申为对禾苗的培育、培养，并在此基础上进一步引申为对人类心灵、知识、情操、风尚的化育。经过中世纪、文艺复兴、启蒙运动等阶段，至十七、十八世纪，"文化"的内涵已有相当的扩展，指称一切经人为力量加诸自然物之上的成果，即文化是指一切经过人为雕琢的产品之总和。

可见，外语中的"Culture"是从物质生产活动逐渐引入到精神生产活动的。"在今天的英语中，Culture 有着十分广泛的用途，农业为 agriculture，经过人工培养的珍珠为 Culturpearls，体育为 Physicalculture"①。最早从人类学立场对"文化"进行界定的是英国人类学家 E·B·泰勒，他认为文化是一个整体，他在1871 年出版的《原始文化》一书中，对文化的定义是："所谓文化（culture）或文明（civilization）就其广泛的民族之意义来说，乃是包括全部的知识、信仰、伦理道德、艺术、法律、习俗以及能为社会人员所接受与掌握的任何其他才能和习惯的复合体。"② 这一界定，指明了文化的整体性，他对文化的这一概念对后来的许多社会科学家、人类学家都产生了很大影响。

2."文化"概念分野

国外学者从不同的学科对"文化"概念的界定也不尽相同。当代西方学者萨莫伐尔在《跨文化传播概论》（1981）中说："文化是一个复杂而棘手的概念。给文化下定义看起来很简单，但如果我们细细考虑定义的内涵，则'文化'一词就显得十分宽泛，从而难于把握了。"最早把"文化"作为一个独立概念使用的是德国法学家 S·普芬多夫，他认为"文化是社会人的活动所创造的东西和依赖于人和社会生活而存在的东西之总和"③。在泰勒之后，英国另一位文化人类学者马林诺夫斯基认为："文化是指那一样传统的器物、货品、技术、思想、习惯及价值而言的，并且包括社会组织。"④ 他将"社会组织"包含于"文化"定义之中。1952 年，美国人类学家艾尔雷德·克劳泊和莱德克·鲁克霍斯罗列出由人类学、社会学、心理学等学科的学者对文化的定义，这些定义有描述性的、有历史性的、有规范性的、有心理性的、有结构性的、有遗传性的，在此基础上，他们对文化下了一个综合性的定义："文化是各种显型的或隐型的行为模式，这些行为模式通过符号的使用而习得或传授，构成包括人造事物在内的人类群体的显著成就；文化的基本核心包括传统的（即由历史衍生及选择而得的）观念，特别是与群体紧密相关的价值观念；文化体系既可被看作人类活动的产物，又可视为人类作进一步活动的基本条件。"⑤ 这个定义在学术界产生了巨大而且长久的影响，学术界也基本认同文化的这一定义。可见，"英、美

① 沈福伟. 中西文化交流史［M］. 上海：上海人民出版社，2006.
② ［英］泰勒著，蔡江浓编译. 原始文化［M］. 杭州：浙江人民出版社，1988：1.
③ 沈福伟. 中西文化交流史［M］. 上海：上海人民出版社，2006.
④ 马林诺夫斯基著，费孝通等译. 文化论［M］. 北京：商务印书馆，1946：2.
⑤ 唐美君. 文化［A］芮逸夫. 云五社会科学大辞典［M］. 台北：台湾商务印书馆，1971.

传统的文化研究者将文化理解为既定事实的各种形态的总和，即将文化视为人类创造的物质和精神成果的总和"①。

德国古典哲学家康德则把"文化"界定为"有理性的实体为了一定目的而进行的能力之创造"②；德国人类学家夏埃尔·兰德曼说，文化是由人自身的自由的首创性所创造的，正因如此，人类创造了丰富多彩的文化，例如不同的民族有不同的文化，不同的时代有不同的文化。"德国传统的文化研究者则将文化理解为一种以生命或生活为本位的活的东西，或者说，生活的样态。"③

法国著名学者卢梭在他的《社会契约论》一书中指出，文化是风俗、习惯，特别是舆论。在他看来，文化的特点之一是，铭刻于人们的内心；特点之二是，文化是慢慢地诞生的，但每天都能获得新生力量并逐渐取代过去的权威力量；特点之三是，能够维系人们的法律意识。法国另一位学者大卫·克雷认为，文化一词应具有两种相关的含义，文化首先支持着群体或组织成员广泛持有的神话、象征、故事等价值观念，同时，文化也代表着存在于一个国家或一些其他大型政治组织中以价值观念为基础所构筑成的共同团体。他进而指出，文化是一组通过学习可以获得的、共享的、相互关联的符号，它为团体成员提供某些方针，能为组织或团体的生存提供必要的解决方案。

荷兰哲学家冯·皮尔森说，文化不再是一种利在于人的、在历史中自动发生作用的非人格力量。这样看来，文化一词，与其说是名词，倒不如说是动词。故此，人们在考察文化时，就不应把它作为一个已完成的事态、一个现状，而应把它作为现代文化构成其一个阶段性的历史过程。显然，皮尔森对文化的界定具有浓厚的人本主义特色，宣扬了人的主体性，但是也揭示了一些深邃的哲理。皮尔森同时还指出：人应当成为自己的导师；人从不会停止在历史或自然过程所给定的东西上，而应坚持寻求增进、变化和改革。人不能单纯地问事物"是"怎样，而应问它"应该是"怎样。因此，人的生存具有用"超越性"战胜"固有性"的特征。

萨莫伐尔认为，文化是一种持续的、恒久的、无所不在的、为人们所接受的习惯性行为，在此基础上，他提出，"文化是一种积淀物，是知识、经验、信仰、价值观、处世态度、意指方式、社会阶层的结构、宗教、时间观念、社会

① 张岱年，程宜山. 中国文化论争 [M]. 北京：中国人民大学出版社，2006：1.
② 沈福伟. 中西文化交流史 [M]. 上海：上海人民出版社，2006.
③ 张岱年，程宜山. 中国文化论争 [M]. 北京：中国人民大学出版社，2006：1.

功能、空间观念、宇宙观以及物质财富等等的积淀，是一个大的群体通过若干代的个人和群体努力而获取的"①，萨莫伐尔的这一概括虽然缺乏严谨的逻辑性，但反映了 20 世纪人类对文化内涵的现代拓展。美国当代著名人类学家哈维兰在他的《当代人类学》（1987）中指出，可为人所接受的文化定义应是：文化是一系列规范或准则，当社会成员按照它行动时，该行为应限于社会成员认为合适和可接受的变化范围内。

可见，在西方，关于"文化"一词，在欧洲国家往往含有极深邃的精神意义，而在英美等一些国家，"文化"一词常常具有普遍的社会的、政治上的意义。尽管对"文化"的定义不同，但国外学者们都强调文化具有超自然性、超个体性的特点，都认为文化现象包含物质财富、精神产品和活动方式（思维、生产、生活、组织、行为等），是一个综合性的概念。

二、文化的内涵与外延

对"文化"这个概念，目前比较普遍的解读是："智慧群族的一切群族社会现象与群族内在精神的既有、传承、创造、发展的总和"，一般包括历史地理、风土人情、传统习俗、生活方式、宗教信仰、文学艺术、道德规范、法律制度、思维方式、价值观念、审美情趣等等。其实，文化既包括世界观、人生观、价值观等具有意识形态性质的部分，又包括自然科学和技术、语言和文字等非意识形态的部分。所以，无论东方还是西方的辞书或百科中都有一个较为共同的解释和理解：文化是相对于政治、经济而言的人类全部精神活动及其活动产品的总和。

（一）文化的内涵

文化的内涵探讨的是"文化"一词的深度问题。从上面对文化概念的探讨可以看出，"文化"是一个内涵丰富的概念。

1."文化"的涵义

文化，有广义的文化，也有狭义的文化。从广义来看，文化指的是人类社会古往今来在文明与进化方面所取得的包括物质文明与精神文明在内的一切成果；从狭义来看，文化指的是由一定社会存在决定的社会意识形态各个方面的文明与进化的总和。毛泽东在《新民主主义论》中对文化作了这样的描述："一

---

① 刘登阁，周云芳. 西学东渐与东学西渐［M］. 北京：中国社会科学出版社，2000．

定的文化（当作观念形态的文化）是一定社会的政治和经济的反映，又给予伟大影响和作用于一定社会的政治和经济。"① 这与马克思从政治立场出发对"文化"的理解是不谋而合的，马克思认为，文化的本质是意识形态及意识形态的产物，文化属于社会上层建筑，其发展程度受社会生产发展和经济基础的影响。

　　如前所述，文化是"人类全部精神活动及其活动产品的总和"，因此对文化的丰富涵义可以从不同的层面来加以理解和把握。从技术层面看，文化指人类加工自然造成的技术的、器物的、非人格的、客观的东西；从价值体系层面看，文化是指人类在加工自然、塑造自我的过程中形成的规范的、精神的、人格的、主观的东西。无论是从技术层面还是价值体系层面看，文化都是主观和客观的统一，是主观和客观的总和。从这个角度讲，文化是凝结在物质之中又游离于物质之外的，能够被传承的国家或民族的历史、地理、风土人情、传统习俗、生活方式、文学艺术、行为规范、思维方式、价值观念等，它是人类相互之间进行交流的普遍认可的一种能够传承的意识形态，是对客观世界感性上的知识与经验的升华。

　　作为一种"总和"的意识形态，"文化"也可从不同的学科视角加以阐释，不少哲学家、社会学家、人类学家、历史学家和语言学家一直努力，试图从各自学科的角度来界定文化的内涵。从哲学学科的视域看，文化从本质上讲是哲学思想的表现形式，哲学的时代性和地域性决定了文化的不同风格，一般而言，哲学思想的变革往往会引起社会制度的变化，而且往往还会伴之以对旧文化的镇压和新文化的兴起。存在主义论者认为，文化是对一个人或一群人存在的时间和存在的空间的描述，从时间上看，人存在于一定的历史年代和历史时代中，从空间上看，人存在于自然界中。时间是一个人或一群人存在于自然界中的重要平台，社会、国家和民族（家族）是一个人或一群人存在于历史和时代中的另一个重要平台，文化是指人们在这种存在过程中的言说或表述方式、交往或行为方式、意识或认知方式。

　　从人类学的角度，有学者提出，"文化的实质就在人和人的活动本身，即'人化'和'化人'：'人化'是指人以自己的活动，按人的方式改造整个世界，使相关的一切打上人文印迹，烙上人文性质；'化人'则意味着用这些改造世界的人文成果来武装人、提升人、造就人，使人获得更全面、更自由的发展，日

---

　　① 毛泽东选集（第二卷）[M]．北京：人民出版社，1991：663-664.

益成为'人'"①，在此，他把文化看作是一个动态的对人影响和作用的过程，并且强调，"人是文化之根、之源，文化反过来也规定着人'是什么'，规定着人'应该是什么''应该做什么'"②，提出作为受"文化"影响和改造的"人"本质和应该具有的行为状态。

2."文化"的类型

就文化内蕴而言，文化具有不同的类型。按照不同的民族文化传统划分，有汉族文化、满族文化、藏族文化、蒙古族文化、苗族文化、土家族文化等；按照不同的宗教对文化的影响划分，有基督教文化、佛教文化、伊斯兰教文化；按照不同的社会功能，文化可分为礼仪文化、服饰文化、民俗文化等；按照文化对人的影响的不同，有积极文化和消极文化之分；按照文化的品相划分，有先进文化、落后文化和腐朽文化之分；按照文化的格调划分，有雅文化和俗文化；按照不同的社会阶层划分，有贵族文化、平民文化、官方文化、民间文化等；按照文化的社会形态划分，有校园文化、企业文化、社区文化、社团文化等；按照人的活动的社会性质划分，有生产文化、生活文化和消费文化等。

就文化发展的历程而言，按照文化源头划分，有游牧文化、农耕文化、商业文化、工业文化、后工业文化（或后现代文化）；按照历史发展进程划分，有原始文化、古代文化、近代文化、现代文化或前资本主义形态文化、资本主义形态文化、共产主义形态文化（马克思）；按照历史地域文化沿革划分，有齐鲁文化、荆楚文化、湖湘文化、吴越文化、燕赵文化等。还有学者将文化作为独立于政治、经济之外的精神领域，将文化归纳为造型文化，如建筑、雕刻、版画、壁画、园林艺术等等；表现与再现文化，主要形式是文学艺术，包括音乐、舞蹈、杂技、散文、诗歌、小说、影视、戏剧等等；规范行为文化，即指导、规范人们的信念、理想、行为规则、生活方式等等的文化，主要包括伦理道德、风俗习惯、法律法规、原则规章等等；探索与传承文化，即人们探索客观规律并将知识传授、传播他人的文化，包括各门科学、各类教育和各种新闻③。这种分类法很大程度上是从狭义的文化概念上来进行划分的。

总之，从内涵上看，文化是一种社会历史现象，每一社会都有与其相适应

---

① 冯小平，张明仓."人化"与"化人"[M]．哈尔滨：黑龙江教育出版社，2010：9.
② 冯小平，张明仓."人化"与"化人"[M]．哈尔滨：黑龙江教育出版社，2010：9-10.
③ 参见刘景泉．关于文化分类的反思[J]．广东社会科学，2006（3）.

的文化，并随着社会历史的发展而发展。文化总是与人联系在一起的，文化的核心直接指向人，没有离开人的文化，有人才能创造文化；也没有离开文化的人，人既创造了文化，也享受着文化，同时也受约束于文化，最终又要不断地改造文化。文化是与人类存在和发展密切相关的物质的、精神的社会历史现象的总和，它既具有意识形态性，又具有时代性、民族性、地域性等特征。

（二）文化的外延

文化的外延探讨的是"文化"一词的广度问题。人类传统的观念认为，文化是一种社会现象，它是由人类长期创造形成的产物，同时又是一种历史现象，是人类社会与历史的积淀物。文化是社会发展与人类创造的才智在历史上所达到的水平，它既体现于物质财富中，也体现于精神财富中。著名文化学者冯天瑜指出："文化的实质性含义是'人类化'，是人类价值观念在社会实践过程中的对象化，是人类创造的文化价值，经由符号这一介质在传播中的实现过程，而这种实现过程包括外在的文化产品的创制和人自身心智的塑造。"① 依此定义，凡是超越本能的、人类有意识地作用于自然界和社会的一切活动及其产品，都属于广义的文化。关于文化的外延，学术界存在不同的结构划分，有"两分说""三层次说""四层次说""五分法""六大系统说"等等，其中，"三层次说"和"四层次说"较为普遍。

1."两分说"

"两分说"是将文化分为物质文化和精神文化两大类型。物质文化，是指人类为了适应自然并满足人类生存和发展需要所创造的物质产品及其所表现的文化，包括生产工具和劳动对象以及创造物质产品的技术，简单地说，就是满足人类衣、食、住、行所必需的全部物质层面的东西，文化不是物质本身，但文化可以以物质为载体，同样，物质也不是文化，但物质可以作为文化的载体而具有文化的内涵；精神文化是人类在从事物质文化基础生产上，在情感、心理上产生的一种特有的意识形态，它是哲学和其他具体科学、文学、宗教、艺术、音乐、戏剧、伦理道德以及价值观念等人类各种意识形态的集合体，其中，伦理道德和价值观念最为重要，是精神文化的核心部分。另外，美国文化交际学创始人斯坦利·霍尔（1959）在其著作《无声的语言》中指出："文化存在于两个层次中：公开的文化和隐蔽的文化。前者可见并能描述，后者不可见，甚

---

① 冯天瑜，何晓明，周积明. 中华文化史［M］. 上海：上海人民出版社，2015：12.

至连受过专门训练的观察者都难以察知。"① 霍尔将文化分为公开的文化（即显性文化）与隐蔽的文化（即隐性文化）两类，并指出，前者是指可以直接看见、听见的文化之物，后者则是不能直接看见、听见的文化之物。顾嘉祖对霍尔所说的"公开的文化"和"隐蔽的文化"做出了详细描述，他认为，"公开的文化"的界定标准是指一切可以用人的肉眼看得见、一目了然的东西，而"隐蔽的文化"主要指软文化，即精神文化，包括隐藏得很深的软文化及隐蔽在物质文化中埋藏得相对较浅的软文化两种②，他认为隐藏文化层中的主要隐藏物是人的观念，而人的观念中最核心的是价值观念，价值观念可以主宰或影响人权观、劳动观、婚姻观、宗教观、法制观等其他观念。

2. "三层次说"

关于文化的外延，目前比较普遍的划分方法是"三层次说"。冯天瑜、何晓明、周积明将文化分为物质文化、制度文化和心理文化三种类型。他们认为，物质文化是指人类创造的物质文明，包括交通工具、服饰、日常用品等，它是一种可见的显性文化；制度文化和心理文化分别指生活制度、家庭制度、社会制度以及思维方式、宗教信仰、审美情趣，它们属于不可见的隐性文化，包括文学、哲学、政治、教育等方面的内容，还包括人类所创造的精神财富，包括宗教、信仰、风俗习惯、道德情操、学术思想、文学艺术、科学技术、各种制度等。张岱年、程宜山也将文化划分为三个层次：第一层次是思想、意识、观念等，主要包括价值观念和思维方式；第二层次是文物，即表现为文化的实物，既包括哲学著作、文学作品、文艺作品等"物"，也包括人类加工和改造过的科学技术物化形态的"物"；第三层次是思想观念所凝结而成的制度、法律、风俗、习惯、规章等。还有学者以文化的层面为划分依据，将文化划分为表层、中层和深层三个层次。表层文化主要为物质文化，指人们制造的各种产品；中层文化主要包括风俗习惯、价值观念、道德准则、审美情趣、思维方式、民族性格等；而深层文化则指哲学、宗教等关系人类命运存在意义的文化形态③。加拿大心理学家汉科特·汉默里（1982）在论述语言与文化关系时，将文化划

---

① ［美］霍尔，何道宽译. 无声的语言［M］. 北京：北京大学出版社，2010.
② 顾嘉祖. 语言与文化［M］. 上海：上海外语教育出版社，1990.
③ 杨藻镜. 第二语言教学中的语言对比与文化对比［A］. 胡文仲. 文化与交际［C］. 北京：外语教学与研究出版社，1994.

分为信息文化、行为文化和成就文化三个层次。信息文化指本族受教育者所掌握的关于社会、地理、历史等基本知识；行为文化指人的生活方式、实际行为、态度、价值等因素组成的文化；成就文化则是指艺术和文学成就，它是一种传统的文化概念。此外，还有些人类学家将文化分为高级文化、大众文化和深层文化三个层次。高级文化包括哲学、文学、艺术、宗教等；大众文化指习俗、仪式以及包括衣食住行、人际关系各方面的生活方式；深层文化主要指价值观的美丑定义，时间取向、生活节奏、解决问题的方式以及与性别、阶层、职业、亲属关系相关的个人角色。高级文化和大众文化均植根于深层文化，而深层文化的某一概念又以一种习俗或生活方式反映在大众文化中，以一种艺术形式或文学主题反映在高级文化中①。

3．"五分法"

"五分法"是从文化的性质出发，以文化的组成要素为依据，将文化划分为物质文化、精神文化、社会文化、行为文化和观念文化五类。物质文化是指经过人类加工改造而制造出来的一切实用物品，包括各种工具、用具、食品、烟酒、服饰、建筑物等；精神文化是指体现人类文明的一切文化因素，包括文学、艺术、音乐、戏剧、电影等；社会文化是指体现政治、经济、教育等方面的社会关系和社会结构的文化因素，包括社会组织、经济团体、政府机构、教育机构、家庭结构等；行为文化是指与人类各种行为有关的一切文化因素，既包括人际交往能力（语言和非语言）、礼仪规范、行为准则等，也包括非交际性的一般社会行为，如度假休闲、恋爱结婚、生活方式、风俗习惯等；观念文化是指与人类世界观、价值观有关的一切文化因素，包括价值观念、思维方式、民族心理、审美情趣、伦理道德、宗教信仰等②。这种分类法并没有阐述文化所依托的客观自然环境和历史背景等方面内容。美国著名翻译理论家尤金·A·奈达也在翻译中把文化分为五类：第一类是生态文化，它主要包括一个民族的地理环境、气候特点、地名等；第二类是物质文化，它主要包含一个民族的经济生活、日用物品、生产工具和设施以及科学技术等在内的文化；第三类是社会文化，指一个民族的传统、习俗、生活方式和社会活动的特点和形式，以及对个人、社会和阶层的习惯称谓等；第四类是宗教文化，主要包括一个民族的宗教

① 彭新民，杨心恒. 社会学概论 [M]. 北京：高等教育出版社，2006.
② 牛新生. 外语教学中的文化教学 [J]. 宁波大学学报（教育科学版），2002（12）.

信仰、宗教系统、宗教著作、宗教制度和规章；第五类则是语言文化，涵盖了语音、词素、词汇和句法等内容，语言本身就是一种文化，不同的语言具有不同的语言系统①。这种划分更多地是将文化置于语言翻译的场景之中来加以考虑的。

4."六大系统说"

"六大系统说"，认为文化包括物质文化、精神文化、社会关系、艺术、语言符号、风俗习惯六大系统；也有学者将文化的形态归纳为观念形态的文化、知识形态的文化、艺术形态的文化、制度形态的文化、产业形态的文化、民俗形态的文化六种形态。也有学者从文化反映的事物的性质出发，将人类所创造的文化分为伦理道德文化、科学技术文化、管理文化、思想哲学文化、历史文化、艺术文化和体育文化六类。标准不同，划分类型各异，但归根结底无非是物质层面的文化和意识（或精神）层面的文化。

5."四层次说"

目前，在学术界比较认可的是四层次说，即将文化划分为物态文化、制度文化、行为文化、心态文化。物态文化层是人类的物质生产活动方式和产品的总和，是可触知的、可视的、具体的、实在的事物，如衣、食、住、行；制度文化层是人类在社会实践中建立的规范自身行为和调节相互关系的准则；行为文化层是人际交往中约定俗成的礼俗、民俗、习惯和风俗，它是一种社会的、集体的行为；心态文化层是人们的社会心理和社会意识形态，包括人们的价值观念、审美情趣、思维方式以及由此而产生的文学艺术作品。这是文化的核心，也是文化的精华部分。制度文化包括道德伦理、社会规范、社会制度、风俗习惯、典章制度、法律规章等。也有将文化分为物质文化、制度文化、风俗习惯、思想价值四个层次的划分方法。

总之，从外延上看，文化的表现形式不是单一的，而是多层次、多类型、多方面内容的统一体，但总的来看，无论是"两分说""三层次说""四层次说""五分法"还是"六大系统说"，归根结底，大而言之，文化包括物质和精神两大层面。

---

① ［美］尤金·A·奈达. 语言与文化——翻译中的语境［M］. 上海外语教育出版社，2001.

三、文化的作用和功能

不同的文化对社会和个人产生的影响不同，就整个社会文化而言，有主文化和亚文化两大文化类型。主文化是指在特定历史时期由占统治地位的生产方式所决定的作为社会的统治思想的文化，是特定历史时期占统治地位的道德伦理规范、制度规范、审美情趣、宗教信仰的综合。马克思指出："统治阶级的思想在每一时代都是占统治地位的思想。这就是说，一个阶级是社会上占统治地位的物质力量，同时也是社会上占统治地位的精神力量。支配着物质生产资料的阶级，同时也支配着精神生产的资料，因此，那些没有精神生产资料的人的思想，一般地是隶属于这个阶级的。占统治地位的思想不过是占统治地位的物质关系在观念上的表现，不过是以思想的形式表现出来的占统治地位的物质关系。"① 主文化规范着一个社会的主要的行为方式，是理解特定时代的时代风貌的关键。亚文化是与主文化相区别的不占主导地位、非主流的文化。亚文化具有多种类型，如以民族性为特征的亚文化，以地域性为特征的亚文化，以宗教或教派为特征的亚文化，以学派为特征的亚文化，以阶级、阶层、社会集团为特征的亚文化，等等。亚文化体现出与主文化或多或少背离的倾向，实施着不同于主文化的行为规范。本书所讨论的"文化"，都是对主流文化的探讨。

（一）文化的社会作用

文化作为一种精神力量，能够在人们认识世界、改造世界的过程中转化为物质力量。按照马克思主义的观点，经济基础决定上层建筑，社会存在决定社会意识，反过来，上层建筑对经济基础、社会意识对社会存在都具有能动的反作用。在一定社会中，文化属于社会上层建筑，是一种社会意识或社会形态，因而，在国家和社会发展进程中，社会主流文化发挥着非常重要的作用。

1. 提升国际地位

习近平总书记讲："文运同国运相牵，文脉同国脉相连。"② 任何一个国家的发展都要依靠"两条腿"走路：一条腿是物质的硬实力，另一条腿是文化的软实力，二者如车之两轮、鸟之双翼，不可偏废，只有物质硬实力和文化软实

---

① 马克思恩格斯选集（第一卷）［M］. 北京：人民出版社，1995：98.
② 习近平. 在中国文联十大、中国作协九大开幕式上的讲话［EB/OL］. 新华社，2016-11-30.

力都强大，一个国家才是真正的强大，才能在世界上拥有较高的地位，才能在世界民族之林立于不败之地。文化本身是国家的一种软实力，是一个国家综合实力的重要标志，也是一个国家综合国力的重要组成部分。文化蕴含着巨大的力量，文化软实力是指一个国家文化的影响力、提升力、凝聚力和感召力，它是国家软实力的核心因素。当今世界，各国之间综合国力竞争日趋激烈，文化在综合国力竞争中的地位和作用越来越突出，谁占据了文化发展的制高点，谁掌握了文化的话语权，谁就能够更好地在激烈的国际竞争中掌握主动权。正如美国战略家布热津斯基所言："控制人类共同命运努力的成败，归根结底取决于具有极端重要意义的哲学和文化层面，正是它形成了指导政治行为的重要观念和影响。"一句话道出了文化软实力在国家发展中举足轻重的地位。从国际上而言，文化软实力的提升有助于提升国家形象，有助于扩大国家的国际影响力以及知名度，并以此吸引外国的精英人才汇聚，以提升国际地位。所以，习近平总书记也反复强调，"提高国家文化软实力，关系'两个一百年'奋斗目标和中华民族伟大复兴中国梦的实现"①，不无道理。

2. 增强民族自信

文化建设的任务、意识形态建设的任务，很大程度上，就是要解决文化共识、民族凝聚力、民族文化自信的问题。文化自信是更基础、更广泛、更深厚的自信，是更基本、更深层、更持久的力量，每一个民族有体现自身特点的民族精神，它反映了一个民族的心理特征、文化传统、精神风貌，它从精神气质上把一个民族与另一个民族区别开来。文化的力量，已深深熔铸在民族的生命力、创造力和凝聚力之中，人们所进行的一切创造归根到底都是文化的创造，"文化是民族生命力凝聚力创造力的源泉，与经济、政治深层交融、相互胶着"②，文化软实力也有利于国家民族凝聚力的提升，提高国民的民族认同感、荣誉感，以及民族精神的弘扬和传承，从而增强民族自信心、自尊心和民族自豪感。习近平总书记说："文明特别是思想文化是一个国家、一个民族的灵魂。无论哪一个国家、哪一个民族，如果不珍惜自己的思想文化，丢掉了思想文化

---

① 习近平. 建设社会主义文化强国 着力提高国家文化软实力 [EB/OL]. 央视网, 2014-01-01.
② 沈壮海. 文化强国建设中的中国逻辑 [J]. 文化软实力研究, 2017 (04).

这个灵魂，这个国家、这个民族是立不起来的。"① 这段话充分表明，文化关系到民族的发展、繁荣、兴盛，文化是民族自信的思想基础，"没有高度的文化自信，没有文化的繁荣兴盛，就没有中华民族的伟大复兴"②，文化是一个国家和民族的灵魂，民族自信很大程度上也来源于文化自信。作为一种"持久的、更深层次的"精神力量，文化是中国人民在长期实践中积累创造的精神财富，体现着中华民族的特性，孕育着中华民族自强、自立、自信的精神品格。

3. 促进社会发展

社会发展的历史表明，"人类社会每一次跃进，人类文明每一次升华，无不伴随着文化的历史性进步"③，文化的核心是价值观，文化对于国家核心价值观的形成和维持、社会凝聚力和创造力的提升、国民素质的提高，都有着重要的促进作用，文化建设意在"为全国各族人民不断前进提供坚强的思想基础、强大的精神力量、丰润的道德滋养"④。对一个民族和国家而言，文化越来越成为民族凝聚力和创造力的重要源泉，越来越成为经济社会发展的重要支撑，越来越成为国家综合国力竞争的重要因素。文化对增强全民族文化创造活力，提高国家文化软实力具有重要作用；它可以为经济社会提供正确的方向保证、不竭的精神动力和强大的智力支持。对一定的社会而言，文化的社会属性决定了文化可以成为社会成员之间交流和沟通的媒介和桥梁，对全社会成员的行动具有整合作用，并从对社会秩序与社会和谐的要求出发，社会成员在交流沟通的基础上，构造出共同遵守的普遍准则，为社会的制度化和规范化提供了文化基础。某种文化的形成和确立，就意味着某种价值观和行为规范的被认可和被遵从，也就意味着建立在这种文化基础之上的某种社会秩序的形成，而且只要这种文化在起作用，那么由这种文化所确立的社会秩序就会被维持下去，这就是文化在发挥着维持社会秩序的作用。可见，文化使社会秩序得以维持，从而促进整个社会有序地向前发展。

---

① 习近平. 在纪念孔子诞辰 2565 周年国际学术研讨会暨国际儒学联合会第五届会员大会开幕式上的讲话 [M]. 北京：人民出版社，2014：9.
② 习近平. 决胜全面建成小康社会 夺取新时代中国特色社会主义伟大胜利 [M]. 北京：人民出版社，2017：41.
③ 中央文献研究室. 十八大以来重要文献选编（中）[Z]. 北京：中央文献出版社，2016：119.
④ 习近平. 在会见第四届全国文明城市、文明村镇、文明单位和未成年人思想道德建设工作先进代表时的讲话 [N]. 人民日报，2015-03-01.

4. 凝聚社会力量

文化是人类社会的灵魂，也是人类社会发展的内在驱动力，文化，特别是观念形态的思想文化，是一个国家和民族的灵魂，是凝聚社会力量的思想基础，任何社会的发展和时代的进步，都离不开社会成员通过"文化"凝聚而来的精神力量。人作为文化的主体和文化的单元，通过文化与外界发生着联系，从而形成整体社会。社会的发展离不开社会力量的凝聚，文化是民族的血脉，文化的力量深深地熔铸在民族的生命力、创造力和凝聚力之中，因而能够凝聚国家的共同利益和人民的理想追求，能够形成强烈的感召力和向心力，从而使整个社会凝聚起来。文化作为一种价值体系和行为规范，能够为社会提供诸如是与非、善与恶、美与丑、好与坏、荣与耻的评判标准，并可以通过社会教育而内化为个人的正义感、羞耻感、责任感以及是非观、荣辱观、审美观等等，从而提高人们的道德情操、精神境界、认识水平和人生境界。在此基础上，文化作为一种观念形态，可以使社会各个阶层形成共同的价值观念、思想观念和理想信念，在全部社会生活中形成强大的渗透力、凝聚力、引导力，在经济生活、政治活动、社会活动中内在地发挥着它的独特作用，成为激发社会全体成员为国家和社会发展而共同努力的内在动力。

（二）文化的一般功能

客观事物或现象内部各个部分、方面和因素之间的相互作用和影响，以及该事物或现象对外部事物或现象的作用，称之为功能。英国人类学家马林诺夫斯基认为，文化是造成人与人之间、种族与种族之间乃至国家与国家之间差异的重要因素，他突出强调了文化的社会功能与作用，指出："文化是包括一套工具及一套风俗——人体的或心灵的习惯，它们都是直接地或间接地满足人类的需要。一切文化要素，若是我们的看法是对的，一定都是在活动着，发生作用，而且是有效的。文化要素的动态性质指示了人类学的重要工作就在研究文化的功能。"① 从一般意义上讲，文化作为一种社会意识形式、一种精神活动，具有对经济政治的反作用功能和知识传承、传递功能。

1. 文化对经济政治的反作用功能

虽然文化由经济基础所决定，但"经济上落后的国家在哲学上仍然能够演

---

① ［英］马林诺夫斯基著，费孝通译. 文化论 [M]. 北京：华夏出版社，2002：15.

奏第一小提琴"①，恩格斯曾经指出："不论在法国或是在德国，哲学和那个时代的普遍的学术繁荣一样，也是经济高涨的结果。经济发展对这些领域也具有最终的至上权力。"② 按照马克思主义基本原理，文化属于社会上层建筑、属于社会意识形态，经济基础决定上层建筑，社会存在决定社会意识，反过来，社会意识、社会上层建筑又会对经济基础、社会存在产生能动的反作用。据此，一定的文化由一定的经济、政治决定，又反作用于一定的经济和政治，给予政治、经济以重大的影响，积极的、先进的、健康的文化促进经济社会的发展，消极的、落后的、腐朽的文化则会阻碍经济社会的发展。毛泽东在《新民主主义论》一文中指出："一定的文化（当作观念形态的文化）是一定社会的政治和经济的反映，又给予伟大影响和作用于一定社会的政治和经济"，"一定形态的政治和经济首先决定那一定形态的文化的；然后，那一定形态的文化又才给予影响和作用于一定形态的政治和经济"③。正是通过这种"影响和作用"，在经济形态的基础上，在政治形态的中介作用下产生的观念形态即文化，又反过来渗透于经济活动、政治制度之中。文化与经济、政治相互影响，相互交融。毛泽东曾指出："我们不但要把一个政治上受压迫、经济上受剥削的中国，变为一个政治上自由和经济上繁荣的中国，而且要把一个被旧文化统治因而愚昧落后的中国，变为一个被新文化统治因而文明先进的国家。"④ 文化发展经常是与经济因素紧密相关的，脱离经济的文化犹如海市蜃楼，没有根基，缺乏现实性，"'精神'从一开始就很倒霉，受到物质的'纠缠'"⑤，这是文化建设与经济发展的互动规律。

　　文化本身对经济、政治都具有巨大的促进作用。一方面，文化为经济的发展提供精神动力和智力支持，为经济的发展提供和谐、诚信、自由的环境，而且经济制度的选择、经济战略的提出、经济政策的制定，都不能完全脱离当时当地的文化要素和文化环境，都或多或少地会受到文化环境的影响和制约，这也是许多企业极为重视企业文化的关键所在。同时，文化事业、文化产业本身就是经济结构的重要组成部分，并源源不断地创造经济价值。习近平总书记指

① 马克思恩格斯选集（第四卷）[M]. 北京：人民出版社，1995：704.
② 马克思恩格斯选集（第四卷）[M]. 北京：人民出版社，1995：704.
③ 毛泽东选集（第二卷）[M]. 北京：人民出版社，1991：663-664.
④ 毛泽东选集（第二卷）[M]. 北京：人民出版社，1991：663.
⑤ 马克思恩格斯选集（第一卷）[M]. 北京：人民出版社，1995：81.

出："经济总量无论是第二还是第一，未必就能巩固住我们的政权。经济发展了，但精神文明失落了，那国家能称为强大吗?"① 言外之意，缺乏文化的经济发展是不健康的发展，文化缺位的国家强大不是真正的强大，只有建立在精神文明高度发达基础上的经济发展才是健康的发展，只有文化实力强大基础上的国家强大才是真正的强大。另一方面，文化与政治从狭义上讲，是相互独立的两个元素，但从广义上说，政治也属于大文化的重要组成部分，彼此相融相通、相互交融的发展，对社会发展也起着重要作用。文化的不断发展也在不断地巩固和完善社会体制和社会制度，人类社会发展的历史一再表明，当一种旧制度、旧体制无法适应生产力、无法适应经济基础进一步发展需要的时候，文化对新的政治制度、新的政治体制的建立起着重要的先导作用，反过来，随着新的政治制度和新的政治体制的确立，随着民主与法制建设的发展，新的政治制度和政治环境对人们的文化素养又提出了更高的要求。

2. 文化的知识传递功能

文化具有承载、传承、传递知识的功能，这种功能主要有两种实现方式，一种是纵向的时间维度上的传递，它反映的是文化的延续性；一种是横向的空间维度上的传递，它反映的是文化的同质性。从一定意义上说，文化便是历史，文化对历史经验、历史知识具有传承、传递作用和功能。社会的生产发展造就了每一代人，每一代人又继承着人类历史的一切成果，在此基础上，又以自己的实践和认识创造和丰富着新的成果形式，推动着人类社会和人本身由低级向高级、由片面向全面发展。恩格斯指出："现代自然科学已经把一切思维内容都来源于经验这个命题的旧的形而上学的限制和表述完全抛弃了。它由于承认了获得性状的遗传，便把经验的主体从个体扩大到类；每一个体都必须亲自取得经验，这不再是必要的了，个体的个别经验在某种程度上可以由个体的历代祖先的经验的结果来代替。"② 随着社会的发展，人类积累的知识越来越丰富，每个人从社会中通过亲身经历取得直接经验而获取知识的观念不仅不可取，而且也不可能和不必要，人类完全可以通过代际间的传递来间接获取知识，这种社会性的"获得性遗传"是以文化为介体，由文化来承担的。人类社会优越于动物界的最根本之处，就在于实现了由生物遗传机制向社会遗传机制的飞跃。动

---

① 习近平. 做焦裕禄式的县委书记 [M]. 北京：中央文献出版社，2015：35.

② 马克思恩格斯文集（第九卷）[M]. 北京：人民出版社，2009：539.

物之间也有信息交流和信息传递，但它是动物之间一种本能的重复性的传递，是一种简单的信息复制，不具创造性，而人类因为有文化，能够通过知识、信息和技能的传承和传递，进行加工、改造、吸收、优化、再传递的过程而实现不断发展创新，从而推动社会向前发展和进步。在此过程中，文化无疑起到了对所传递的信息进行加工处理、整合、优化的作用，也就是说，文化不仅能够作为中介和桥梁"复制"人类社会历史经验和已有知识，而且能够作为一种手段，在已有知识和经验的基础上"创造"新的知识、积累新的经验，将人类的社会历史经验和已有知识一代接一代地传承下去，并不断推陈出新。

文化的这种纵向上的知识传递功能，主要是通过"教育"来实现的，教育使一个"自然人"逐渐摆脱动物性，顺利地完成向"社会人"的转化。文化的这种传递功能，使个人可以在较短的时间内掌握人类在较长的时间中积累的经验、知识和价值观念，这些已经存在的知识观念通过传递、传输、灌输，对人发挥"教化"作用。教育使人类既承担起知识和文化的传递者和继承者角色，也担当起知识和文化的创造者和发展者角色。正如马克思所说："人们自己创造自己的历史，但是他们并不是随心所欲地创造，并不是在他们自己选定的条件下创造，而是在直接碰到的、既定的、从过去承继下来的条件下创造。一切已死的先辈们的传统，像梦魇一样纠缠着活人的头脑。"① 无论是人类群体还是个体，如果没有间接经验，别说发展，就连生存都不可能。文化具有承载和传递文明的功能。文化的这种传递文化的功能，使个人可以在较短的时间内掌握人类在较长的时间中积累的经验、知识和价值观念。这实际上就是一种"教化"。

文化的知识传递功能的另一种实现方式是横向的空间维度上的传递，它反映的是文化的同质性。世界各国、各民族的文化都扎根于自己的生存土壤，都凝聚着本国家、本民族的非凡智慧和精神追求，都有自己存在的价值。然而"一切生命有机体都需要新陈代谢，否则生命就会停止。文明也是一样，如果长期自我封闭，必将走向衰落"②，交流互鉴是文化发展的本质要求，只有同其他国家、民族的文化交流互鉴、取长补短，才能保持自身文化鲜活而旺盛的生命力。在中国历史上，从佛教东传、"伊儒会通"，到近代以来的"西学东渐"、新文化运动、马克思主义和社会主义思想传入中国，再到改革开放以来全方位

---

① 马克思恩格斯选集（第一卷）［M］. 北京：人民出版社，1995：585.
② 习近平. 在亚洲文明对话大会开幕式上的主旨演讲［EB/OL］. 新华网，2019-05-15.

对外开放，都是文化交流交融的例证。当今世界各民族文化的多元化与全球文化的一体化趋势，便是各民族文化传播交流的结果。人类学家弗尔德吉尔宁认为，知识的传输和传递不像倒水，从一个容器倒进另一个容器，而是通过人们之间的互动或相互作用进行的。在文化的传播和传递过程中，对于外来的知识，本土的"深层结构"就像一个"变压器"，使外来的知识，必须像电流一般通过它，才能发挥效用，这种传递实质上是一个融合融通的过程。

3. 文化对教育的促进功能

德国文化教育的代表人物普斯格朗说过，"所谓教育就是有意识的文化活动"，普斯格朗的这句话，言简意赅地道出了文化与教育的密切关系。"教育是传播和培育文化最重要的途径。"① 教育本身就是一个社会文化系统，也是内含于文化中的一个重要组成部分，文化是教育的重要内容，教育是文化的表现形式，教育离不开文化的滋养，文化提升教育的灵魂和血脉支撑。文化是人创造的结果，是人类改造自然和社会实践的产物，其本质就是文以载道、道以化人，文化中必然蕴含着人认识和改造自然、社会和人自身所积累的智慧、经验和教训、反思，是"人化"与"化人"的统一，改造客观世界与改造主观世界的统一，蕴含和体现着人的本质力量。可见，人是一种文化的存在，人类塑造文化而文化影响人。德国哲学家卡尔·雅思贝尔斯指出："教育是极其严肃的伟大事业，通过培养不断地将新的一代带入人类优秀文化精神之中，让他们在完整的精神中生活、工作和交流。"② 教育不能离开文化而存在，文化影响着教育目的。而教育的对象是人，教育是在一定社会历史背景下进行的，因此，教育的过程本质上就是一种历史文化过程，即"文化化"的过程。

当然，文化的发展并不只是意味着人类知识总量的增加和精神财富的扩张，只要是代表着时代前进方向的文化，其充分发展必然带来人的思维方式、行为方式、生活方式、价值观念和精神世界的变化，这些变化必然反作用于教育。文化对教育的这种作用和影响是隐蔽的、潜在的、无形的，却也是深远而根本的。恩格斯在《反杜林论》中曾经指出："人来源于动物界这一事实已经决定人永远不能完全摆脱兽性，所以问题永远只能在于摆脱的多些或少些，在于兽性

---

① 冯刚. 文化传承创新与行业特色高校的发展路径 [J]. 中国高等教育，2012（02）.
② 王承绪，赵祥麟. 西方现代教育论著选 [M]. 北京：人民教育出版社，2001：350.

和人性的程度上的差异。"① 达尔文的生物进化论所陈述的事实也表明，人类永远无法摆脱其动物性和野蛮性的遗传特征，因此人类必须借助于文化和教育将人自身的动物性和野蛮性加以改造和引导，以利于人类自身存续的需求。康德也认为："人是唯一必须受教育的被造物"，"人只有通过教育才能成为人。除了教育从他身上所造就出来的东西，他什么也不是"，"教育还让人变得明智，以便能够适应人类社会，在社会上受欢迎、有影响。这属于一种特定类型的教化，人们称之为文明化"②，这些表述充分表明文化在教育中所起的促进作用。

（三）文化的育人功能

文化是人创造的，人和文化之间存在着互动关系，人创造了文化，文化又反过来影响着人。文化对提升人文素质，并使之内化为健康的道德情操和意志品格，具有重要的意义。一定社会的文化的价值观念、风俗习惯、文化程度、文化环境等对生活于其中的个人的行为方式、交往方式、思维方式、价值观念等产生一定的影响，每个人都生活在一定的文化环境之中，都在不知不觉中受到文化的熏染。

1. 文化具有教化人、塑造人的功能

文化是由人创造的，人所创造的文化反过来又塑造人。文化本身就具有"教化"的含义，但讲"文化的教化功能"并不是同义反复，文化的教化和培育功能主要通过知识体系、行为方式等规范人的行为，使人有效地适应不同的社会环境和人际关系，成为社会的人。从这个意义上说，人是文化的存在物。文化对人心的影响能够有如水润万物细腻无声而又无不浸透其里，文化作为一种特定的资源、载体和内涵，从物质、精神、制度、行为、环境等多层面、多方面对身处其中的人产生特定的作用和影响，这种作用和影响是潜移默化的，也是持久而深远的，它往往以"润物细无声"的方式发挥着激励人、感染人、影响人、塑造人的功能。文化育人是一个静待花开的过程，所以作家王蒙曾说："文化贵在潜移默化，贵在浸润人心，贵在心心相印，贵在蔚然成风。"③ 这种潜在的作用和影响一旦内化为人们内心的信念和自律的力量以及为人处世的态度，就会形成思维惯性与行为定式，指导人们的实践活动。

---

① 马克思恩格斯选集（第三卷）［M］. 北京：人民出版社，1995：443.
② ［德］康德著，赵鹏译. 论教育学［M］. 上海人民出版社，2005.
③ 王蒙. 王蒙谈文化自信［M］. 北京：人民出版社，2017.

　　文化对人的影响是交互的，无论是物质文化、制度文化、精神文化还是风俗习惯、道德风尚、政治、哲学、宗教、文学、艺术等，不同文化类型、不同文化内容、不同文化模式、不同文化思维形成一股"合力"，对人产生根本性的影响。文化的重要意义，就在于通过知识体系、行为方式等规范人的行为，使人有效地适应社会环境和人际关系，成为社会的人。不同的文化环境对人的影响是不一样的，所谓"近朱者赤，近墨者黑"讲的就是这个道理。一个人小到饮食起居、待人接物，大到世界观、人生观、价值观，无一不是一定文化影响和作用的结果，无一不是一定文化环境的产物。台湾著名作家龙应台有句话说得好，文化就是"三个正确对待"：正确对待自己、正确对待他人、正确对待自然界。有了文化，才能正确处理好这三者的关系。"所谓教育，不过是人对人的主体间灵肉交流活动（尤其是老一代对年轻一代），包括知识内容的传授、生命内涵的领悟、意志行为的规范，并通过文化传递功能，将文化遗产教给年轻一代，使他们自由地生成，并启迪其自由天性。因此教育的原则，是通过现存世界的全部文化导向人的灵魂觉醒之本源和根基，而不是导向由最初派生出来的东西和平庸的知识"①，文化作为一种精神的力量，内含着人们判别是非曲直、善恶美丑的基本价值尺度，蕴含着人们追求幸福生活、美好理想的激情、坚韧和勇毅。可见，文化对人的精神世界和内心世界具有天然的影响，它能够从精神上熏陶人、感染人、激发人、教化人、塑造人。

　　2. 文化具有提升人的素质的功能

　　"文化"就是以文化人，"化"有教化、感化之意。"教育"可以教给人赖以生存的知识、技能和本领，侧重于知识的传授，而"教化"则以涵育人的价值观念、道德素养、思维方式、意志品格以及提升人的文化素养为基本目的。"文化只有转化为社会中每一个人的具体教养，然后通过具有文化教养的个体来传递给同时代其他社会成员并传承给下一代社会成员，才能使人类所创造的共同文化成果在社会群体之中和不同时代之间流转"②，以文化人，文质彬彬，有文化素质方能彬彬有礼。美国社会学家波普诺认为，"人不仅是社会的动物，人类还是唯一由文化来定义其社会群体的动物"③。文化普遍渗透在风俗习惯、伦

---

① ［德］雅思贝尔斯，邹进译. 什么是教育［M］. 北京：三联书店出版社，1991：3-4.
② 杨威. 论思想政治教育的文化根源［J］. 江汉论坛，2016（9）.
③ 波普诺，刘云德等译. 社会学［M］. 沈阳：辽宁人民出版社，1987：101-102.

理道德、规章制度、法律政策之中，常常表现为某种"隐形"的因素，能够对人产生深远的影响。文化一旦内化为人们的态度和内心信念，就会形成惯性和定式，指导人们的行为选择并且逐步形成相对稳定的心理和行为。文化一经内化为人们的思想观念、道德素质、思维习惯、心理态度、生活方式、行为习惯之后，就形成了个人整体的文化素养。

文化是人的素质及精神的重要体现形式，在个人成长历程中，文化对人的精神的激励作用不可小觑，积极的、健康的、优秀的、先进的文化能够丰富人的精神世界、增强人的精神力量，为人的健康成长提供不可缺少的精神食粮，起到激励人们精神的作用。比如，健康有益的文化活动，可以丰富人的精神世界，培养健全人格；优秀的文化作品以其特有的感染力和感召力，可以触及灵魂、产生共鸣、发人深省，使人深受震撼、力量倍增，这样的文化成果能够照亮人们心灵，引领人们前进，由此产生的精神力量，往往历久不衰，激励人们不断创造美好幸福的生活。因此，要发挥文化思想引领作用，用文化净化灵魂，升华人格，陶冶情操，提升境界。

3. 文化具有充分展现人的社会属性的功能

文化是人创造的，文化一旦被创造出来，又作为一定的文化环境，影响和制约着人。人就是在文化的影响、塑造中自我完善、不断发展的。人的全面发展，表现在人的思想道德素质、科学文化素质和健康素质等各方面得到全面提高。马克思主义认为，"人的本质不是单个人所固有的抽象物，在其现实性上，它是一切社会关系的总和"①。这表明，人在自然属性之外，更重要的是具有社会属性，而且人的本质也是由社会关系所决定的。人的自然属性展现的是人最原生态的一面，人的社会属性最根本的表现是，人是经过文化浸染过的人。作为社会化的人既具有理性的一面，也有非理性的一面，人是文化的动物，人之为"人"，在于有思想，有思维，有文化活动，文化对人的性格、品位、气质的烙印最深，影响最大，文化充分展现人的社会属性。正因如此，生活于社会中的人，才需要包含价值观念、道德规范、思维方式等要素在内的"文化"，来发挥理性对人的行为的主导作用和规范作用。

文化所代表的就是历史积淀下来的，并被特定社会、一定群体所共同认可、遵循的行为规范，它对个体的行为具有先在的给定性和约束性。每一种文化都

---

① 马克思恩格斯选集（第一卷）［M］. 北京：人民出版社，1995：56.

提供具有约束性、普遍起制约作用的行为规范，每个社会都会通过家风家教、学校教育、社会示范、公众舆论等文化手段，将社会规范加之于个人，以实现文化的规范和约束作用，使人的"自然"成分减少，"社会"成分渐增。人的全面发展的过程就是不断用社会规范来约束自己的行为，从各方面接受文化的熏陶和洗礼，不断地由"自然人"向"社会人"转化的过程。从这个意义上讲，人是文化的产物，文化是人的社会属性的主要表现。

第二章

理论溯源：文化育人的思想基础

文化育人并不是一个新的课题，古今中外许多哲学家、思想家、教育家对此都有过深刻的论述，形成了比较系统的文化育人思想智慧，这些思想智慧为新时代文化育人提供了坚实的思想基础和主要的参考借鉴。

一、马克思主义经典作家的文化育人观

马克思主义经典作家的文化育人观主要涵盖马克思主义创始人马克思、恩格斯的文化育人思想，也包括列宁、斯大林等部分俄国马克思主义者关于文化育人的相关表述，它们从基本的哲学原理方面为我们理解文化育人观奠定了坚实的思想根基。

（一）人与文化的辩证关系

在马克思主义经典作家的论述中，人的发展与文化实质是一种辩证统一的关系。其基本观点认为：人创造文化，文化也塑造人。文化的产生和发展是一个社会历史过程，文化的产生与人的产生、社会的产生，是同一过程的不同方面。人类在劳动活动中，不仅改造了自然界，而且创造了人类社会，从而形成了文化本身。同时，人类社会也受到文化的推动而较快发展起来。

1. 人的活动决定文化的产生发展

人的活动决定文化的产生发展，首要的依据来自唯物史观的核心问题——社会存在与社会意识的辩证关系问题。社会存在决定社会意识，社会意识反映反作用于社会存在，社会意识的内容来源于社会存在，社会意识的变化发展也取决于社会存在的变化发展。以此审视，人的活动决定文化的产生发展是很清晰的。因为，人作为人口因素是社会存在的重要组成部分，是重要的社会物质生活条件，对社会发展起着制约和影响作用。同时，人之所以可以起到这种作用，其原因在于人具有活动"主体"的地位。物质资料的生产是人类生存和发展的基本条件，也是文化产生和存在的基本的、初始的条件。在物质资料的再生产中，也再生产着文化本身。马克思指出："在再生产的行为本身中，不但客观条件改变着……而且生产者也改变着，炼出新的品质，通过生产而发展和改造着自身，造成新的力量和新的观念，造成新的交往方式、新的需要和新的语言。"① 从古至今，物质生产活动和其他一切社会活动的主体只能是人，没有人的存在，也就没有了社会一切的存在。相应而言，文化就属于社会意识的组成部分，主要属于社会精神生活条件的内容。冯天瑜教授等研究指出，"广义文化包摄众多领域，诸如认知的（语言、哲学、科学思想、教育）、规范的（道德、信仰、法律）、艺术的（文学、美术、音乐、戏剧、建筑的美学部分）、器用的（生产工具、衣食住行的器具以及制造这些器具和工具的技术）、社会的（制度、结构、风俗习惯）等等方面"②。可见，不管是纯粹属于精神领域的哲学、科学、道德、信仰、艺术等内容，还是具备可感知的物质外壳的生产工具、器具技术和社会制度、风俗习惯等等，从根本上都来源于人的活动。从表现形式上看，我们所指的文化，或者是人的活动的产物，或者就是人的活动本身。马克思主义的这一立场从根本上否定了唯心史观中偏向客观唯心主义的看法。这一类的客观唯心主义是坚持"神造历史"或者"绝对理念创造历史"的立场，从这种立场出发，则文化这种历史中的重要产物就是来自非人类社会的、虚无缥缈、神秘的力量。显然，在这种观点之中，文化根本就不与人相关，而是外在于人的空洞之物，文化完全失去了根源。只有在唯物史观核心问题的指引下，我们才能探寻到文化产生发展的真正根源。

　　人的活动决定文化的产生发展，其次的依据在于人民群众是历史的创造者。从社会存在决定社会意识的角度论证文化都由人来创造，这里面对"人"是一种宽泛的界定。那么，从人民群众是历史创造者角度来看，则进一步解答了文化创造的历史进步性问题。在马克思主义诞生以前，除了前文所说的神造历史的客观唯心主义历史观之外，更多人则信奉英雄精英创造历史的主观唯心主义历史观。从这样的立场出发，文化就成了少数人凭借超出常人的一己之力所创造的产物。这些英雄精英或是借助天赋神力，或是在纯粹的巧合之下短时间内轻轻松松就完成了许多伟大文化的创造工作。所以在这种观点之中，文化虽然

---

① 中共中央编译局. 马克思恩格斯全集（第四十六卷上）［M］. 北京：人民出版社，1979：494.

② 冯天瑜，周积明，何晓明. 中华文化史［M］. 上海：上海人民出版社，2010：13.

与人相关，但却与人类社会整体的关系非常疏远。只有采取马克思唯物史观中"人民群众是历史的创造者"的论点方能纠正以上的谬误。

马克思主义阐释"人民群众"是从对"现实的人及其本质"的把握开始的。首先，唯物史观认为，人不是抽象的而是现实的。所谓现实的人，"不是处在某种虚幻的离群索居和固定不变状态中的人，而是处在现实的、可以通过经验观察到的、在一定条件下进行的发展过程中的人"①。只有把人看作现实的人，才能正确把握人的本质，把握人与社会历史的关系。马克思指出，"人的本质不是单个人所固有的抽象物，在其现实性上，它是一切社会关系的总和"②。在这里，马克思所说的"单个人"就是指主观唯心主义英雄史观所认定的那些凭一己之力可以创造历史的英雄、精英，"固有的抽象物"就是指这些英雄、精英与生俱来天赋的超人能力。马克思将这些统统都否定掉了，然后再充分强调"社会关系的总和"对于人的本质的重要意义。其次，唯物史观立足于整体的社会历史过程来探究谁是历史的创造者。恩格斯指出，"无论历史的结局如何，人们总是通过每一个人追求他自己的、自觉预期的目的来创造他们的历史，而这许多按不同方向活动的愿望及其对外部世界的各种各样作用的合力，就是历史"③。在这里，恩格斯从个人与社会的辩证关系来进行立论。他一方面肯定了作为个体的每一个人都在历史中产生作用，以此强化对英雄创造历史的批判；另一方面更肯定作为整体的社会人群对创造历史的决定作用。在这一论域中，团体、阶级、民族乃至全人类对于历史的创造作用就得到更多重视。再次，唯物史观从社会历史发展的必然性入手来考察和说明谁是历史的创造者。如同发现自然界有其不以人的意志为转移的客观规律一样，马克思也注重发掘人类社会发展的客观规律，强调把握历史发展的必然性与趋势。那么，真正创造历史的主体当然是顺应历史规律而不是悖逆历史规律的群体。

以上面三点论述为依据，人民群众作为创造历史的主体就顺理成章。因为，人民群众是由众多现实的人构成，其主体部分是从事物质资料生产的劳动者阶级，更是代表了历史发展规律的主要力量。那么，我们在前文所说的作为历史产物的"文化"，其主体的创造者当然就是人民群众。一方面，社会物质财富来自人民群众的辛勤创造。从古至今，人们吃、穿、住、用、行等各种必备物质

① 马克思恩格斯选集（第一卷）[M]. 北京：人民出版社，1995：73.
② 马克思恩格斯选集（第一卷）[M]. 北京：人民出版社，1995：56.
③ 马克思恩格斯选集（第四卷）[M]. 北京：人民出版社，1995：248.

资料都来自不同时期劳动人民的生产，与此相关的众多科学技术的发明、先进生产工具的改进也与人民群众特别是其中的知识分子密不可分。另一方面，社会精神财富来自人民群众的智慧积累。古今中外的众多科学家、思想家和艺术家本身就来自人民群众，他们的众多优秀作品也取材于广大劳动群众的生活生产实践。即便一部分有产阶级也创作了不少传世的经典作品，但其创作的源泉依然是人民群众的社会实践。

2. 文化形成的相对独立性

社会意识对社会存在具有反作用，这也促使了文化的形成具有了相对独立性，这种相对独立性突出表现在文化性质的科学评价和文化传统的合理传承方面。

首先，文化的相对独立性使得文化性质的评价需要充分认识文化与文化产生环境之间存在的张力问题。社会意识与社会存在发展的不完全同步性和不平衡性，使得文化的性质与产生文化的环境之间存在张力。因此，我们在探讨文化产生发展的时候，切忌将文化产生发展的环境和文化内容、性质进行简单的机械对应。孟德斯鸠提出过著名的"地理环境决定论"就是这方面的典型代表。他所说的欧洲寒带地区产生最先进的自由民主文化，亚洲温带产生较落后的君主专制文化，以及非洲热带产生最落后的原始部落文化，在历史上产生过广泛影响，即使到今天依然还有市场，但恰恰是我们需要大力批判的谬论。与孟德斯鸠的错误理论相反，我们既要看到相似环境可能带来相似的文化，也要看到类似的环境可能产生出差异较大的文化。就当前世界各国、各地区的文化性质来讲，我们就不能单纯以一个国家或地区的经济发展水平来直接衡量这一国家或地区文化的发展水平。具体而言，我们并不能因为西方发达国家目前的经济发展水平领先，就认为西方文化是绝对先进的文化，特别是不能就此认为西方文化的所有细节都全面领先于其他的各种文化。反之，我们也不能因为亚非拉广大地区的经济水平处于相对落后的地位，就因此判定这些地区的文化就绝对落后于西方世界，特别是不能将非西方社会的文化的所有细节都看得一钱不值，进而随意贬低。按照社会意识与社会存在之间不平衡性和不同步性的原理来看，即使在经济科技全面发达的西方社会，依然有文化上落后的问题，必须批判；而在非西方社会经济科技水平落后地区，其文化依然有值得推崇和肯定的地方。我们所走的是中国特色社会主义道路，所建设的也是与之相应的中国特色社会主义文化。这一文化所诞生的社会现实固然有其缺陷，在经济科技水平上有落后之处，但由于我们的道路与文化整体上顺应了人类社会发展规律的趋势，因而在根本性质上我们的文化具有无可比拟的先进性。

其次，文化的相对独立性使得我们需要重视对于文化传统的科学分析与合理传承。社会意识具有相对独立性还表现为，社会意识内部各种形式之间的相互影响及各自具有的历史继承性。从社会意识的分类来看，处于高层次的社会意识形式是自觉的、系统的、定型的、以理性认识为主的社会意识，其历史继承性特别明显。诸如政治法律思想、道德、艺术、宗教、哲学、科学等内容，都具有自身相对独立性的"自己构成自己"的过程。这些文化都有自成系统、前后相继的历史链条，各自具有自身发展的特殊规律，如果离开历史传承，我们几乎无法真正认识和把握它们。中华文化绵延数千年，在人类历史上创造过耀眼的文明成果，我们进行当代文化建设时，必须要充分深入到这座文化宝库中去分析、拣选，合理继承其中具有恒久价值的优秀传统。

3. 人与文化的双向建构

依据唯物史观原理，人与文化之间存在着一种双向建构的关系。人是创造文化的主体，文化则是塑造人的主要途径。

首先，我们来看人对文化的创造。马克思主义认为，作为文化的主体和唯一的创造者，人对文化的建构既表现在人创造文化是一种"主体客体化"的实践过程，又表现在人创造文化的形式取决于人所从事的实践活动的具体目的。

第一，人创造文化是一种"主体客体化"的实践过程。根据马克思主义辩证唯物认识论，人作为实践主体对客体进行改造，形成"主体客体化"的结果。"主体客体化"的内涵是指，人通过实践使自己的本质力量作用于客体，使其按照主体的需要发生结构和功能上的变化，形成了世界上本来不存在的对象物。从这个意义上说，文化作为人所创造的"第二自然"是人的对象性的存在，"是一本打开了的关于人的本质力量的书，是感性地摆在我们面前的人的心理学"[①]。当客体按照人的需要发生变化的时候，文化产物已然形成。以此而论，我们所观察到的一切文化成果、文化现象，其内核就是人的本质力量的外化。一块天然的石头不是文化，但当人对其进行改造，不管是简单地打制成粗糙石器，还是精心雕刻成塑像，它就成了文化。而我们之所以欣赏石器和雕像，并

---

① 中共中央编译局. 马克思恩格斯全集（第四十二卷上）［M］. 北京：人民出版社，1979：127.

非是在欣赏石头的物理化学样态，而是在欣赏它被改造后所展示的人的本质力量。马克思曾把早期人类文化比作"早熟的儿童""正常的儿童""粗野的儿童"①。很明显，马克思这一系列对文化的比喻并非简单的修辞手法，而正是看到了文化中展示了人的本质力量，即使这种力量在当时显得较弱小而只能冠之以"儿童"的身份。恩格斯也指出："最初的、从动物界分离出来的人，在一切本质方面是和动物本身一样不自由的，但是文化上的每一个进步，都是妙想自由的一步。"② 恩格斯的论述更清晰地说明文化反映了人对自由的追求，是一种将人与动物鲜明区别开来的本质力量。

第二，人创造文化的形式取决于人所从事的实践活动的具体目的。人类所从事的实践活动主要可以分为物质生产实践、社会政治实践和科学文化实践三种方式。每种实践方式都创造了相对应的文化形式，而这些文化形式的差异就取决于人们在从事实践时所指向的目的差异。物质生产实践是人类最基本的实践活动，它解决人与自然的矛盾，满足人们物质生活资料和生产劳动资料的需要，这一实践就创造了人类的物质文化形式，既包括大量物质成果，也包括各种各样得以传承的劳作方式以及相应的习俗。同时，作为人类社会经济基础的生产关系，也在这种实践中产生出来。社会政治实践是形成各种社会关系的实践活动，表现为人们之间的社会交往和政治活动。这类实践也构成了数量庞大的文化成果。当今各国人们生活于其中的政治制度体制、道德宗教、哲学思维等政治上层建筑和观念上层建筑莫不来自这一类实践。此外，世界各国所保存的众多非物质文化遗产，也基本起源于这类实践。科学文化实践是创造精神文化产品的实践活动，其重要的形式有科学、艺术、教育等。人类文化的延续性、传承性就更多来源于这一类实践活动。人类源远流长的文化历史，都鲜明打上了科学文化实践的烙印。

其次，我们来看文化对人的建构。马克思主义认为，文化对人的建构既是一种"客体主体化"的实践过程，又是一种"社会意识能动反作用"的过程。

第一，文化对人的建构是一种"客体主体化"的实践过程。"客体主体化"是与前文所说的"主体客体化"相对应的实践过程。这一过程表现为客体从客

---

① 中共中央编译局. 马克思恩格斯全集（第四十六卷上）[M]. 北京：人民出版社，1979：49.
② 中共中央编译局. 马克思恩格斯全集（第四十二卷上）[M]. 北京：人民出版社，1979：127.

观对象的存在形式转化为主体生命结构的因素或主体本质力量的因素，客体失去客体性的形式，变成主体的一部分。显然，当客体成为主体一部分的时候，人就得到了重新的建构。这种建构大体概括为两种情况。一种情况是以可感物质外壳状态存在的物质工具延长为人的活动之中，塑造了人的身份形象，如田园农夫、流水线工人等；另一种情况是精神产品、思想文化被人接纳为自己思想意识的成分，塑造了人的思想境界、科学文化素质和道德素质等，马克思指出："光是思想力求成为现实是不够的，现实本身应当力求趋向思想"①，正是对文化对人进行思想意识层面建构的阐述。这种塑造也体现了文化对人进行建构的主要内容。

第二，文化对人的建构是一种"社会意识能动反作用"的过程。作为社会意识的组成部分，任何文化都不是凭空出现，都是适应一定社会物质生活发展的要求而产生的。由此来看，任何文化从诞生到发展的历程中，都自然具有满足人们现实生活需求的功能和价值。从历史发展的角度来看，文化对人的这种作用会呈现出两种向度，顺应了历史发展规律的文化就是先进的社会意识，能够塑造出对社会有进步意义的人类个体与群体，对社会发展起着积极的促进作用，古今中外历史上出现的伟大思想家、科学家、军事家、政治家，以及包含奴隶阶级、农民阶级和工人阶级在内的劳动人民群众，他们的诞生都离不开不同时期先进文化的引导；相反，违背了历史发展规律的文化就属于落后的社会意识，会导致具有消极意义的人类个体和群体，对社会发展起着消极的阻碍作用，人类历史上也出现过不少横征暴敛、肆意屠杀的残暴统治者、法西斯主义者，以及地痞流氓、变态罪犯等，追溯他们出现的原因，同样能发现很多落后文化的影子。需要注意的是，先进文化与落后文化在现实中的面貌往往不是泾渭分明，而是呈现为复杂交织的局面，尤其当这些文化在对人发生影响时，表现得更为复杂。很多时候我们会发现，某一位整体上对历史起到推动作用的杰出人物，他的个人言行乃至人格要素中也夹杂着某些消极因素；反之，某一个整体上对历史起到阻碍作用的反动人物，但身上又存在着一些人性的闪光点。这些现象无时无刻不在提醒我们，认识评价历史人物或现实人物，都时刻要秉承唯物辩证法的科学观点，将历史分析法和阶级分析法充分结合。

---

① 马克思恩格斯选集（第一卷）［M］. 北京：人民出版社，1995：11.

　　(二) 文化育人的基本思想

　　一切文化都起源并形成于人的实践。如果从文化的根源和构成样态的角度看，则可以大体分为物质文化和非物质文化。物质文化直接来源于物质生产活动本身，其构成形式都是可触摸、可固化的物质形态；非物质文化直接来源不是物质生产活动本身，与物质生产活动之间存在着间接环节，其构成形式以精神形态为主，一般不可触摸、不可固化。马克思主义经典作家的文化育人思想主要表现在物质化的生产劳动文化和物质文化成果形式以及非物质化的社会意识形式之中。

　　1. 生产劳动文化育人

　　物质资料的生产是人类生存和发展的基本条件，也是文化产生和存在的基本的、初始的条件。在物质资料的再生产中，也再生产着人和文化本身。人类从事的物质资料生产劳动所直接形成的文化就是生产劳动文化，这类文化是文化育人最根本、最关键的形式。首先，生产劳动文化是人类得以产生和存续发展的根本文化条件。人类之所以能够进化成功，就在于从事了生产劳动实践，这种以生产方式存在的文化不仅在人类诞生初期起到奠基作用，而且一直伴随着人类社会发展的历史，尤其对于作为族群的人来说，更为根本。马克思说过，"任何一个民族，如果停止劳动，不用说一年，就是几个星期，也要灭亡"①。从这个意义上说，没有了生产劳动文化，就没有了人类。其次，生产劳动文化形成了人类最普遍、最受认可的人格品质。马克思指出："在再生产的行为本身中，不但客观条件改变着，例如乡村变为城市，荒野变为开垦地等等，而且生产者也改变着，他炼出新的品质，通过生产而发展和改造着自身，造成新的力量和新的观念，造成新的交往方式，新的需要和新的语言"②，诸如勤劳勇敢、勤俭节约、精益求精、劳动光荣、懒惰可耻等等人格品质贯穿古今中外的历史，广受推崇。一些伴随着新的生产劳动方式而产生的新型人格品质也会很快在不同的民族文化之间传播，诸如伴随着手工业发展而兴盛起来的工匠精神、伴随近代工业化以来出现的工程师品格等等。

　　2. 物质文化成果育人

　　物质文化成果来源于人类的生产活动，也起着重要的育人作用，表现在两

---

　　① 马克思恩格斯全集 (第六卷) [M]. 北京：人民出版社，1979：368.
　　② 马克思恩格斯全集 (第四十六卷上) [M]. 北京：人民出版社，1979：494.

个层次。一个层次是与人们的生存需求直接相关的生产活动所形成的物质文化成果的育人作用。任何时期，人们的生产活动都以满足吃、穿、住、用、行的生存需求为首要目的，同时也就形成了大量文化成果，诸如食物样式与种类、住房建筑、出行工具、道路交通设施等。这些文化成果除了直接满足当时人们的即时需求外，也在发挥着培育人的作用。如中餐文化偏重"合餐制"培育了人们重团圆、懂尊卑等行为习惯，西餐文化偏重"分餐制"则培育了人们重个体、守独立的行为习惯。公共交通工具培育起人们互助体恤、宽容礼让的素质要求，特别是轮船等水运交通工具更是培育起人们同舟共济、严守纪律等素质特点；而单车、摩托车等适用个人出行的交通工具则易于使人形成追求个性、冒险刺激等品性。古代中国包括东亚地区的建筑以平铺形式展开，容易培育居住者安土重迁、平和友善的特点；西欧中世纪建筑特别是哥特式建筑以高耸式塔尖著称，容易培育居住者向往崇高、爱好钻研等素养。另一个层次则是与人们的其他需求相关的生产活动所形成的物质文化成果。这些成果突出表现为历朝历代的大量文物古迹。诸如书法、绘画、雕塑等文物以及庙宇、道观、教堂、洞窟、石刻、碑刻铭文等古迹建筑、人文景观并非人们生存所必需，但却凝结了不同时期人们艺术创造能力，反映人们在生存需求之上的宗教信仰追求、艺术审美水平，既对当时人们的精神境界起着重要的影响作用，更以文化遗产的方式将这种精神影响传承千年，持续发挥着对特定人群的培育作用。

3. 社会意识形式育人

从内涵上看，社会意识形式是高层次的社会意识，是自觉的、系统的、定型的社会意识，以理性认识为主，其育人形式可以概括为道德育人、思想育人和艺术育人。

道德育人是人类最早也是最主要的育人社会意识形式。道德是调整人们之间以及个人与社会之间关系的行为规范的总和，是依靠社会舆论以及人们的信念、习惯、传统和教育来起作用的精神力量，可以说，道德与人类社会同步诞生并处在不断的发展变化之中。在任何时代、任何地区、任何环境中，只要有人群存在，就必然有相应的道德对人们的言行进行调控，也正是在这种调控中，人们接受了强弱不等的教育。很多人在青少年时期接受的道德教育会以信念的方式影响其一生的言行。

思想育人是最广泛、效果最明显的育人社会意识形式。按照效果强弱程度来看，可以依次划分为政治法律思想育人、宗教信仰育人和哲学科学育人几种类型。政治法律思想直接来源于国家统治阶级的意志，也会以最明显的国家规范形式展示给人们。由于这类思想文化的背后是以国家暴力机器的力量为后盾，其育人效果就远远强于一般思想文化的口头教育和言行示范。宗教信仰文化的起源也非常早，其产生发展既与人类面对未知自然力量时的恐惧与困惑相关，也与人类在阶级社会无法摆脱的阶级阶层压迫相关。正是由于宗教信仰具有这种从思想层面为人类现实缺陷"补漏洞"的特点，因此一旦人们完全或者部分接受了宗教信仰，也会产生较为强烈的认同和追随感受。相应地，宗教信仰文化也取得了比较显著的育人效果。哲学思想是理论化、系统化的世界观，是对自然知识、社会知识和思维知识的概括和总结，是世界观和方法论的统一。哲学这种探寻世界本质和以系统理论存在的特点，使得其产生发展条件比道德与宗教信仰更为苛刻，影响力也远小于前两者。但是，作为人类智慧、时代精神的结晶，哲学育人的地位却不容小觑。需要指出的是，无论是从产生发展的历程看，还是从最根本的理论逻辑来看，哲学都必然包含科学，只是到了近代，随着物理学、化学、生物学等自然科学学科的迅速发展和知识量增多，自然科学才逐渐从广义的哲学分离出去并日益壮大。到了 20 世纪以后，另外一些人文类的学问也效仿自然科学逐渐独立，包括历史学、社会学、心理学等。但如果从育人角度看，这些学科还是可以归结到哲学科学育人的类别中来。恩格斯指出，"一个民族想要站在科学的最高峰，就一刻也不能没有理论思维"[1]。恩格斯的讲话中至少告诉我们两方面道理。一方面，哲学育人是包含科学育人的。他所说的"理论思维"主要就是指哲学思维，而这种思维正是民族站上"科学"高峰的必备条件；另一方面，哲学科学育人文化的突出内容和主要任务就是对人们进行理论思维方面的启发、塑造，尤其对于一个民族、一个阶级而言，哲学往往是其觉醒的标志，蕴含着民族、阶级对理想的追求，担负着为整个族群培育新生力量的重任。

艺术育人是最易于传播的育人社会意识形式。艺术是通过塑造具体生动的形象来反映社会生活的意识形式。虽然从本质上看，艺术是一种理性认识，但其表现形式却非常具有感性特征，无论是书面文字描述、单纯声音表达、人物言行表演还是对物质材料的艺术品加工，都致力于塑造鲜活的艺术形象。成功的艺术形象从形式上极具渲染力、吸引力和感召力，可以迅速吸引大量人群的

① 马克思恩格斯选集（第三卷）[M]. 北京：人民出版社，1995：467.

关注。同时，其形象的内涵中又凝聚了人们对社会生活的理解、情感、愿望和意志，也就易于引起艺术观看、欣赏者的情感、意志共鸣。由此可见，优秀艺术具备较短时间在较广泛的人群、空间中高效传播的性能，并同时对大量观众产生深刻影响。艺术育人在传播方面表现非常出色。

二、中国古代文化育人智慧

中华文化是一种伦理型文化，这个文化的伦理型特征决定了它具有道德教化和以文化人的德育特质。中华优秀传统文化中蕴含着丰富的价值理念、人文精神，也蕴含着中国古人的思维方式和思想观念，蕴藏着丰富的育人智慧。

（一）文化育人理念

中国古代文化中蕴含着丰富的育人理念，如主张德教为先、强调崇德尚义、坚持立德树人等思想，都体现了中国古代文化中的育人智慧。

1. 主张德教为先

所谓德教为先，即教育者在对受教育者实施教育的过程中，不仅仅重视对他们进行知识的传授，更要重视对他们进行道德教育，重视他们品德的培养，把道德教育放在首位，德教为先是一种具有统领性的教育理念。中华优秀传统文化很大程度上讲是道德文化，强调人之为人的根本在于有德，儒家创始人孔子极其注重学生品德的培养，其教育内容也主要是德育，教育宗旨是教育学生"成人""成德"。从人格境界上讲，崇尚君子型人格，追求成圣成贤的道德意境，培养学生孝、悌、忠、信、勤、义、勇、敬、诚、恕、温、良、恭、俭、让、谦、和、宽、敏、惠等一系列道德品质[①]；从德性修养上讲，注重以"修身"为本，儒家经典《大学》开篇即提出道德修养的"三纲"："大学之道，在明明德，在亲民，在止于至善"，把"明明德""亲民""止于至善"作为修身的"三纲"，进而提出："古之欲明明德于天下者，先治其国；欲治其国者，先齐其家；欲齐其家者，先修其身；欲修其身者，先正其心；欲正其心者，先诚其意；欲诚其意者，先致其知；致知在格物。物格而后知致，知致而后意诚，意诚而后心正，心正而后身修，身修而后家齐，家齐而后国治，国治而后天下平，自天子以至庶人，壹是皆以修身为本"（《大学》）。在此，提出儒家修身的"八目"即儒家修身的基本进路：格物—致知—诚意—正心—修身—齐家—

---

① 参见冯惟榘，金百芬. 国学纲要［M］. 济南：山东教育出版社，2011：58.

治国—平天下。

中国是世界上最重视道德教育的国家，中华优秀传统文化认为，育人的关键在于道德教化。"德者，得其性也。"培养人的德性就是得由"天命"而来的内在善性，《礼记》中说："天命之谓性，率性之谓道，修道之谓教"，强调教育就是遵循人天命之中的善性，以存养和扩充人之德性或善心，即孟子所言"仁义礼智，非由外铄我也，我固有之也"，否则，"无恻隐之心，非人也；无羞恶之心，非人也；无辞让之心，非人也；无是非之心，非人也"（《孟子·尽心上》）。孟子主张，教育的第一要务是德育，教育的目的首先就是要帮助人树立道德理想，一个人无论富贵穷达，都要保持道德操守，"穷则独善其身，达则兼济天下"，始终不失做人的尊严，"富贵不能淫，威武不能屈，贫贱不能移"（《孟子·滕文公下》），而要达到这样理想的道德境界，孟子提出人必须常常养气，"吾养吾浩然之气"，同时要做到"反求诸己"，接受多方面的考验，他还鼓励人们："天将降大任于斯人也，必先苦其心志，劳其筋骨，饿其体肤，空乏其身，行拂乱其所为。"（《孟子·告子下》）只有这样，才能担当大任，成为仁人、大丈夫。中国古代文化始终强调，人之为人，在于有德、有义，因此，一个人要成人，必须先进行德性培育和道德教育。

2. 强调崇德尚义

中华优秀传统文化的最大特点是崇德尚义，"古往今来，中华民族之所以在世界有地位、有影响，不是靠穷兵黩武，不是靠对外扩张，而是靠中华文化的强大感召力和吸引力"①。中华优秀传统文化崇德尚义主要表现为，重视礼义、廉耻、忠孝、仁爱、信义、和平、父慈子孝、兄友弟恭、忠恕谦和、格物致知等道德观念，这些道德观念集中表现在"仁""义""礼""智""信""公""忠""勇""孝""慈""善""惠""让""谦""敬""诚"等观念之中。《孟子·尽心上》载："王子垫问曰：'士何事？'孟子曰：'尚志。'曰：'何谓尚志？'曰：'仁义而已矣。杀一无罪非仁也，非其有而取之非义也。居恶在？仁是也；路恶在？义是也。居仁由义，大人之事备矣。'"这里，孟子所说的"尚志"就是树立高尚的道德志向的意思，而高尚的道德志向，在孟子看来，就是履行道德仁义，以仁为心，按义行事，他认为这是君子必须具备的道德品质。社会道德集中体现在社会公德、职业道德、家庭美德三个方面，中华优秀传统

---

① 习近平. 在文艺工作座谈会上的讲话［N］. 人民日报，2014-10-15.

文化中蕴含着丰富的社会公德观念、职业道德思想、家庭美德内容，如孔子的"己欲立而立人，己欲达而达人"（《论语·雍也》），"己所不欲，勿施于人"（《论语·颜渊》）的推己及人的思想，"泛爱众而亲人""成人之美"的待人原则，"义以为质""言而有信""敬事而信""奉公尚忠"的"忠义""忠信"思想；孟子"老吾老以及人之老，幼吾幼以及人之幼"（《孟子·梁惠王上》）的尊老爱幼品德，"亲亲而仁民，仁民而爱物"（《孟子·尽心上》）的"爱民"思想；荀子"长幼有差""序长幼"的长幼观念，"天下为公"的公德意识，"仁者自爱"的"仁爱"原则，"以义制利"的义利标准，"养心莫善于诚"（《荀子·修身》）的真诚意识，"业精于勤荒于嬉，行成于思毁于随"（韩愈）的勤业思想，"不怠慢，不放荡"的职业精神，"人不忠信，则事皆无实"的"忠信"观念，《礼记·学记》中"敬业乐群"的敬业精神，《尚书·洪范》中"王道正直"的正直观念，等等。这些思想观念虽然具有历史的和阶级的局限性，但就其作为道德规范本身而言，它是人类普遍的、永恒的道德追求，这些道德思想和道德追求在新时代文化育人中，都具有重要的现实意义。

3. 坚持立德树人

中国古代文化中，养成有德人格是其教育目标，中国古人深知"玉不琢，不成器，人不学，不知道。是故……建国君民，教学为先"（《礼记》）。在培育新人的实践过程当中，强调要通过学习教育特别是修身养性来培育人的德性人格，不断自觉向上通透和参悟，就可能成长为社会伦常领域的道德存在体。另外，中国古代内圣外王的树人目标，也激励着一代又一代中国人怀着"天将降大任于斯人也"的历史使命感，自觉"苦其心志，劳其筋骨，饿其体肤，空乏其身，行拂乱其所为，所以动心忍性，增益其所不能"（《孟子·告子下》），努力塑造自己的德性人格。坚持立德树人这一标准，为中国古代育民造士铸就了成功之路。立德树人思想成为教育的核心理念，饱含着人们对文化育人根本任务的期许，"盖自天降生民，则既莫不与之以仁义礼智之性矣。然其气质之禀或不能齐，是以不能皆有以知其性之所有而全之也。一有聪明睿智能尽其性者出于其间，则天必命之以为亿兆之君师，使之治而教之，以复其性"（《四书章句集注》）。既然每个人的天性为天地阴阳五行化生所固有，只要他（她）能够正心诚意接受教育并自觉反身纳求，"途之人皆可为禹"，便均可以成就德性人格。正是不忘立德树人，中国无数先哲便以"天之生斯民也，使先知觉后知，使先觉觉后觉。予，天民之先觉者也，予将以此道觉此民也"（《孟子·万章下》）的认识和胸怀，不断实现立德树人的教育目标。

（二）文化育人方法

中华古代文化中不仅包含着丰富的育人理念和育人思想，同时，也提出了一些极有见地的文化育人方法。

1. 因材施教法

所谓因材施教的育人方法，就是指在实施文化育人的过程中，教育者在充分了解教育对象的基础上，针对其不同能力、不同志向、不同爱好、不同个性、不同品德等实际情况而选取不同的教育内容，并采用不同的教育方法。这一方法最根本的特点，就是灵活机动，不拘一格。在中国古代，孔子是第一个使用因材施教方法并获得巨大成功的教育家。他在长期的教育实践中，通过深入细致的观察，了解并准确地把握众多学生的个性特征，然后从学生性格、爱好、特长等方面的实际出发，区别对待，有针对性地进行教育。孔子对因材施教法的运用最典型的一例是《论语》中记载的：一次，子路和冉有两人问同一个问题，而孔子却针对二人不同的性格特点给出了截然不同的两种答案。与孔子一样，孟子也很注重因材施教的育人方法，他认为教育者应在掌握多种教育方法的基础上，因材施教，他说："君子之所以教者五：有如及时雨化之者，有成德者，有达财者，有答问者，有私淑艾者，此五者，君子之所以教也"，指出为适应不同程度和不同资质的学生，应该采取灵活多样的教育方法。荀子继承并发展了孔子和孟子的因材施教的育人思想，主张在文化育人的过程中，应根据学生的实际水平，分别施以不同的教育内容，采取不同的教育方法。《礼记·学记》中也有"教也者，长善而救其失者也"的记载，旨在强调对受教育者，要有的放矢地帮助他们发扬优点，改正缺点，在此"长善而救其失"，就是因材施教的育人方法的重要体现。宋明时期，张载主张"尽人之材"，二程强调"因人材性"，朱熹提倡"各因其材"，王阳明提出"施教不可躐等"，王夫之强调"因人而进"等，都是因材施教的育人方法。

2. 启发诱导法

所谓启发诱导的育人方法，是指在实施文化育人的过程中，教育者应注重引导、鼓励受教育者，以打开其思路，活跃其思维，调动其积极性，引导其独立思考，以期达到育人目的，变被动为主动的一种方法。这种育人方法强调的是发挥受教育者在接受教育过程中的能动作用，当受教育者求道而不能通、求达而不能达时，教育者才予以启发诱导。启发诱导是孔子首倡的一种重要的育人方法。孔子在《论语·述而》中说："不愤不启，不悱不发。举一隅而不以三隅反，则不复也。"在此，"愤"即指受教育者通过自己的思考，心中已有了一套想法，但尚未完全想清楚的一种思想状态；"悱"即指受教育者想说而又未能说清楚的状态。在此，孔子旨在强调，只有当受教育者在探求某种道理而未达到目的时，教育者才予以开导指点，使得其真义；只有当受教育者欲言而又找不到表达思想的言辞时，教育者才可以提示以促其用辞通达，否则，不予启发。这是说启发只是"成人""成德"式的教育的助因，如果求学之人不能举一反三，也就没有什么更可以说的了。在这种教育方式下，每个人都可以畅所欲言，受教育者可以对教育者提出质疑，甚至于互相争论。先秦时期，孔子、孟子等都非常注重这一方法的运用。孔子的"愤启悱发""举一反三"都是这一思想的具体表述。孟子主张"引而不发"，强调通过启发诱导，调动受教育者的积极性、主动性，引导他们独立思考。宋明儒家学者继承并发展了前人启发诱导的育人方法，他们无论是从理论上还是实践上都极为重视这一育人方法的运用。但是他们又有所区别，周敦颐重视在实践中对这一方法的具体运用，并提出"愤启悱发"的思想；张载注重引导，以"不教"而达到"教"的目的，强调"问有发端"的思想；二程注重等待适当的时机对受教育者进行"启发"，提出"诚而后告"的思想；朱熹则主张从教育者的主导作用的发挥和受教育者积极主动性的发挥上下功夫，提出"时雨化之"的思想。这些都表明中国古代在文化育人中重视对启发诱导育人方法的运用。

3. 循序渐进法

所谓循序渐进的育人方法，是指教育者在对受教育者实施教育的过程中，必须根据受教育者的身心发展规律、认知水平以及教育内容的难易程度，按照由浅入深，由易到难，由近及远等次序来逐步实施文化育人的方法。文化育人不是一朝一夕的事情，也不是一蹴而就的，因此，教育者应通过循序渐进的方法，根据受教育者的年龄、个性、思想道德水平等状况逐步地施加教育，才能使受教育者一步一步地达到崇高的道德境界，成就理想的道德人格。历代教育家、思想家都非常重视循序渐进的育人方法。先秦时期，孔子提出的"欲速则不达"思想、孟子提出的"其进锐者，其退速"思想、《礼记·学记》中记载的"不陵节而施"的思想，等等，实质上都是循序渐进的育人方法。汉唐时期，王通发展了先秦儒家的循序渐进思想，提出"不责人所不及，不强人所不能，不苦人所不好"的思想。可见，不论是先秦时期的教育者、思想家，还是汉唐时期的教育者、思想家，他们都认识到人的受教育水平的提高不是一蹴而就的，而是有一个由量变到质变的渐进过程。宋明时期，理学家们也继承了这一教育方法，并对之加以发挥，在此基础上，张载提出"穷理有渐"思想、二程提出"教人有序"思想、朱熹提出"循循有序"思想、王阳明提出"盈科而进"思想、王夫之提出"立教有序"思想等，都表明在实施他们以"理"为重要内容的育人过程中，极其重视循序渐进这一育人方法的运用。

4. 知行结合法

知与行的问题是道德修养中不可回避的问题，也是文化育人过程中必须予以重视的问题。自《尚书·说命》中提出"知之非艰，行之惟难"的"知易行难"说后，知行关系问题就成为中国古代文化育人中的重要问题。在知与行的关系问题上，中国古代既肯定"知"，又重视"行"，强调"知行合一"。孔子在《论语》中最早明确论述知与行的关系："君子耻其言而过于行""君子欲讷于言而敏于行""君子欲敏于事而慎于言"等，要求做到言必信，行必果，他说："君子名之必可言也，言之必可行也，君子于其言，无所苟而已矣。"这些言论耐人寻味。荀子也十分强调知行结合的重要性，他根据言行结合的程度把人分为四类："口能言之，身能行之，国宝也；口不能言，身能行之，国器也；口能言之，身不能行，国用也；口善言，身行恶，国妖也。"（《荀子·大略》）此后，子思将"知"与"行"各分为三个等级：生而知之，学而知之，困而知之；安而行之，利而行之，勉强而行之。可见，子思特别强调了"笃行"的价值。孔子还强调，人"知"的能力有强弱之分，"生而知之者上也；学而知之者次也；困而学之又其次也；困而不学，民斯为下矣"（《论语·季氏》）。他认为"学""困而学"等实践活动是认识的重要来源，正因为此，孔子主张因材施教。当然，"知"主要包括知天命、知君子之道、知礼乐，即各种伦理道德规范和要求；"行"包含改造客观世界和主观世界的一切实践活动，凡是能被听闻察觉和体会感受的外在表现都属于"行"的范畴，孔子认为"行"是人的本质活动，体现在现实生活、学习、工作的实践活动中，他曾自谦"文，莫吾犹人也；躬行君子，则吾未之有得"（《论语·述而》），此处即强调修身之道，重在"躬行"。《论语·述而》篇记载的"子以四教，文、行、忠、信"中，"文"是"行"的基础，"行"是"文"的目的，真正的君子能够做到"知行合一"，所以才会有"子路有闻，之未能行，唯恐有闻"（《论语·公冶长》）的记载，赞扬子路勇于把知识放在实践中检验，以此阐明理论与实践相脱离的做法是不可取的。

三、中国共产党文化育人思想

中国共产党从诞生之日起，就在寻求救国救民的道路，在此过程中，也形成了一系列文化育人思想。

（一）新民主主义革命时期的文化育人思想

以毛泽东为代表的第一代中国共产党人创造性地运用马克思列宁主义指导中国的革命实践，对近代中国国情和社会主要矛盾进行深刻剖析。在此基础上，他们科学解读了新民主主义革命时期文化育人的相关问题，推动了文化育人的实践并给予了后人大量文化育人方面的宝贵财富。

1. 用什么文化育人——新民主主义文化的性质

确定新民主主义文化的性质是阐述这一时期文化育人思想的首要和关键问题。毛泽东等中国共产党人遵循唯物史观的基本原理来分析文化的性质。毛泽东指出，"一定的文化是一定社会的政治和经济在观念形态上的反映"[①]，分析新民主主义文化的性质，就必须从新民主主义社会的经济、政治方面去探寻原因。在这一原理的指引下，以毛泽东为代表的中国共产党人进一步发现了当时中国在经济、政治方面的复杂与特殊之处，并决定了中国当时文化的特点，"中华民族的旧政治和旧经济，乃是中华民族的旧文化的根据；而中华民族的新政治和新经济，乃是中华民族的新文化的根据"[②]。从中可见，分析当时的文化不能一概而论，而是要坚持有"新"有"旧"的辩证观点。其中的"旧"文化之所以"旧"不是时间维度决定的，而是其落后的半殖民地半封建的经济政治基础决定的，"在中国，有帝国主义文化，这是反映帝国主义在政治上经济上统治或半统治中国的东西。这一部分文化，除了帝国主义在中国直接办理的文化机关之外，还有一些无耻的中国人也在提倡。一切包含奴化思想的文化，都属于这一类。在中国，又有半封建文化，这是反映半封建政治和半封建经济的东西，凡属主张尊孔读经、提倡旧礼教旧思想、反对新文化新思想的人们，都是这类文化的代表"[③]。反之，中国共产党所提倡的新文化之"新"，"则是在观念形态

---

① 毛泽东选集（第二卷）[M]. 北京：人民出版社，1991：663.
② 毛泽东选集（第二卷）[M]. 北京：人民出版社，1991：664.
③ 毛泽东选集（第二卷）[M]. 北京：人民出版社，1991：693-694.

上反映新政治和新经济的东西，是替新政治新经济服务的"①，并以打倒旧文化为目标。

以毛泽东为代表的中国共产党人审视当时中国新的经济、政治因素，发现"现阶段上中国新的国民文化的内容，既不是资产阶级的文化专制主义，又不是单纯的无产阶级的社会主义，而是以无产阶级社会主义文化思想为领导的人民大众反帝反封建的新民主主义"②。这段论述既明确坚持了新文化的阶级立场是无产阶级社会主义领导，同时也实事求是地阐明，当时中国的新文化并非单一的无产阶级文化，而是多种具有革命性因素的文化的一种共同体——新民主主义文化。正是以这样的判断为遵循，毛泽东将新民主主义文化的性质界定为民族的、科学的、大众的文化。之所以要从这样三个层次来全面界定新民主主义文化，与近代中国社会的主要矛盾密切相关，这就是帝国主义和中华民族的矛盾、封建主义和人民大众的矛盾。其中，帝国主义和中华民族的矛盾又更为重要。帝国主义是近代中国人民苦难的总根源，正是帝国主义的入侵导致了古代中国社会发展历程的中断并日益陷入被压迫、被奴役的状况。与之相应，新民主主义文化的第一层次性质正是"民族"的文化。毛泽东指出，"这种新民主主义的文化是民族的。它是反对帝国主义压迫，主张中华民族的尊严和独立的。它是我们这个民族的，带有我们民族的特性"③。可见，"民族"的文化主要内涵就是要挺立民族的尊严，鲜明反抗外族压迫。需要注意的是，"民族"的文化并非简单的民族划分，更非那种"非我族类，其心必异"的极端民族主义，而是一种带有社会主义因素的"民族"的文化，"它同一切别的民族的社会主义文化和新民主主义文化相联合，建立互相吸收和互相发展的关系，共同形成世界的新文化；但是决不能和任何别的民族的帝国主义反动文化相联合，因为我们的文化是革命的民族文化"④。毛泽东在这里既是阐述新民主主义的"民族"内容，又是对马克思主义科学民族观的合理运用，展现了一种站在社会主义、劳动人民立场上来看待民族问题的先进思想，与西方资产阶级甚嚣尘上、臭名昭著的种族主义、民族歧视划清了界限，即使在今天依然具有借鉴意义。

近代中国社会的另一对主要矛盾就是封建主义和人民大众的矛盾，这一对

---

① 毛泽东选集（第二卷）［M］. 北京：人民出版社，1991：695.
② 毛泽东选集（第二卷）［M］. 北京：人民出版社，1991：706.
③ 毛泽东选集（第二卷）［M］. 北京：人民出版社，1991：706.
④ 毛泽东选集（第二卷）［M］. 北京：人民出版社，1991：706.

矛盾就决定了新民主主义的文化具有"科学"和"大众"两个方面内涵。一方面要讲"科学"，因为这是反封建的主要思想武器。毛泽东指出，"这种新民主主义的文化是科学的。它是反对一切封建思想和迷信思想，主张实事求是，主张客观真理，主张理论和实践一致的"①。以科学反封建，正是新文化运动所开启的准确有效的革命方式，"在这点上，中国无产阶级的科学思想能够和中国还有进步性的资产阶级的唯物论者和自然科学家，建立反帝反封建反迷信的统一战线；但是决不能和任何反动的唯心论建立统一战线"②，以"科学"为标准，我们还可以建立起稳固的反封建统一战线。这里就更说明，科学的文化并非一种没有立场的纯粹"中立"性文化，而是具有重要地位的革命武器。另一方面要讲"大众化"，因为这就是代表革命主力军的利益。毛泽东指出，"这种新民主主义的文化是大众的，因而即是民主的。它应为全民族中百分之九十以上的工农劳苦民众服务，并逐渐成为他们的文化"③。说到底，中国共产党人所从事的反帝反封建的革命，就是为全体人民尤其是工农劳苦大众谋取自由解放、谋求美好生活，基于这样的出发点，理所当然，其所建立的新民主主义文化也要在内容上、形式上充分满足大众的整体需要。

2. 育何种人——服务于新民主主义革命需要的人

新民主主义文化建设的重要任务就是要开展充分的文化育人实践，服务于新民主主义革命的实际需要。文化育人既为革命斗争培育革命战士，又成为革命斗争的思想武器，为革命斗争胜利奠定基础。毛泽东就对革命斗争的内容认识十分全面，指出有文武两个战线："在我们为中国人民解放的斗争中，有各种的战线，其中也可以说有文武两个战线，这就是文化战线和军事战线。我们要战胜敌人，首先要依靠手里拿枪的军队。但是仅仅有这种军队是不够的，我们还要有文化的军队，这是团结自己、战胜敌人必不可少的一支军队。"④ 这里就开宗明义，阐明文化战线是革命斗争胜利的必要组成部分。其中，毛泽东提出了"文化的军队"范畴，事实上就蕴含了文化育人为革命斗争胜利提供坚强的革命战士的指向。从这个角度看，毛泽东高度评价了革命军队的战士们提高文化素养的价值。他指出，"我们的工作首先是战争，其次是生产，其次是文化。

① 毛泽东选集（第二卷）[M]. 北京：人民出版社，1991：707.
② 毛泽东选集（第二卷）[M]. 北京：人民出版社，1991：707.
③ 毛泽东选集（第二卷）[M]. 北京：人民出版社，1991：707.
④ 毛泽东选集（第三卷）[M]. 北京：人民出版社，1991：847.

没有文化的军队是愚蠢的军队，而愚蠢的军队是不能战胜敌人的"①。毛泽东将战争与生产、文化的实践进行整体的统一理解，得出真正能取得胜利的军队是文化素质高的军队，这就远远超越了旧军队乃至当时一部分革命者的单纯从军事角度看待军队、看待战争的片面性观点。

毛泽东还探讨了革命军队的源泉——革命群众的文化素养对于革命斗争的意义，"解放区的文化已经有了它的进步的方面，但是还有它的落后的方面。解放区已有人民的新文化，但是还有广大的封建遗迹。在一百五十万人口的陕甘宁边区内，还有一百多万文盲，两千个巫神，迷信思想还在影响广大的群众。这些都是群众脑子里的敌人。我们反对群众脑子里的敌人，常常比反对日本帝国主义还要困难些。我们必须告诉群众，自己起来同自己的文盲、迷信和不卫生的习惯作斗争"②。只有充分解决广大劳动群众文化素养过低的问题，才能为革命军队的战斗力提供持续稳固的源泉。而解决劳动群众的文化素养问题，就要有效解决群众头脑里面那些思想"敌人"——落后、愚昧的封建文化观念。这就是说，文化育人不仅是为现实的武装斗争培育人才，而且直接成了群众头脑中思想"战场"上的主要作战途径。毛泽东鲜明指出，"革命文化，对于人民大众，是革命的有力武器。革命文化，在革命前，是革命的思想准备；在革命中，是革命总战线中的一条必要和重要的战线。而革命的文化工作者，就是这个文化战线上的各级指挥员"③。我们现实的武装斗争需要优秀的指挥员，而当我们开展群众头脑中的思想"战斗"时，文化工作者就是必不可少的指挥员。对现实武装斗争和头脑思想斗争进行科学辩证分析，这又是毛泽东在文化育人方面独具创见的思想主张。

3. 文化育人的目的——在革命斗争中满足群众文化需求

新民主主义革命的最终目标是为人民大众谋幸福，最重要的当然是在物质生活层面的"打土豪、分田地"，但是在这个过程中也不能忽视人民大众在精神生活方面的需要。毛泽东指出，"我们的文化是人民的文化，文化工作者必须有为人民服务的高度的热忱，必须联系群众，而不要脱离群众。要联系群众，就要按照群众的需要和自愿"④。联系群众、服务群众，这是群众路线在文化建设

---

① 毛泽东选集（第三卷）[M]. 北京：人民出版社，1991：1011.
② 毛泽东选集（第三卷）[M]. 北京：人民出版社，1991：1011.
③ 毛泽东选集（第三卷）[M]. 北京：人民出版社，1991：1011.
④ 毛泽东选集（第三卷）[M]. 北京：人民出版社，1991：1011.

方面的践行，更是文化育人的指导方向。"一切为群众的工作都要从群众的需要出发，而不是从任何良好的个人愿望出发。有许多时候，群众在客观上虽然有了某种改革的需要，但在他们的主观上还没有这种觉悟，群众还没有决心，还不愿实行改革，我们就要耐心地等待；直到经过我们的工作，群众的多数有了觉悟，有了决心，自愿实行改革，才去实行这种改革，否则就会脱离群众。……这里是两条原则：一条是群众的实际上的需要，而不是我们脑子里头幻想出来的需要；一条是群众的自愿，由群众自己下决心，而不是由我们代替群众下决心。"① 文化育人为满足群众文化需求，为群众服务，首先蕴含了一切从实际出发的唯物主义立场，要求在文化育人时必须坚决杜绝从主观出发的错误做法，防止主观主义的干扰；其次蕴含了通过先进文化引导群众的要求，因为当时的群众普遍文化素养不高，对革命事业前途的认识不够清晰，亟需以文化育人的方式帮助群众廓清迷雾，坚定信心。

4. 文化育人的战略意义——在革命斗争中巩固统一战线

中国革命斗争必须建立最广泛的统一战线，这一要求也鲜明体现在文化方面。毛泽东指出，"所谓新民主主义的文化，就是人民大众反帝反封建的文化；在今日，就是抗日统一战线的文化"②。这说明，统一战线的因素已经蕴含在了文化育人的底色之中，更客观地存在于现实需要上面，"为了进行这个斗争，不能不有广泛的统一战线。而在陕甘宁边区这样人口稀少、交通不便、原有文化水平很低的地方，加上在战争期间，这种统一战线就尤其要广泛"③。可见，必须要有文化统一战线的广泛建设，才能缓解革命根据地文化极其缺乏的困难状况。"因此，在教育工作方面，不但要有集中的正规的小学、中学，而且要有分散的不正规的村学、读报组和识字组。不但要有新式学校，而且要利用旧的村塾加以改造。在艺术工作方面，不但要有话剧，而且要有秦腔和秧歌。不但要有新秦腔、新秧歌，而且要利用旧戏班，利用在秧歌队总数中占百分之九十的旧秧歌队，逐步地加以改造。"④ 这种统一战线建设的突出需求正是文字知识教育、初步艺术熏陶等典型的文化育人内容。从这个目标出发，知识分子就显得极为重要。毛泽东在《大量吸收知识分子》一文中写道，"在长期的和残酷的民

① 毛泽东选集（第三卷）[M]. 北京：人民出版社，1991：1011.
② 毛泽东选集（第三卷）[M]. 北京：人民出版社，1991：698.
③ 毛泽东选集（第三卷）[M]. 北京：人民出版社，1991：1011.
④ 毛泽东选集（第三卷）[M]. 北京：人民出版社，1991：1011.

族解放战争中，在建立新中国的伟大斗争中，共产党必须善于吸收知识分子，才能组织伟大抗战力量，组织千百万农民群众，发展革命的文化运动和发展革命的统一战线。没有知识分子的参加，革命的胜利是不可能的"①。革命事业对知识分子的大量吸收，一方面是促使统一战线更完整、更具战斗力的必要途径，另一方面更是加强文化育人，取得头脑"战场"中思想斗争胜利的关键方式。以鲁迅为代表的左翼知识分子正是最需要的力量，毛泽东高度评价："鲁迅是在文化战线上，代表全民族的大多数，向着敌人冲锋陷阵的最正确、最勇敢、最坚决、最忠实、最热忱的空前的民族英雄。"② 对鲁迅的高度赞誉也正是对这一群体的重视，对文化育人巩固统一战线做法的重视。

（二）社会主义革命和建设时期的文化育人思想

新民主主义革命取得胜利后，经过社会主义过渡时期，并完成社会主义改造，中国进入社会主义革命和建设时期。这一历史时期的中国社会同样变化巨大，也形成了独具特色的文化育人思想，这一思想发挥了独特的作用。

1. 文化育人要坚持正确的思想导向

中国取得新民主主义革命的胜利和完成社会主义改造都属于社会性质的重大变革，这种社会性质的变革必然要反映到文化中来。但是，由于作为社会意识的文化对于社会存在的反映具有不平衡性，所以在实际文化内容中是难免存在着旧社会或者对新社会变革反应迟缓的现象。毛泽东对此十分重视，专门强调文化建设要重视对剥削阶级性质思想的批判。他指出，"要在党内开展反对资产阶级思想的斗争。就思想状况来说，党内有三种人：有的同志是坚定的，没有动摇的，是马克思列宁主义思想；有一部分同志，基本上是马克思列宁主义，但夹杂着一些非马克思列宁主义的思想；少数人是不好的，是非马克思列宁主义思想"③，这里的分析十分明确，假使共产党员的思想中都存在着夹杂性或者严重的"非马克思列宁主义思想"，则整个社会中人们的"非马克思列宁主义思想"就更不容忽视。这些错误的思想从本质上讲，都是对剥削阶级思想持认同态度的问题。有些人是坚持剥削阶级的立场，而更多的人则是没有认清剥削阶级思想的真面目而处于糊涂的状态中。毛泽东在评价电影《武训传》时指出，

① 毛泽东选集（第三卷）[M]. 北京：人民出版社，1991：618.
② 毛泽东选集（第三卷）[M]. 北京：人民出版社，1991：698.
③ 毛泽东文集（第六卷）[M]. 北京：人民出版社，1999：401.

"在许多作者看来，历史的发展不是以新事物代替旧事物，而是以种种努力去保持旧事物使它得免于死亡；不是以阶级斗争去推翻应当推翻的反动的封建统治者，而是像武训那样否定被压迫人民的阶级斗争，向反动的封建统治者投降"①。可见，作品《武训传》所反映的问题重点不在武训这个人物本身的品行，而在于创作者所体现出来的导向不正确。这种导向就是没有抓住时代已经发生巨变的核心要素，反而还在努力去保持代表旧社会统治阶级的立场。通过这种批判，社会主义文化才能把准核心的航向。

2. 文化育人要坚持"双百"方针

文化育人不是用单一的文化教导人，也不是用一种思想来教育人，而是要坚持"百花齐放，百家争鸣"的方针，用丰富多彩的文化内容和文化形式来实现文化育人的目的。毛泽东指出，"百花齐放、百家争鸣的方针，是促进艺术发展和科学进步的方针，是促进我国的社会主义文化繁荣的方针。艺术上不同的形式和风格可以自由发展，科学上不同的学派可以自由争论"②。"百花齐放"促进艺术方面的充分发展，"百家争鸣"保障科学方面的合理进步，这两方面正是文化育人最重要的途径和方针。妨碍"双百"方针的因素就是行政力量的强制推行，"利用行政力量，强制推行一种风格，一种学派，禁止另一种风格，另一种学派，我们认为会有害于艺术和科学的发展。艺术和科学中的是非问题，应当通过艺术界科学界的自由讨论去解决，通过艺术和科学的实践去解决，而不应当采取简单的方法去解决"③。在这里，毛泽东从实践角度出发，将行政与科学艺术分为不同的类别，并强调二者应按照各自的客观规律来发现和解决各自的矛盾是非，凸显了"双百"方针背后的马克思主义唯物主义立场，这就强有力地回答了一些人对于"双百"方针损害马克思主义领导地位的怀疑，"实行百花齐放、百家争鸣的方针，并不会削弱马克思主义在思想界的领导地位，相反地正是会加强它的这种地位"④。由此可见，"双百"方针实施得越顺利，就越能证明马克思主义的科学性，也就越能保证马克思主义的领导地位。那么，思想领域是否就不存在正误之分了呢？当然不是。在思想领域，同样要根据唯物辩证法立场具体问题具体分析，一部分错误思想是明显的反革命、破坏社会

① 毛泽东文集（第六卷）[M].北京：人民出版社，1999：166.
② 毛泽东文集（第七卷）[M].北京：人民出版社，1999：229.
③ 毛泽东文集（第七卷）[M].北京：人民出版社，1999：229.
④ 毛泽东文集（第七卷）[M].北京：人民出版社，1999：232.

主义事业的立场，那就要剥夺他们的言论自由，另一部分错误则属于人民内部的错误问题，不能简单禁止，而是要采取讨论、批评、说理的方法，这样"才能真正发展正确的意见，克服错误的意见，才能真正解决问题"①。由此可见，毛泽东所说的"双百"方针并非随心所欲地进行文化育人，仍是要以服务于社会主义建设为导向的"文化"来对人进行教育。

3. 文化育人要正确对待异"己"文化

如何处理古今中外文化之间的关系，是社会主义革命和建设时期文化育人需要面对和解决的问题。对此，毛泽东明确提出"洋为中用""古为今用"的主张，为问题解决提供了较好的方案。马克思主义哲学认为，世界充满着矛盾，矛盾既具有"无处不在，无时不有"的普遍性，也具有各自特点的特殊性，任何事物都是普遍性与特殊性的统一体。这正是我们在文化建设方面可以采取"洋为中用""古为今用"做法的依据。毛泽东指出，"艺术的基本原理有其共同性，但表现形式要多样化，要有民族形式和民族风格。一棵树的叶子，看上去是大体相同的，但仔细一看，每片叶子都有不同。有共性，也有个性，有相同的方面，也有相异的方面。这是自然法则，也是马克思主义的法则。作曲、唱歌、舞蹈都应该是这样"②。在这里，艺术的基本原理相当于矛盾的普遍性，也就是一切文化所遵循的共同原理。对这一原理的承认，正是古代文化与现代文化、西方文化与中华文化可以沟通交流的基础。在此基础上，艺术表现形式的多样化相当于矛盾的特殊性，也就是不同文化可以相互借鉴的对象。因此，在文化育人中坚持"洋为中用""古为今用"并非刻意地去改造、取舍，而是阐述一个文化发展的基本规律：文化必然是在共同本质的基础上变化出可以借鉴的多样化形式。

正确对待异"己"文化，要注意两个容易走偏的问题：一是注意要以"中国化"为导向，而不要"全盘西化"。毛泽东通俗地指出，"应该越搞越中国化，而不是越搞越洋化"③。追逐"洋化""西化"可以说是近代以来特别是新文化运动以来我们在文化发展方面的一个重要特点。但这恰恰是我们在社会主义文化建设时需要警惕的错误方向，"艺术上'全盘西化'被接受的可能性很

① 毛泽东文集（第七卷）[M]. 北京：人民出版社，1999：232.
② 毛泽东文集（第七卷）[M]. 北京：人民出版社，1999：76.
③ 毛泽东文集（第七卷）[M]. 北京：人民出版社，1999：82.

少，还是以中国艺术为基础，吸收一些外国的东西进行自己的创造为好"①。可见，一味倒向西方文化不仅是观念上的谬误，更是违背了文化自身发展规律的妄想，必须摒弃。还需要注意的是，不仅对待西方文化要科学，对待我们的古代文化同样也要防止方向偏离。"向古人学习是为了现在的活人，向外国人学习是为了今天的中国人"②，"中国的和外国的，两边都要学好。半瓶醋是不行的，要使两个半瓶醋变成两个一瓶醋"③。这就是在强调文化育人中"中用""今用"的基本原则问题，让古今中外各种文化因素像醋一样充分融合，才能产生我们所需要的新的更适合的文化，才能充分发挥文化的育人作用。

4. 文化育人要注重对旧知识分子的改造

社会主义革命和建设时期，文化育人的终极目的是为社会主义建设服务、为人民服务，但是，成长于旧中国的知识分子中还大量存在思想保守、观念陈旧、世界观出现偏差等问题，如何帮助他们真心走上为社会主义服务、为人民服务的道路，是文化育人中要予以重视和解决的问题。毛泽东指出，"我国的艰巨的社会主义建设事业，需要尽可能多的知识分子为它服务。凡是真正愿意为社会主义事业服务的知识分子，我们都应当给予信任，从根本上改善同他们的关系，帮助他们解决各种必须解决的问题，使他们得以积极地发挥他们的才能"④。这其中的关键原因就在于近代中国的知识分子掌握着比工农劳动阶级更多的科学知识方面的文化，"中国的资产阶级和他们的知识分子，人数虽少，但是他们有近代文化，我们现在还是要团结他们"⑤，这里所说的"近代文化"指的是代表了工业革命以来的科学技术、思想文化方面的知识成果，这些内容恰恰是工人农民比较缺乏的素养，"像工人农民来说，工人比较有文化，他们有技术，但还不能当工程师，比较资产阶级和知识分子就差。农民不能说没有文化，精耕细作，唱民歌、跳舞也是文化。但是他们大多数不识字，没有现代的文化技术，能用锄头、木犁，不能用拖拉机"⑥。从文化育人角度看，这里面事实上就包含了工人、农民阶级需要接受教育，提升知识素养方面的现实需要。而要

① 毛泽东文集（第七卷）[M]. 北京：人民出版社，1999：77.
② 毛泽东文集（第七卷）[M]. 北京：人民出版社，1999：82.
③ 毛泽东文集（第七卷）[M]. 北京：人民出版社，1999：82.
④ 毛泽东文集（第七卷）[M]. 北京：人民出版社，1999：225.
⑤ 毛泽东文集（第七卷）[M]. 北京：人民出版社，1999：79.
⑥ 毛泽东文集（第七卷）[M]. 北京：人民出版社，1999：79.

真正达到这一目标，知识分子群体也需要接受教育、改造世界观，"广大的知识分子虽然已经有了进步，但是不应当因此自满。为了充分适应新社会的需要，为了同工人农民团结一致，知识分子必须继续改造自己，逐步地抛弃资产阶级的世界观而树立无产阶级的、共产主义的世界观"①。这样来看，此时的文化育人就是一个两种群体相互教育的互动育人过程。工人农民需要知识分子提供的科学技术、知识文字教育，知识分子需要工人农民从实践中带来的世界观教育。

5. 文化育人要培养为社会主义建设服务的人才

社会主义革命和建设时期，文化育人的最终目标就是要培养为社会主义服务、为人民服务的德智体几方面全面发展的优秀人才。新中国的建立，各项事业百废待兴，社会主义建设掀起高潮，社会主义文化建设当然也是社会主义建设的题中应有之义。毛泽东指出，"随着经济建设的高潮的到来，不可避免地将要出现一个文化建设的高潮。中国人被人认为不文明的时代已经过去了，我们将以一个具有高度文化的民族出现于世界"②。文化建设的高潮可以达到让中国人整个民族提高文明素质，成为世界上具有高文化水准的民族。1957年，毛泽东在党的全国宣传工作会议上的讲话中，提出要建设一个具有现代工业、现代农业、现代国防和现代科学文化的社会主义国家。用"现代科学文化"代替之前的"现代化的交通运输业"，把"科学文化现代化"列为"四化"大业之一，充分说明毛泽东对社会主义文化建设的目标有了明确的概念。这里面就包含了文化育人对于社会主义文化建设的意义。要培养为社会主义服务的人才，必须用马克思主义思想来教育他们，毛泽东指出，"不论是知识分子，还是青年学生，都应该努力学习。除了学习专业之外，在思想上要有所进步，政治上也要有所进步，这就需要学习马克思主义，学习时事政治。没有正确的政治观点，就等于没有灵魂"③。只有坚持马克思主义指导，才能达成文化育人的核心任务——赋予人们以思想的灵魂，在这个基础上，才能实现文化育人的主旨目标，"受教育者在德育、智育、体育几方面都得到发展，成为有社会主义觉悟的有文化的劳动者"④。既掌握科学知识，又有实践能力，更具备社会主义觉悟，这才是社会主义建设所亟需的优秀人才。

---

① 毛泽东文集（第七卷）[M]. 北京：人民出版社，1999：225.
② 毛泽东文集（第六卷）[M]. 北京：人民出版社，1999：345.
③ 毛泽东文集（第七卷）[M]. 北京：人民出版社，1999：226.
④ 毛泽东文集（第七卷）[M]. 北京：人民出版社，1999：226.

（三）改革开放以来的文化育人思想

党的十一届三中全会作出实施改革开放的重要决定，把党和国家的工作重点从"以阶级斗争为纲"转到"以经济建设为中心"上来。以改革开放为起点，党的几代领导人邓小平、江泽民、胡锦涛和习近平开创、坚持和发展了中国特色社会主义文化建设事业，其中也包含了丰富的文化育人思想。

1. 以"四有"新人为培育目标在文化建设中"两手抓"

改革开放初期，以邓小平同志为核心的党中央就提出了物质文明和精神文明两个文明一起抓的战略，邓小平指出，"过去很长一段时间，我们忽视了发展生产力，所以现在我们要特别注意建设物质文明。与此同时，还要建设社会主义的精神文明"①，社会主义精神文明建设，主要是要以马克思主义为指导、以思想道德建设为核心，以培养"四有"新人为目标，加强各项文化事业的建设，立足现实，继承民族文化的优良传统，吸取资本主义所积累的有益的知识和经验，创造性地发展民族的科学的大众的社会主义文化。抓精神文明建设，也就是人们的文化素养问题，最终表现为社会风气、社会秩序的优劣。之所以要强调这一点，正是因为社会上出现了只重视经济发展，忽略文化建设而导致的社会风气滑坡问题，出现了黄、赌、毒等丑恶现象，邓小平在南巡时明确强调，"广东二十年赶上亚洲'四小龙'，不仅经济要上去，社会秩序、社会风气也要搞好，两个文明建设都要超过他们，这才是有中国特色的社会主义"②。必须明确，只发展经济而忽视文化的社会主义不是真正的社会主义，"抓精神文明建设，抓党风、社会风气好转，必须狠狠地抓，一天不放松地抓，从具体事件抓起"③，这说明，文化建设要解决具体问题而不是抽象地泛泛而谈。

邓小平指出，精神文明建设"最根本的是要使广大人民有共产主义的理想，有道德，有文化，守纪律。国际主义、爱国主义都属于精神文明的范畴"④。他将精神文明建设与人民的素养紧密联系，逐渐形成"有理想、有道德、有文化、有纪律"的"四有新人"主张："我们在建设具有中国特色的社会主义社会时，

---

① 中共中央文献研究室. 社会主义精神文明建设文献选编［M］. 北京：中央文献出版社，1996：146.

② 邓小平文选（第三卷）［M］. 北京：人民出版社，2001：378.

③ 邓小平文选（第三卷）［M］. 北京：人民出版社，2001：379.

④ 邓小平文选（第三卷）［M］. 北京：人民出版社，2001：28.

一定要坚持发展物质文明和精神文明，坚持五讲四美三热爱，教育全国人民做到有理想、有道德、有文化、有纪律。这四条里面，理想和纪律特别重要。"①这一概括系统而全面，并点出了其中"理想""纪律"的重要地位，对党的整个文化育人思想产生了深远影响。改革开放之初，影响人们思想文化素养的问题主要有两个因素，一个因素是共产主义理想信念的宣传教育问题。邓小平同志强调，"我们的报刊、电视和所有的宣传工作都要注意这个问题。我们这些人的脑子里是有共产主义理想和信念的。要特别教育我们的下一代下两代，一定要树立共产主义的远大理想。一定不能让我们的青少年作资本主义腐朽思想的俘虏，那绝对不行"②。这里的论述具有时代特征，既点明了要重视报刊、电视等新兴起来的传媒渠道问题，又指出了对于后代青少年的共产主义信念教育问题，显示了长远眼光与忧患意识。影响人们思想文化素养的另一个因素是优良传统的传承问题。"最重要的一条是，在经济得到可喜发展、人民生活水平得到改善的情况下，没有告诉人民，包括共产党员在内，应该保持艰苦奋斗的传统。坚持这个传统，才能抗住腐败现象。所以要加强对人民进行思想政治工作，提倡艰苦奋斗。"③ 这里的论述鞭辟入里而发人深省，直指改革开放过程中忽视革命传统、淡化思想政治工作的缺陷，警醒大家其所造成的腐败等严重危害。

通过文化培育"新人"的主要目标就是青少年。邓小平指出，"我们一定要经常教育我们的人民，尤其是我们的青年，要有理想。为什么我们过去能在非常困难的情况下奋斗出来，战胜千难万险使革命胜利呢？就是因为我们有理想，有马克思主义信念，有共产主义信念"④。青少年的主要代表是高等院校学生，但他们的文化根基却与中小学密不可分，"高等院校学生来源于中学，中学学生来源于小学，因此要重视中小学教育。要树立好的风气"⑤。学校风气抓好了，才有把握为国家培育出大量高素质人才，"我们国家，国力的强弱，经济发展后劲的大小，越来越取决于劳动者的素质，取决于知识分子的数量和质量。一个

①　邓小平文选（第三卷）［M］. 北京：人民出版社，2001：110.
②　邓小平文选（第三卷）［M］. 北京：人民出版社，2001：110-111.
③　中共中央文献研究室. 社会主义精神文明建设文献选编［M］. 北京：中央文献出版社，1996：349.
④　邓小平文选（第三卷）［M］. 北京：人民出版社，2001：110.
⑤　邓小平文选（第三卷）［M］. 北京：人民出版社，2001：54.

十亿人口的大国，教育搞上去了，人才资源的巨大优势是任何国家比不了的。有了人才优势，再加上先进的社会主义制度，我们的目标就有把握达到。现在小学一年级的娃娃，经过十几年的学校教育，将成为开创二十一世纪大业的生力军。中央提出要以极大的努力抓教育，并且从中小学抓起，这是有战略眼光的一着"①。将人口大国优势转化为人才强国优势，这正是"四有新人"文化育人思想的战略目标。

2. 以思想道德建设为核心发展有中国特色社会主义的文化

20 世纪末 21 世纪初，文化越来越成为国际竞争的重要内容。以江泽民同志为核心的党中央高度重视有中国特色社会主义的文化建设，并提出"三个代表"重要思想。"三个代表"中，"中国共产党始终代表中国先进文化的前进方向"直指中国先进文化建设的命题，"中国先进文化"即有中国特色的社会主义文化。江泽民指出："当今世界，文化与经济和政治相互交融，在综合国力竞争中的地位和作用越来越突出。文化的力量，深深熔铸在民族的生命力、创造力和凝聚力之中。"② 正因为文化在综合国力竞争中的重要地位越来越突出，作用越来越重要，大力加强有中国特色社会主义文化建设，势在必行。有中国特色社会主义文化建设，归根到底就是社会主义精神文明建设。江泽民同志指出，"在当代中国，发展先进文化，就是发展有中国特色社会主义的文化，就是建设社会主义精神文明"③。有中国特色社会主义的文化建设，核心就是社会主义精神文明建设，这正是对社会主义重要特征的凸显，"社会主义精神文明是社会主义社会的重要特征。建设高度的社会主义精神文明是社会主义现代化的重要目标。精神文明对物质文明建设起巨大的推动作用，并且保证它的正确发展方向"④。因此，发展社会主义先进文化也必须围绕社会主义精神文明的需求展开。社会主义精神文明建设就是有中国特色社会主义文化育人的重要内容和根本目标。

社会主义精神文明建设包括思想道德建设和教育科学文化建设，思想道德

①　邓小平文选（第三卷）［M］．北京：人民出版社，2001：120．
②　江泽民文选（第三卷）［M］．北京：人民出版社，2006：558．
③　江泽民文选（第三卷）［M］．北京：人民出版社，2006：276．
④　中共中央文献研究室．十四大以来重要文献选编（下）［M］．北京：中央文献出版社，2011：156．

建设是要解决整个民族的精神支柱和精神动力问题，教育科学文化建设是要解决整个民族的科学文化素质问题。其中，思想道德建设是精神文明建设的核心和灵魂，决定着精神文明建设的性质和方向，解决的是精神文明建设的根本问题，对社会的政治经济发展有巨大的能动作用。江泽民指出，"加强社会主义思想道德建设，是发展先进文化的重要内容和中心环节"①，思想道德建设的缺失与不足，直接导致整个社会负面现象的蔓延，因此，他提出"要通过完善政策和制度，加强教育和管理，移风易俗，努力改造落后的文化，努力防止和坚决抵制腐朽文化和各种错误思想观点对人们的侵蚀，逐步缩小和剔除它们借以滋生的土壤"②。

　　加强思想道德建设，必须以江泽民同志在一九九四年全国宣传思想工作会议上提出的"四以"为根本内容和重要实施路径。江泽民同志指出，"发展社会主义文化的根本任务，是培养一代又一代有理想、有道德、有文化、有纪律的公民。要坚持以科学的理论武装人，以正确的舆论引导人，以高尚的精神塑造人，以优秀的作品鼓舞人"③。这四句话，既是对宣传思想战线主要任务和工作方式方法的概括和总结，又是建设有中国特色社会主义文化的发展战略，更是市场经济条件下文化育人的重要途径。从思想道德建设的力量上讲，必须加强队伍建设。江泽民强调，"文化建设最重要的是要抓方向，抓队伍建设"④，队伍建设就是"人"的因素。文化建设是一项重大的系统工程，因而它不是某一个人单打独斗就能完成的，与先进文化建设内容的整体性相应，文化建设的队伍组成人员也需要充分整合，"这支队伍包括宣传工作者、思想政治工作者、教育工作者、文化艺术工作者、新闻出版工作者、哲学社会科学工作者、科技工作者，等等"⑤。各类与思想文化相关人员不是散兵游勇，而是要整合成一支有机的队伍，在中国共产党统一领导下，相互配合，形成合力，才能提升文化建设的质量，从而提高文化育人的效率。在社会主义先进文化建设战略中，中国

① 江泽民文选（第三卷）[M].北京：人民出版社，2006：278.
② 江泽民文选（第三卷）[M].北京：人民出版社，2006：278.
③ 江泽民文选（第三卷）[M].北京：人民出版社，2006：277.
④ 中共中央文献研究室.十四大以来重要文献选编（下）[M].北京：中央文献出版社，2011：164.
⑤ 中共中央文献研究室.十四大以来重要文献选编（下）[M].北京：中央文献出版社，2011：167.

64

共产党领导文化建设既是先进文化建设战略的一个突出亮点，也是文化育人队伍建设的一大亮点，这种领导地位是"中国共产党始终代表中国先进文化的发展方向"这一性质所决定的，这也是以江泽民同志为核心的第三代领导集体提出的"三个代表"重要思想的重要内容之一。

3. 以社会主义核心价值体系为育人导向建设和谐文化

进入 21 世纪，在我国面临重大机遇和重大挑战的发展时刻，以胡锦涛为核心的党中央提出了建设社会主义和谐社会的战略。社会主义和谐文化建设，是社会主义和谐社会建设的题中应有之义。胡锦涛同志指出："繁荣社会主义先进文化，建设和谐文化，为构建社会主义和谐社会作出贡献，是现阶段我国文化工作的主题。"① 对于和谐文化建设，首先就要建设社会主义核心价值体系，这是建设和谐文化的根本，胡锦涛在庆祝清华大学建校 100 周年大会上的讲话中指出："必须大力推进文化传承创新，积极发挥文化育人作用，加强社会主义核心价值体系建设"，"要积极发挥文化育人作用，加强社会主义核心价值体系建设，掌握前人积累的文化成果，扬弃旧义，创立新知，并传播到社会、延续至后代，不断培育崇尚科学、追求真理的思想观念，推动社会主义先进文化建设"。社会主义核心价值体系包括四个方面的基本内容，即马克思主义指导思想、中国特色社会主义共同理想、以爱国主义为核心的民族精神和以改革创新为核心的时代精神、社会主义荣辱观。在经济体制深刻变革、社会结构深刻变动、利益格局深刻调整、思想观念深刻变化、思想大活跃、观念大碰撞、文化大交融的背景下，提出建设社会主义核心价值体系，有利于引导全社会在思想道德上共同进步，尤其是对于培育中国特色社会主义事业建设者和接班人具有重要导向作用。胡锦涛指出，"坚持以人为本，促进未成年人的全面发展，努力培育面向现代化、面向世界、面向未来，有理想、有道德、有文化、有纪律，德、智、体、美全面发展的中国特色社会主义事业建设者和接班人"②。社会主义事业建设者和接班人的培育，必须坚持以社会主义核心价值体系为思想导向。

由于人们的思想观念、道德意识、价值取向呈现出多层次性，需要一种为社会所共识的价值体系来引领人们在思想道德上不断提升和进步，社会主义核

---

①　胡锦涛文选（第二卷）［M］. 北京：人民出版社，2016：430.

②　胡锦涛. 全党全社会共同做好未成年人思想道德建设工作 大力培育中国特色社会主义事业建设者和接班人［N］. 中国青年报，2004-05-12.

心价值体系承担了这一"引领"角色。社会主义核心价值体系具有强大的整合力和引领力，是联结各民族、各阶层的精神纽带，是引领社会风气的价值导向。好的社会风气可以陶冶、滋养人们的道德情操，给人以积极向上的精神状态，对经济社会的健康发展有巨大的促进作用。而不良的观念和行为一旦形成风气，就会腐蚀社会的健康机体。胡锦涛同志指出，在我们的社会主义社会里，是非、善恶、美丑的界限绝对不能混淆，坚持什么、反对什么，倡导什么、抵制什么，都必须旗帜鲜明。在社会主义和谐社会建设中，树立社会主义荣辱观，培育文明道德风尚，都是其中非常重要的方面。以胡锦涛同志为核心的中央领导集体有针对性地提出，要引导广大干部群众特别是青少年树立以"八荣八耻"为主要内容的社会主义荣辱观，这是对民族精神和传统美德的升华，也是时代精神的鲜明表达。社会主义荣辱观为我国公民道德建设树起了新的标杆，为社会价值导向立起了新的标尺，对加强社会主义思想道德建设产生积极的影响，既体现了社会主义基本道德规范和社会风尚的本质要求，也体现了社会主义价值观的鲜明导向，对推动形成良好社会风气，构建社会主义和谐社会和和谐文化具有重要意义。

4. 以培育时代新人为宗旨坚定文化自信

进入新时代，习近平总书记指出，"要以培养担当民族复兴大任的时代新人为着眼点，强化教育引导、实践养成、制度保障，发挥社会主义核心价值观对国民教育、精神文明创建、精神文化产品创作生产传播的引领作用，把社会主义核心价值观融入社会发展各方面，转化为人们的情感认同和行为习惯"①，时代新人的培育成为新时代文化育人的重要课题，培育时代新人，要以青年为重点，习近平总书记提出，"青年兴则国家兴，青年强则国家强。青年一代有理想、有本领、有担当，国家就有前途，民族就有希望"②。要实现这一育人目标任务，必须高度重视社会主义核心价值观在培育时代新人中的引领作用。"广泛开展理想信念教育，深化中国特色社会主义和中国梦宣传教育，弘扬民族精神和时代精神，加强爱国主义、集体主义、社会主义教育，引导人们树立正确的

---

① 习近平. 决胜全面建成小康社会 夺取新时代中国特色社会主义伟大胜利——在中国共产党第十九次全国代表大会上的报告 [EB/OL]. 新华网，2017-10-18.

② 习近平. 决胜全面建成小康社会 夺取新时代中国特色社会主义伟大胜利——在中国共产党第十九次全国代表大会上的报告 [EB/OL]. 新华网，2017-10-18.

历史观、民族观、国家观、文化观。"① 理想信念教育是一直以来的文化育人的首要任务，在中国特色社会主义新时代更要结合时代特色予以加强。要培养担当民族复兴大任的时代新人，必须"深入实施公民道德建设工程，推进社会公德、职业道德、家庭美德、个人品德建设，激励人们向上向善、孝老爱亲，忠于祖国、忠于人民。加强和改进思想政治工作，深化群众性精神文明创建活动。弘扬科学精神，普及科学知识，开展移风易俗、弘扬时代新风行动，抵制腐朽落后文化侵蚀。推进诚信建设和志愿服务制度化，强化社会责任意识、规则意识、奉献意识"②，加强思想道德建设，为新时代中国特色社会主义建设贡献更大的文化力量。

培育时代新人是从新时代文化建设的目标和任务的角度来讲的，对于如何培育时代新人，最起码的要求就是要坚定文化自信。党的十八大以来，中国特色社会主义进入新时代，中华民族也迎来伟大复兴的最好机遇，文化自信因而成为新时代文化建设的核心命题。从历史来看，中华文化本身就是民族兴旺发达、攻坚克难的精神支撑。习近平指出，"世世代代的中华儿女培育和发展了独具特色、博大精深的中华文化，为中华民族克服困难、生生不息提供了强大精神支撑"③，这种支撑之所以有力量，就在于其中蕴含了巨大的文化创造力，"历史和现实都证明，中华民族有着强大的文化创造力。每到重大历史关头，文化都能感国运之变化、立时代之潮头、发时代之先声，为亿万人民、为伟大祖国鼓与呼"④。这种文化创造力突出的表现就是在历史发展长河中，通过预警、激励、鼓与呼等思想方式为民族的前途命运保驾护航。也正是这个原因，我们处在民族伟大复兴的前夜，就应该有彰显文化自信的高度自觉。从现实来看，我们的文化自信的主体正是对中国特色社会主义文化的自信。习近平指出，"我们说要坚定中国特色社会主义道路自信、理论自信、制度自信，说到底是要坚定文化自信。文化自信是更基本、更深沉、更持久的力量。历史和现实都表明，

---

① 习近平. 决胜全面建成小康社会 夺取新时代中国特色社会主义伟大胜利——在中国共产党第十九次全国代表大会上的报告 [EB/OL]. 新华网，2017-10-18.

② 习近平. 决胜全面建成小康社会 夺取新时代中国特色社会主义伟大胜利——在中国共产党第十九次全国代表大会上的报告 [EB/OL]. 新华网，2017-10-18.

③ 习近平. 坚定文化自信，建设社会主义文化强国 [J]. 求是，2019 (12).

④ 习近平. 坚定文化自信，建设社会主义文化强国 [J]. 求是，2019 (12).

一个抛弃了或者背叛了自己历史文化的民族，不仅不可能发展起来，而且很可能上演一场历史悲剧"①。我们一直以来引以为傲的中国特色社会主义道路、理论、制度，其深层的力量则是中国特色社会主义文化。也只有从文化上树立起自信，才是真正持久、牢不可破的自信。

---

① 习近平. 坚定文化自信，建设社会主义文化强国 [J]. 求是，2019（12）.

第三章

立德树人：新时代文化育人的终极目标

党的十九大报告作出的"中国特色社会主义进入新时代"的重大政治论断，赋予中国共产党的历史使命新的时代内涵，也赋予新时代文化育人新的理论遵循和新的目标任务。党的十八大报告中首次提出"立德树人"，并把它作为教育的根本任务和目标。教育是国之大计、民族大计，教育的使命在于传承文明、传授知识、培养能力、陶冶情操，不断提升人才培养质量。习近平总书记在全国高校思想政治工作会议上指出："要坚持把立德树人作为中心环节，把思想政治工作贯穿教育教学全过程，实现全程育人、全方位育人，努力开创我国高等教育事业发展新局面。"① 文化是大学人才培养的重要载体，是大学的灵魂，文化育人功能在高校落实立德树人目标中具有重要的引领作用，立德树人的提出，是高等教育重新回到培养人的本位上来，推动高等教育的内涵式发展的要求，是办好中国特色社会主义高校的立身之本，是当代高等教育的生命和灵魂，也是高校的"生命线"（习近平语）。立德树人是对"培养什么人"以及"怎样培养人"的一种积极回应，它不仅仅是高校的培养目标和任务，也是全社会文化育人的目标和任务。立德树人，简言之，就是要求培养社会所需要的德才兼备、德智体美劳全面发展的、担当民族复兴大任的时代新人。"人无德不立，育人的根本在于立德。这是人才培养的辩证法。"② 立德树人是凝聚价值理念、形成思想共识的目标导向和根本遵循，习总书记特别强调"要更加注重以文化人以文育人"③，指出"立德树人，就是要让中华民族崇真向善的德心永在、优秀的精神基因永续，让中国人成其为'中国人'"④，"社会发展以人的发展为归宿，

---

① 习近平. 把思想政治工作贯穿教育教学全过程 [EB/OL]. 新华网, 2016-12-08.
② 习近平. 在北京大学师生座谈会上的讲话 [N]. 人民日报, 2018-05-03.
③ 习近平. 把思想政治工作贯穿教育教学全过程 [EB/OL]. 新华网, 2016-12-08.
④ 沈壮海. 将优秀传统文化融入高校立德树人实践 [J]. 思想政治工作研究, 2014（04）.

人的发展以精神文化为内核"①, 文化滋养心灵, 文化涵育德行, 文化引领风尚②。立德树人是新时代一切工作的出发点和落脚点, 也是新时代文化育人的终极目标。

一、"立德树人"的本质内涵

立德树人的语境宏阔、语意深远。简言之, 立德, 就是坚持德育为先, 通过正面教育来引导人、感化人、激励人; 树人, 就是坚持以人为本, 通过合适的教育来塑造人、改变人、发展人。"立德树人"强调以德立人, 树人以德, 这既是教育的目标, 也是教育的初心。历代教育家都强调: 教育之本在于树人, 树人之要在于立德。无数事实证明: "德" 不可能自然形成而必需 "立", 立育人之德, "立德树人所立的'德', 不仅仅是指道德品质和道德能力, 还包括理想信念、人生价值追求和法律素养等, 它是一个人的思政政治素质的综合体现, 是一个人世界观、人生观、价值观、道德观、法制观的集中反映"③; "人" 不可能自发成才, 而必需 "树", 树有德之人。"立德" 与 "树人" 是一体两面, 立德是树人的前提和基础, 树人是立德的目标和追求, 二者互为因果, 互相依存, 有机统一于教育过程和教育目标之中。落实立德树人这一根本任务, 必须明确 "立什么德" "树什么人" "如何立德树人", 才能将立德树人落地生根。只有把握立德树人的本质内涵, 才能真正回答 "培养什么人、怎样培养人、为谁培养人" 这一教育事业的根本问题。

(一) "立德"

"立德" 一词最早可追溯到《左传·襄公二十四年》: "大上有立德, 其次有立功, 其次有立言, 虽久不废, 此之谓不朽", "立" 即树立, "德" 指道德, "立德" 即树立德业, 将德性深入人心、根植人心。"立德" 被排在 "三不朽" 之首。任何社会都强调 "立德" 的重要性。孔子讲的 "子欲为事, 先为人圣" "德才兼备, 以德为首" "德若水之源, 才若水之波; 德若木之根, 才若木之枝";《周易》中的 "天行健, 君子以自强不息; 地势坤, 君子以厚德载物";

---

① 习近平. 之江新语 [M]. 杭州: 浙江人民出版社, 2013: 150.
② 习近平. 在全国高校思想政治工作会议上的讲话 [N]. 人民日报, 2016-12-09.
③ 吴潜涛. 社会主义核心价值观教育: 立德树人的必由之路 [N]. 北京日报, 2014-01-13.

孟子要求的将"良知""良能"加以扩充，发展成为仁、义、礼、智等内心道德；宋明理学家的"革尽人欲，复尽天理，方始是学""尽我之心，便与天同，为学只理会此""为天地立心，为生民立命，为往圣继绝学，为万世开太平"，等等，都成为中国古代"立德"的典范。苏霍姆林斯基指出："培养全面发展的、和谐的个性的过程，就在于教育者在关心人的每一个方面特征的完善的同时，任何时候也不要忽略这样一种情况，即人的所有各方面特征的和谐，都是由某种主导的，首要的东西所决定的。在这个和谐里起决定作用的、主导的成分就是道德。"① 爱因斯坦也说过："用专业知识教育人是不够的，通过专业教育，他可以成为一个有用的机器，但是不能成为一个和谐发展的人。"② 因此，在加强专业知识教育的同时，更需要加强道德规范的教育。德是人之魂，人无德不立。《资治通鉴·周纪一》中说"才者，德之资也；德者，才之帅也"。"立德"首先要明确"立什么德"的问题。

1. 立"人之为人"的德

德是"人之为人"的根本，是人不同于动物界的社会性生存的标志所在，正如《大学》所讲"德者，本也"，即是强调道德、品行是做人的根本。孟子说："人之所以异于禽兽者几希，庶民去之，君子存之。"（《孟子·离娄下》）意思是说，人和禽兽存在着很小的差别，普通百姓抛弃了它，有道德的人却保持了它。这说明道德才是人之为人的最后的和最高的标志，人的本性就是具有德性，只有德性才能凸显人之所以成其为人的内在理由。人性中包含着成为人的共同德性，即人性的善。如孟子所言"恻隐之心，人皆有之；羞恶之心，人皆有之；恭敬之心，人皆有之；是非之心，人皆有之。恻隐之心，仁也；羞恶之心，义也；恭敬之心，礼也；是非之心，智也。仁义礼智非由外铄我也，我固有之也"（《孟子·告子上》）。如果失去仁爱之心、失去道德本性，那么人与禽兽就相去不远了，德性能否在人的行为中被体现出来，直接决定一个人人格高下，故孟子讲："仁也者，人也"（《孟子·告子上》），强调作为人，最起码的是必须具备仁德。荀子也讲："水火有气而无生，草木有生而无知，禽兽有知而无义，人有气、有生、有知，亦且有义，故最为天下贵也。"（《荀子·王制》）蔡元培先生说过："若无德，则虽体魄智力发达，适足助其为恶，无益

---

① ［苏］苏霍姆林斯基. 论德育和全面发展［J］. 国外教育资料，1980（1）.
② 爱因斯坦文集（第三卷）［M］. 北京：商务印书馆，1979：310.

也。"以上论述都表明，人之为人，需先立德，否则无异于禽兽、草木。

2. 明大德、守公德、严私德

习近平总书记在 2014 年和 2018 年的"五四"青年节，在北京大学师生座谈会上的讲话中，就"立什么德"的问题给出了明确答案，他指出："要把立德树人的成效作为检验学校一切工作的根本标准，真正做到以文化人、以德育人，不断提高学生思想水平、政治觉悟、道德品质、文化素养，做到明大德、守公德、严私德"①，他同时强调："一个人只有明大德、守公德、严私德，其才方能用得其所。修德，既要立意高远，又要立足平实。要立志报效祖国、服务人民，这是大德，养大德者方可成大业。同时，还得从做好小事、管好小节开始起步，'见善则迁，有过则改'，踏踏实实修好公德、私德，学会劳动、学会勤俭，学会感恩、学会助人，学会谦让、学会宽容，学会自省、学会自律"②，这段话表明，"明大德"是根本，"守公德"是源泉，"严私德"是关键。指出，德是首要、是方向，"道德之于个人、之于社会，都具有基础性意义，做人做事第一位的是崇德修身"③，立德就是要培养人们高尚的道德品格。大德，是个体对于国家、民族的情感；明大德，就是要"把自己的理想同祖国的前途、把自己的人生同民族的命运紧密联系在一起，扎根人民，奉献国家"④，就是要立意高远，立志报效祖国、服务人民。公德，是人类在长期社会实践中逐渐形成的、要求全体社会成员必须共同遵守的准则，是社会普遍公认的最基本的行为规范；守公德，就是要自觉履行现代社会对个体的道德价值要求，要甘于奉献。私德，是对个体行为的严格约束，崇德向善隐含于人们日常的言行举止中；严私德，就是要守规矩，严于律己、修身养性。"明大德是国家之根本，守公德是社会之大势，严私德是个人之操守，无数个体的私德水准，夯实了社会的公德根基，筑起了高耸的大德大厦。"⑤ "立德"就是要以大德铸魂、以公德养心、以私德润身。

3. 以"四德"为着力点

根据《新时代公民道德建设实施纲要》要求，新时代"立德"必须把社会

---

① 习近平. 在北京大学师生座谈会上的讲话 ［N］. 人民日报，2018-05-03
② 习近平. 在北京大学师生座谈会上的讲话 ［EB/OL］. 新华网，2014-05-05.
③ 习近平. 在北京大学师生座谈会上的讲话 ［EB/OL］. 新华网，2014-05-05.
④ 习近平. 在北京大学师生座谈会上的讲话 ［N］. 人民日报，2018-05-03.
⑤ 苏令银. 论核心价值观要求的大德、公德、私德 ［N］. 新民晚报，2014-09-06.

公德、职业道德、家庭美德、个人品德建设作为着力点。社会公德建设主要是推动践行以文明礼貌、助人为乐、爱护公物、保护环境、遵纪守法为主要内容的道德建设，鼓励人们在社会上做一个好公民；职业道德建设主要是推动践行以爱岗敬业、诚实守信、办事公道、热情服务、奉献社会为主要内容的道德建设，鼓励人们在工作中做一个好建设者；家庭美德建设主要是推动践行以尊老爱幼、男女平等、夫妻和睦、勤俭持家、邻里互助为主要内容的道德建设，鼓励人们在家庭里做一个好成员；个人品德建设主要是推动践行以爱国奉献、明礼遵规、勤劳善良、宽厚正直、自强自律为主要内容的品德建设，鼓励人们在日常生活中养成好品行。社会公德、职业道德、家庭美德、个人品德是新时代所要立之德，新时代文化育人，必须加强"四德"建设，推动全民道德素质和文明程度达到一个新高度，因此，必须广泛开展理想信念教育，筑牢全民理想信念之基；必须持续深化社会主义核心价值观宣传教育，引导人们把社会主义核心价值观作为明德修身、立德树人的根本遵循；同时，必须传承中华传统美德，弘扬民族精神和时代精神①。

（二）"树人"

"树人"一词可追溯于《管子·权修》中记载的"一年之计，莫如树谷；十年之计，莫如树木；终身之计，莫如树人"。"树人"就是有意识地塑造人才、打造人才的过程。"树人"首先要明确"树什么人"的问题，对此，习近平总书记在诸多场合有过明确的回答，他指出，新时代要培养的人，是德智体美劳全面发展的、能担当民族复兴大任的社会主义建设者和接班人。

1. 树"德智体美劳全面发展的人"

所谓"全面发展的人"，就是德智体美劳等方面全面发展，德才兼备，具有较高的综合素质的人才。早在1957年，毛泽东主席首次提出德智体全面发展，强调的是"德智体"三方面的全面发展；1999年《中共中央国务院关于深化教育改革，全面推行素质教育的决定》中，又提出"造就'有理想、有道德、有文化、有纪律'的、德智体美等全面发展的社会主义事业建设者和接班人"，这里将"美"（美育）也作为培养目标列入其中；在2018年9月举行的全国教育大会中，习近平总书记发表了重要讲话，提出"培养德智体美劳全面发展的社会主义建设者和接班人，是教育工作的根本任务，也是教育现代化的方向目标。

① 中共中央国务院. 新时代公民道德建设实施纲要［EB/OL］. 新华网，2019-10-27.

让学生德智体美劳全面发展，归根到底，就是立德树人，这是教育事业发展必须始终牢牢抓住的灵魂"①。又将"劳"（劳动教育）列入教育目标之中，强调了劳动教育的重要性，对学生的全面发展具有重大指导意义。"德智体美劳全面发展"的思想，是对马克思主义人的全面发展思想的继承和发展，马克思主义关于"人的本质"理论认为，人是社会关系的总和，而维持人与人之间的良好关系，就需要建立起道德规范，在立德树人之中，把"德"放在"人"之前，阐明了德和人的关系。马克思在《资本论》中从分工考察人的发展，批判了资本主义工场手工业人的片面发展，提出了大工业社会人的全面发展的理想："未来教育对于所有已满一定年龄的儿童来说，就是生产劳动同智育和体育相结合，它不仅是提高社会生产的一种方法，而且是造就全面发展的人的唯一方法"②，特别强调了劳动教育与智育、体育相结合的思想。

劳动教育也是习近平劳动观在"立德树人"中的映射。党的十八大后，习近平总书记在不同场合强调并论述了劳动在人的发展中的重要的意义。2013年"五一"劳动节前夕，习近平发表重要讲话，指出："空谈误国，实干兴邦，实干首先就要脚踏实地劳动"，"劳动是财富的源泉，也是幸福的源泉。人世间的美好梦想，只有通过诚实劳动才能实现；发展中的各种难题，只有通过诚实劳动才能破解；生命里的一切辉煌，只有通过诚实劳动才能铸就。必须牢固树立劳动最光荣、劳动最崇高、劳动最伟大、劳动最美丽的观念，崇尚劳动，造福劳动者，让全体人民进一步焕发劳动热情、释放创造潜能，通过劳动创造更加美好的生活"③，这段话强调了劳动在国家和社会发展中的重要性。在2018年的全国教育大会上，他进一步指出："要在学生中弘扬劳动精神，教育引导学生崇尚劳动、尊重劳动，懂得劳动最光荣、劳动最崇高、劳动最伟大、劳动最美丽的道理，长大后能够辛勤劳动、诚实劳动、创造性劳动。"④ 2020年3月中共中央、国务院发布的《关于全面加强新时代大中小学劳动教育的意见》中，对劳动教育性质和基本理念，劳动教育目标和内容，劳动教育途径、关键环节和

---

① 新华社评论员. 以立德树人铸就教育之魂——学习贯彻习近平总书记在全国教育大会重要讲话 [EB/OL]. 新华网，2018-09-10.
② 马克思恩格斯全集（第32卷）[M]. 北京：人民出版社，1995：121.
③ 习近平. 实干首要是踏实劳动 [N]. 京华时报，2013-04-29.
④ 新华社评论员. 以立德树人铸就教育之魂——学习贯彻习近平总书记在全国教育大会重要讲话 [EB/OL]. 新华网，2018-09-10.

评价，学校劳动教育的规划与实施，劳动教育条件保障与专业支持都作了详细的指导，强化劳动精神、劳动观念教育，引导和鼓励社会成员热爱劳动、尊重劳动，懂得劳动最光荣、劳动最崇高、劳动最伟大、劳动最美丽的道理①。随着国际竞争的日益激烈和技术创新的日益重要，人才的作用越来越突出。面对新的形势，国家发展需要的人才不仅要求具备丰富的知识、优秀的技能，更需要拥有坚定的理想信念、高尚的道德修养、健康的人格品质。只有德智体美劳各方面充分发展，才是全面发展的人。

2. 树"担当民族复兴大任的时代新人"

每一代人有每一代人的使命，每一代人有每一代人的责任和担当。新时代的历史使命，就是实现"两个一百年"奋斗目标、实现中华民族伟大复兴的中国梦。实现中华民族的伟大复兴是一项长期的历史任务，需要一代又一代人接续奋斗，时代新人必须心怀民族复兴梦想，自觉担当起这一历史重任，尽心竭力工作、不负时代重托，为中国特色社会主义伟大事业奉献智慧和力量。对此，党的十九大报告第一次明确提出："要以培养担当民族复兴大任的时代新人为着眼点，强化教育引导、实践养成、制度保障，发挥社会主义核心价值观对国民教育、精神文明创建、精神文化产品创作生产传播的引领作用，把社会主义核心价值观融入社会发展各方面，转化为人们的情感认同和行为习惯"②，这是习近平总书记从新时代党和国家事业发展全局的战略高度，就新时代"培养什么人、怎样培养人、为谁培养人"这一根本问题提出的一项事关长远、事关基础的重大战略任务，为新时代中国特色社会主义的人才培养指明了目标方向、提供了根本遵循。

担当民族复兴大任的时代新人，必须是在思想水平、政治觉悟、道德品质、文化素养、精神状态等方面同新时代要求相符合的人，这是中国特色社会主义进入新时代对社会主义建设者和接班人的新要求，也是新时代实现中华民族伟大复兴对教育培养人的新要求。培养担当民族复兴大任的时代新人，最关键的是要用坚定的理想信念筑牢精神之基，即筑牢对马克思主义的信仰，对社会主义和共产主义的信念，对中国特色社会主义道路、理论、制度、文化的自信。

---

① 中共中央国务院. 关于全面加强新时代大中小学劳动教育的意见［EB/OL］. 央视新闻, 2020-03-20.

② 习近平. 决胜全面建成小康社会 夺取新时代中国特色社会主义伟大胜利——在中国共产党第十九次全国代表大会上的报告［EB/OL］. 新华网, 2017-10-18.

习近平强调"大学是立德树人、培养人才的地方，是青年人学习知识、增长才干、放飞梦想的地方"①，因此必须抓住青少年成长的关键时期，引导他们扣好人生第一粒扣子，否则，倘若理想信念动摇，世界观、人生观、价值观就会全面蜕变，本事再大也担当不起民族复兴大任。2013 年 12 月 5 日，习近平给华中农业大学"本禹志愿服务队"回信时强调："历史和现实都告诉我们，青年一代有理想、有担当，国家就有前途，民族就有希望，实现中华民族伟大复兴就有源源不断的强大力量。"理想与信念、责任与担当，既是大学生自身成长、成才、成人的需要，更是国家前途命运、民族希望和社会发展的需要。

3. 树"社会主义建设者和接班人"

"培养什么人"的问题，是教育的首要问题和根本问题，因此，习近平总书记多次强调要"培养社会主义建设者和接班人"的问题。2017 年 10 月，习近平总书记在会见清华大学经济管理学院顾问委员会海外委员和中方企业家委员时强调，"培养人才，根本要依靠教育。教育就是要培养中国特色社会主义事业的建设者和接班人，而不是旁观者和反对派"②；2018 年 5 月在北京大学师生座谈会上的重要讲话中习近平总书记又指出，"培养社会发展所需要的人，说具体了，就是培养社会发展、知识积累、文化传承、国家存续、制度运行所要求的人。古今中外，每个国家都是按照自己的政治要求来培养人的，世界一流大学都是在服务自己国家发展中成长起来的。我国社会主义教育就是要培养社会主义建设者和接班人"③；2019 年 3 月在学校思想政治理论课教师座谈会上习近平总书记又一次强调，"我们党立志于中华民族千秋伟业，必须培养一代又一代拥护中国共产党领导和我国社会主义制度、立志为中国特色社会主义事业奋斗终身的有用人才。在这个根本问题上，必须旗帜鲜明、毫不含糊……在大中小学循序渐进、螺旋上升地开设思想政治理论课非常必要，是培养一代又一代社会主义建设者和接班人的重要保障"④。培养社会主义建设者和接班人，是中国特色社会主义教育的根本目的，也是新时代教育的重要目标之一。社会主义建设

---

① 习近平. 在北京大学师生座谈会上的讲话［EB/OL］. 新华网，2018-05-03.
② 习近平会见清华大学经济管理学院顾问委员会海外委员和中方企业家委员［EB/OL］. 新华网，2018-05-03.
③ 习近平在北京大学师生座谈会上的讲话［N］. 人民日报，2018-05-03.
④ 习近平主持召开学校思想政治理论课教师座谈会［EB/OL］. 中央广播电视总台央视新闻，2019-03-18.

者和接班人，既要有高尚品德，又要有真才实学。

对如何培养社会主义建设者和接班人，习总书记给出了明确的答案，即要在六个方面下功夫：坚定理想信念、厚植爱国主义情怀、加强品德修养、增长知识见识、培养奋斗精神、增强综合素质。"只有在坚定理想信念上下功夫，增强学生的'四个自信'，才能让他们立志肩负起民族复兴的时代重任；只有在厚植爱国主义情怀上下功夫，教育引导学生坚持爱国和爱党爱社会主义相统一，才能让他们立志听党话、跟党走，立志扎根人民、奉献国家；只有在加强品德修养上下功夫，教育引导学生培育和践行社会主义核心价值观，才能让他们成为有大爱大德大情怀的人；只有在增长知识见识上下功夫，教育引导学生增长见识、丰富学识，才能让他们沿着求真理、悟道理、明事理的方向前进；只有在培养奋斗精神上下功夫，教育引导学生历练敢于担当、不懈奋斗的精神，才能让他们做到刚健有为、自强不息；只有在增强综合素质上下功夫，教育引导学生培养综合能力，才能让他们德智体美劳全面发展"[1]。

二、"立德树人"理念的提出

"立德树人"事关培养什么人、怎样培养人以及为谁培养人的根本问题。由于历史阶段不同、使命任务不同、国际国内环境不同，教育方针对培养目标的具体规定也会有差异，但在教育目标上，主旋律始终是坚持德育统领，让受教育者在德智体美劳诸方面获得全面发展。从新中国成立之初的"民族的、科学的、大众的文化教育"，到改革开放之时的"培育'四有'新人"，再到新时代的"德智体美劳全面发展的社会主义建设者和接班人"，"立德树人"理念不断发展和成熟。这一理念的提出，大致可以划分为三个阶段[2]。

（一）"萌芽"阶段（新中国成立—改革开放）

新中国的成立，开创了中华民族历史新纪元，也揭开了中国教育事业发展的新篇章。新中国成立之初，百废待兴，教育的复兴也是一项重要的工作，培养什么样的人，成为教育事业面临的首要问题。为了尽快改变文化教育十分落后的局面，党和政府高度重视教育事业，确立了党的教育方针，明确了党的教

---

[1] 新华社评论员. 以立德树人铸就教育之魂——学习贯彻习近平总书记在全国教育大会重要讲话 [EB/OL]. 新华网，2018-09-10.

[2] 参见翟博. 新时代教育工作的根本方针 [N]. 中国教育报，2019-09-16.

育的社会主义教育方向。1949年9月，新中国成立前夕，中国人民政治协商会议第一次会议通过的《中国人民政治协商会议共同纲领》第五章"文化教育政策"中明确规定："中华人民共和国的文化教育为新民主主义的，即民族的、科学的、大众的文化教育。人民政府的文化教育工作，应以提高人民的文化水平，培养国家建设人才，肃清封建的、买办的、法西斯主义的思想，发展为人民服务的思想为主要任务"，在此，明确提出了"培养国家建设人才"的树人目标。为了贯彻这一方针，1949年12月召开的第一次全国教育工作会议上，明确了新中国教育工作是"为人民服务，首先为工农服务，为当前的革命斗争与建设服务"的新民主主义教育理念，其中并未对道德品质作出明确要求和具体规范。1950年6月，教育部召开的第一次全国高等教育会议指出："新中国的高等教育必须以理论与实际一致的方法，培养具有高度文化水平、掌握现代科学和技术成就的、全心全意为人民服务的、高级的国家建设人才"，这次会议对高等教育目标提出了方向性要求，进一步把"培养高级的国家建设人才"作为"树人"目标。直到1954年2月，周恩来总理在政务会议上提出"我们向社会主义、共产主义前进，每个人要在德、智、体、美等方面均衡发展"，才明确把"德"与"智""体""美"并列起来，作为教育发展目标提了出来。

随着社会主义基本制度的初步确立，1957年，毛泽东同志在《关于正确处理人民内部矛盾的问题》一文中提出："我们的教育方针，应该使受教育者在德育、智育、体育几方面都得到发展，成为有社会主义觉悟的、有文化的劳动者"，这一重要论述将马克思主义关于人的全面发展思想贯穿于社会主义教育培养目标。1958年9月中共中央国务院《关于教育工作的指示》正式规定："党的教育工作方针，是教育为无产阶级政治服务，教育与生产劳动相结合"，同时指出"教育的目的，是培养有社会主义觉悟的有文化的劳动者"；1961年《教育部直属高等学校暂行工作条例（草案）》（即"高教六十条"）中提出"教育必须为无产阶级政治服务，必须同生产劳动相结合，使受教育者在德育、智育、体育几方面都得到发展，成为有社会主义觉悟的有文化的劳动者"。培养有社会主义觉悟的有文化的劳动者，成为这一阶段立德树人的主要任务，至此，德育与智育、体育一起受到重视，并正式写入教育相关文件。

（二）"发展"阶段（改革开放—党的十八大）

进入改革开放新时期，在坚持以经济建设为中心、解放和发展社会生产力的过程中，教育的发展也迎来新的契机，实施什么样的教育、培养什么样的人才成为教育界重点思考和关注的问题。1978 年全国人大五届一次会议通过的《中华人民共和国宪法》中规定，"国家大力发展教育事业，提高全国人民的文化科学水平。教育必须为无产阶级政治服务，同生产劳动相结合，使受教育者在德育、智育、体育几方面都得到发展，成为有社会主义觉悟的有文化的劳动者"。这一规定，明确了德育、智育、体育的发展要求，并提出"有社会主义觉悟的有文化的劳动者"的树人目标；1981 年 6 月党的十一届六中全会通过的《关于建国以来党的若干历史问题的决议》提出："坚持德智体全面发展、又红又专、知识分子与工人农民相结合、脑力劳动与体力劳动相结合的教育方针"，同年 11 月召开的五届人大四次会议《政府工作报告》中再次重申"我们教育的基本方针是明确的，这就是使受教育者在德育、智育、体育几方面都得到发展，成为有社会主义觉悟的有文化的劳动者和又红又专的人才，坚持脑力劳动与体力劳动相结合，知识分子与工人农民相结合"，这一方针明确"受教育者在德育、智育、体育几方面都得到发展"的要求，并提出"有社会主义觉悟的有文化的劳动者和又红又专的人才"的成才目标。

社会主义现代化建设的宏伟任务，要求中国的教育不但必须放手使用和努力提高现有人才，而且必须极大地提高全党对教育工作的认识，在此背景下，1982 年 9 月召开的党的"十二大"上，明确提出"要教育青年有理想、有道德、有文化、有纪律的问题"（"四有新人"）；1983 年 9 月邓小平同志给北京景山学校题词中，又提出"教育要面向现代化，面向世界，面向未来"（"三个面向"）。至此，"三个面向"和"四有新人"既是具体要求，也是具体规范，成为改革开放新时期立德树人的主要任务；1987 年 5 月中共中央《关于改进和加强高等学校思想政治工作的决定》中指出："高等学校培养出来的大学生、研究生，……应当自觉遵纪守法，有良好的道德品质，应当勤奋学习，努力掌握现代科学文化知识"，强调道德品质在人才培养中的重要性；1988 年 3 月七届人大一次会议的《政府工作报告》、1991 年的全国教育工作会议、1993 年 2 月中共中央国务院印发的《中国教育改革和发展纲要》又分别强调了"培养德智体全面发展的建设者和接班人"的立德树人目标。1995 年 3 月，这一方针被写入《中华人民共和国教育法》，用法律的形式被确定下来；1999 年《关于深化教育改革，全面推进素质教育的决定》强调实施素质教育，丰富了立德树人的理论内涵；党的十六大进一步强调"培养德智体美全面发展的社会主义建设者和接班人"；党的十七大进一步指出"坚持育人为本、德育为先，实施素质教育，提高教育现代化水平，培养德智体美全面发展的社会主义建设者和接班人"。"育人为本、德育为先""德、智、体全面发展的建设者和接班人"都直指"立德树人"根本目标，立德树人内涵不断丰富和发展，地位不断提升。"立德树人"根本目标为建立适应社会主义市场经济体制和政治体制、科技体制改革需要的教育体制，更好地为社会主义现代化建设服务提供了指引和遵循。

（三）"确立"阶段（党的十八大以来）

进入新时代，经济全球化、信息化、文化多元化使社会道德也面临严峻挑战，鉴于此，2012 年 11 月党的十八大报告提出："全面贯彻党的教育方针，坚持教育为社会主义现代化建设服务、为人民服务，把立德树人作为教育的根本任务，培养德智体美全面发展的社会主义建设者和接班人。"这是在"十七大"提出的"坚持育人为本、德育为先"教育理念的基础上深化和发展，也是首次将"立德树人"作为教育的根本任务确立下来，强调以文化育人、以德育人，培育德智体美全面发展的新时代人才的重要性，体现了党对如何培养人这一教育本质的新认识。党的十八大之后，习近平总书记在多个场合强调立德树人的重要性。2016 年 12 月，习近平总书记在全国高校思想政治工作会议上讲话指出："高校立身之本在于立德树人。要坚持把立德树人作为中心环节，把思想政治工作贯穿教育教学全过程，实现全程育人、全方位育人"，肯定了立德树人作为"立身之本"和"中心环节"的重要地位；2017 年 10 月党的十九大报告进一步提出："要全面贯彻党的教育方针，落实立德树人根本任务，发展素质教育，推进教育公平，培养德智体美全面发展的社会主义建设者和接班人"，再次重申培养智体美全面发展的社会主义建设者和接班人的重要性；2018 年 5 月在北京大学师生座谈会上的重要讲话中，习近平指出："大学是立德树人、培养人才的地方，要把立德树人的成效作为检验学校一切工作的根本标准，真正做到以文化人、以德育人，……做到以树人为核心，以立德为根本"，对如何落实立德树人作出了具体要求；2019 年 3 月习近平在主持召开学校思想政治理论课教师座谈会上讲："思想政治理论课是落实立德树人根本任务的关键课程"，强调了思政课在落实立德树人根本任务中的重要作用；在 2018 年 9 月的全国教育大会上，习近平总书记再次强调要把立德树人融入教育各环节、贯穿教育各领域。

"立德树人"事关培养什么人、怎样培养人以及为谁培养人的根本问题。十八大以来，习近平总书记着眼新时代中国特色社会主义教育的全局，深刻阐释了立德树人的本质要求，深刻回答了"培养什么人、怎样培养人、为谁培养人"

这一最具战略决定性意义的根本问题，进一步丰富了立德树人的时代内涵。关于"培养什么人"，他指出，要培养能够担当民族复兴大任的时代新人；关于"怎样培养人"，他指出，要以社会主义核心价值观为引领，帮助青年扣好人生第一粒扣子；关于"为谁培养人"，他指出，要坚持教育为人民服务、为中国共产党治国理政服务、为巩固和发展中国特色社会主义制度服务、为改革开放和社会主义现代化建设服务。为更好地落实立德树人这一根本性、全局性的目标和任务，中共中央办公厅、国务院办公厅印发了《关于深化教育体制机制改革的意见》（2017 年 8 月）、《关于深化新时代学校思想政治理论课改革创新的若干意见》（2019 年 8 月）等相关文件，从顶层设计上，对健全立德树人的落实机制、思政课在立德树人中的重要作用等，作出了明确的规定和具体的要求，指明了教育要紧紧围绕立德树人的根本任务来实施文化育人的发展方向。

三、立德树人与文化育人的关系

"立德树人是高校思想政治工作的中心环节，是凝聚价值理念、形成思想共识的目标导向和根本遵循"①，立德树人是发展中国特色社会主义教育事业的核心所在，是培养德智体美劳全面发展的社会主义建设者和接班人的本质要求，也是高校文化育人工作的主线和中心环节，文化育人成效的高低，取决于人才培养的质量和素质。十年树木，百年树人，德育为本，德育为先，高校的立身之本就在于立德树人。立德树人与文化育人是一体两面，不可分割，文化为实现立德树人的根本任务提供强大的精神动力，新时代文化育人工作只有围绕"立德树人"的根本任务，并且把"立德树人"贯穿在以文化人、以文育人的教育理念之中，始终以社会主义核心价值观为引领，才能充分发挥文化育人的效能。

（一）文化育人与立德树人的内在关联

在文化育人中，文化是灵魂，育人是目标，文化育人是落实立德树人根本任务的有效载体和重要途径，立德树人是新时代文化育人的根本出发点和最终目标。文化育人和立德树人二者相辅相成，一体两面，共同统一于全面发展的人才培养过程之中。落实立德树人作为根本任务，需要加强思想政治教育、提升育人的文化内涵。恩格斯曾指出，"就单个人来说，他的行动的一切动力，都

---

① 冯刚. 增强高校思想政治工作的文化力量 ［J］. 思想理论教育，2017（7）.

一定要通过他的头脑，一定要转变为他的意志的动机，才能使他行动起来"①，同理，文化也只有内化为育人的力量，才能更好地为立德树人服务。

1. 文化育人与立德树人是一体两面

"文化"是人才培养的途径与内容，"育人"是人才培养的目的和归属；"立德"与"树人"都是新时代人才培养的终极目标。文化先天具有育人功能，教育者通过文化的方式、文化的手段，以文化的内容，能够对受教育者的思想道德、价值判断、思维方式、行为方式、生活习惯等，实施潜移默化的影响。"育人"与"树人"的出发点和最终的目标指向都是"人"，是人的培育与教育问题。新时代立德树人和文化育人的目标也是相一致的，本质上都是培养人、塑造人的活动，最终目的都是为了培养德智体美劳全面发展的人。文化育人的基本内涵就是通过文化促进人全面、自由、充分、和谐、健康地发展，实现立德树人的根本目标②。文化育人是为了立德树人，立德树人归根结底就是文化育人，通过以文化人、以文育人，帮助人们树立正确的世界观、人生观、价值观。立德树人和文化育人是一个问题的两个方面，"你中有我，我中有你"，二者具有同向同行价值引导作用，文化育人是新时代立德树人得以实现的重要突破口，立德树人是新时代文化育人的根本目标。尤其是在高校教育中，必须始终以立德树人统领文化育人的各项举措，把立德树人贯穿到高校物质文化、制度文化、精神文化、行为文化建设的方方面面，不断强化高校文化育人功能，丰富文化育人策略体系，切实发挥育人功能这一高等教育的本体功能，提升人才培养质量，真正将立德树人的目标落到实处。

2. 文化育人是立德树人的有效载体

"立德树人"要解决的是"如何立德、立何种德、如何树人、树什么样的人"的根本问题；而"文化育人"既回答了"如何育人"的问题，又要解决"育何种人"的问题。文化包含着知识、制度、行为规范、思维方式、价值观念、生活方式等一系列丰富的内容，新时代要落实立德树人的根本任务，就必须有效地实现以文化育人。文化育人就是坚持育人为先，以马克思主义为指导，将理想信念、社会主义核心价值观、中华民族优秀传统文化、中国革命文化、社会主义先进文化等丰富的文化内容融入育人的全过程，培养德智体美劳全面

---

① 马克思恩格斯选集（第四卷）[M]. 北京：人民出版社，1995：251.
② 韩延明. 强化大学文化育人功能 [J]. 教育研究，2009（4）.

发展的、能够担当民族复兴大任的社会主义事业建设者和接班人，从而实现立德树人的根本任务和最终目标。文化育人实质上指明了落实立德树人根本任务的途径与方法，即以文化的内容、通过文化的手段来培育人、教育人，从而达到人的全面发展的目标，可见，文化育人是一项多维度、多层次、系统性、复杂性的工作，是从文化的角度对立德树人给出的一种育人路径，也是实现立德树人的有效载体。

3. 立德树人是文化育人的根本目标

文化育人就是借助文化的力量，充分利用文化的优势，发挥文化的育人功能，"注重文化浸润、感染、熏陶，既要重视显性教育，也要重视潜移默化的隐性教育，实现入芝兰之室久而自芳的效果"（习近平语），最终实现用文化的方法塑造人、熏染人、发展人、完善人的德育目标，落实立德树人的根本任务。习近平提出："要深化教育体制改革，健全立德树人落实机制，扭转不科学的教育评价导向，坚决克服唯分数、唯升学、唯文凭、唯论文、唯帽子的顽瘴痼疾，从根本上解决教育评价指挥棒问题"①，在教育中要注入更多的"文化"元素，以文化人，不能"唯分数、唯升学、唯文凭、唯论文、唯帽子"。立德树人也是新时代文化育人的价值归依，立德树人要融入文化知识教育，习近平强调"要把立德树人融入思想道德教育、文化知识教育、社会实践教育各环节，贯穿基础教育、职业教育、高等教育各领域，学科体系、教学体系、教材体系、管理体系要围绕这个目标来设计，教师要围绕这个目标来教，学生要围绕这个目标来学。凡是不利于实现这个目标的做法都要坚决改过来"②。对高校而言，文化建设要注重于树立高校理想、培育高校精神、追求高校价值，既注重发扬学校办学过程中形成的办学精神和文化品位，又注重吸收现代高校的办学理念与思想精华，"通过系统的高校文化建设，不断提升高校文化实力，切实发挥高校文化立德树人的育人功能和教育意蕴，关注对学生社会责任感的培养，推进文化传承创新，发挥文化育德作用"③，文化育德即是通过"文化"的途径实现立德

---

① 习近平. 坚持中国特色社会主义教育发展道路 培养德智体美劳全面发展的社会主义建设者和接班人——在全国教育大会上的讲话 [EB/OL]. 新华社，2018-09-10.

② 习近平. 坚持中国特色社会主义教育发展道路 培养德智体美劳全面发展的社会主义建设者和接班人——在全国教育大会上的讲话 [EB/OL]. 新华社，2018-09-10.

③ 参见刘先春，赵洪良. 高校文化立德树人的育人功能研究 [J]. 思想教育研究，2018 (12).

树人。

（二）文化育人和立德树人理念的一致性

文化育人和立德树人，都强调通过各种方式、手段、内容来引导人、感化人、激励人、教育人、塑造人，从而培养全面发展的人才，二者都是以马克思主义为指导、以社会主义核心价值观为引领、以理想信念为方向、以中华优秀传统文化为根基、以革命文化为灵魂、以社会主义先进文化为活力、以道德教育为核心内容，因而，在育人理念上是一致的。

1. 都以马克思主义为指导

文化育人和立德树人都强调文化的育人作用，都以文化为主要的育人手段，这种育人的文化、树人的文化是以马克思主义为指导的。以马克思、恩格斯为代表创立的原生态马克思主义表现形式，以及具有中国特色的中国化马克思主义（包括毛泽东思想以及邓小平理论、"三个代表"重要思想、科学发展观、习近平新时代中国特色社会主义思想），作为一整套科学的理论体系，对文化的发展具有指导性作用。这种指导作用既是马克思主义本身所具有的科学性、革命性和实践性决定的，也是因为中国已经在马克思主义指导下成功地进行了长期的革命和建设，其中包括文化建设，积累了丰富的经验。尤其是进入新时代，以习近平同志为核心的党中央以高度的文化自觉和文化自信，坚持马克思主义的指导地位，牢牢把握社会主义先进文化的前进方向，大力发展了面向世界、面向现代化、面向未来的，民族的、科学的、大众的中国特色社会主义先进文化。随着时代的发展和社会的进步，马克思主义对文化的指导作用始终未变，正如习近平总书记指出："在坚持马克思主义指导地位这一根本问题上，我们必须坚定不移，任何时候任何情况下都不能有丝毫动摇"，在实施文化育人和落实立德树人中，也必须始终以马克思主义为指导，尤其要以习近平新时代中国特色社会主义思想为统领。

2. 都以社会主义核心价值观为引领

文化育人和立德树人都内含着价值追求，价值观念本身也是文化中最核心最根本的部分，文化的先进性首先体现在价值观念的先进性上，社会主义核心价值观凝练着中国特色社会主义先进文化的理论成果，是全国人民价值观的最大公约数，因此，以社会主义核心价值观为引领就成为文化育人和立德树人的题中应有之义，文化育人和立德树人都要将培育和践行社会主义核心价值观作为重点和核心，坚持"育人""树人"导向。习近平总书记在全国教育大会上的讲话中强调："要在加强品德修养上下功夫，教育引导学生培育和践行社会主义核心价值观，踏踏实实修好品德，成为有大爱大德大情怀的人"①，明确了培育和践行社会主义核心价值观是学生品德修养的重要内容。社会主义核心价值观是当代中国精神的集中体现，凝结着全体人民共同的价值追求，将社会主义核心价值观融入教育全过程，引导学生牢牢把握富强、民主、文明、和谐作为国家层面的价值目标，深刻理解自由、平等、公正、法治作为社会层面的价值取向，自觉遵守爱国、敬业、诚信、友善作为公民层面的价值准则，将社会主义核心价值观内化于心、外化于行，理所当然成为文化育人和立德树人的应然举措。新时代文化育人，就是要将中华优秀传统文化、中国革命文化、社会主义先进文化融入育人的全过程，发挥文化的教化作用，推动社会主义核心价值观入脑入心，更好地落实立德树人的根本任务。党的十九大报告明确指出："要以培养担当民族复兴大任的时代新人为着眼点，强化教育引导、实践养成、制度保障，发挥社会主义核心价值观对国民教育、精神文明创建、精神文化产品创作生产传播的引领作用"，这就为在实施文化育人和落实立德树人中培育和践行社会主义核心价值观提供了行动指南。

3. 都以理想信念为方向

培养什么人、怎样培养人、为谁培养人，是文化育人和立德树人都不可回避的根本性问题，也是一切教育工作的出发点和最终落脚点，而理想信念教育是坚持文化育人和落实立德树人根本任务的关键环节。习近平总书记在纪念五四运动 100 周年大会上的讲话中指出："新时代中国青年要树立远大理想。青年的理想信念关乎国家未来。青年理想远大、信念坚定，是一个国家、一个民族无坚不摧的前进动力。青年志存高远，就能激发奋进潜力，青春岁月就不会像无舵之舟漂泊不定。"② 理想指引人生方向，信念决定事业成败，理想信念对人生的吸引力和凝聚力，是内在的、强大的、持久的，实现文化育人和落实立德树人都必须紧紧围绕理想信念教育这个中心环节和政治灵魂，打牢理想信念的思想根基，把准培养方向，使坚定的理想信念作为指引和支撑青年学生成长发展的"精神之钙"。习近平总书记在全国教育大会讲话中还明确强调，要把"树立为共产主义远大理想和中国特色社会主义共同理想"作为青年的共同理想信

---

① 新华社评论员. 以立德树人铸就教育之魂——学习贯彻习近平总书记在全国教育大会重要讲话 [EB/OL]. 新华网，2018-09-10.

② 习近平. 在纪念五四运动 100 周年大会上的讲话 [EB/OL]. 新华网，2019-04-30.

念，他说："要在坚定理想信念上下功夫，教育引导学生树立共产主义远大理想和中国特色社会主义共同理想，增强学生的中国特色社会主义道路自信、理论自信、制度自信、文化自信，立志肩负起民族复兴的时代重任。"① 实施文化育人和落实立德树人，就必须深入学习贯彻习近平总书记关于文化育人、立德树人、理想信念、精神支柱等思想观点的论述，围绕文化育人和立德树人的目标任务，培养青年学生执着的理想信念，让他们牢固树立共产主义远大理想和中国特色社会主义共同理想，坚定对社会主义和共产主义的信念，增强中国特色社会主义道路自信、理论自信、制度自信、文化自信，把自己的理想同实现"两个一百年"奋斗目标和实现中华民族伟大复兴的中国梦结合起来。

四、新时代以文化育人实现立德树人目标的路径探索

文化育人是落实立德树人根本任务的重要途径和有效载体，应高度注重文化育人，以达到培养德智体美劳全面发展的、能担当民族复兴大任的社会主义建设者和接班人的目标。

（一）充分发挥文化育人在立德树人中的作用

新时代文化育人必须把立德树人的理念内化到文化育人的各领域、各方面、各环节，以文化人，以文育人，充分发挥文化在启迪智慧、启蒙思想、陶冶情操、塑造人格、涵养价值等方面的重要作用。

1. 夯实文化育人的基础

要发挥文化育人在立德树人中的作用，首先必须明确，用以"育人""树人"的文化的性质，必须是体现人类社会发展方向的社会主义先进文化，这是文化育人的基础和前提，这个基础和前提，从根本上决定了文化育人的效果和立德树人的成败。因此，"在当代中国，'化人'之'文'必须以马克思主义为指导，来保证'文'的方向；必须以社会主义核心价值观为灵魂，来滋养'文'的生命；必须以中华优秀传统文化为命脉，来传承'文'的基因；必须以其他民族的一切优秀文化为借鉴，来丰富'文'的涵养"，这其中，最重要的化人之"文"就是中国特色社会主义文化②。中国特色社会主义文化之所以成

---

① 新华社评论员. 以立德树人铸就教育之魂——学习贯彻习近平总书记在全国教育大会重要讲话 [EB/OL]. 新华网，2018-09-10.

② 骆郁廷，陈娜. 论"化人"之"文" [J]. 思想理论教育导刊，2016（11）.

为文化育人的基础，是它的先进性、历史使命、育人导向、实践品格所决定的。能够发挥育人作用的文化一定是高品质、高水准的文化，能够为培养德智体美劳全面发展的人提供文化支撑和实践指导，为文化育人提供扎实的根基和土壤，为实现立德树人的育人目标提供巨大的精神动力。

2. 发挥主流文化的育人作用

新时代，能够发挥"育人""树人"作用的主流文化，是中国特色社会主义文化。习近平总书记指出："中国特色社会主义文化，源自于中华民族五千多年文明历史所孕育的中华优秀传统文化，熔铸于党领导人民在革命、建设、改革中创造的革命文化和社会主义先进文化，植根于中国特色社会主义伟大实践。"① 因此，必须挖掘中华优秀传统文化强大的德育功能，充分发挥中华优秀传统文化教化人、培育人的作用，充分发挥中华优秀传统文化中关于礼乐教化、人伦纲常、修身齐家、治国理政、道德涵养等思想内容的育人作用，增强文化育人效果，促进中华优秀传统文化与新时代立德树人深度融合；必须有效利用中国共产党在长期革命和斗争实践中形成的革命文化资源，充分发挥中国革命文化感召人、激励人的作用，将中国革命文化有机地纳入文化育人内容体系，用革命精神感召人，用革命故事激励人，用革命道理教育人，彰显中国革命文化的育人力量；必须以中国化马克思主义理论尤其是习近平新时代中国特色社会主义思想为指导，充分发挥社会主义先进文化引导人、提升人的作用，用社会主义核心价值观、中国特色社会主义共同理想、"四个自信"、中国精神等先进文化作为思想引领，提升人的综合素养。

（二）有效整合文化育人在立德树人中的不同资源

文化育人是教育过程中一个整体的、复杂的渗透过程，要增强文化育人的实效性，更好地落实立德树人根本任务，就需要整合文化育人在立德树人中的不同资源，形成文化育人合力。"个人只有通过置身于所处的时代之中，才能理解他自己的经历并把握自身的命运，他只有晓得他所身处的环境中所有个人的境遇，才能明了他自己的生活境遇"②，米尔斯的这句话讲的就是资源整合的问题。

---

① 习近平. 决胜全面建成小康社会 夺取新时代中国特色社会主义伟大胜利 [M]. 北京：人民出版社，2017：41.
② [美] 赖特·米尔斯著，陈强、张永强译. 社会学的想象力 [M]. 北京：三联书店，2016：6.

1. 整合不同育人要素

中共中央国务院印发的《关于加强和改进新形势下高校思想政治工作的意见》（31 号文件）明确将"七个育人"列入加强和改进高校思想政治工作的基本原则，即"把思想价值引领贯穿教育教学全过程和各环节，形成教书育人、科研育人、实践育人、管理育人、服务育人、文化育人、组织育人长效机制"①，教育部印发的《高校思想政治工作质量提升工程实施纲要》中，又提出"十大育人"要素，提出要"充分发挥课程、科研、实践、文化、网络、心理、管理、服务、资助、组织等方面工作的育人功能，挖掘育人要素，完善育人机制，优化评价激励，强化实施保障，切实构建'十大'育人体系"②。可见，文化育人不是"单打独斗"的育人要素，要落实立德树人根本任务，增强文化育人实效，离不开学校内部课程、科研、实践、文化、网络、心理、管理、服务、资助、组织等不同育人要素的内部整合，必须加强各育人要素之间的联动，点线面相结合，课内与课外相结合，线上与线下相结合，要树立全面育人观，拓宽立德树人的面向，构建"大德育"体系。

科研育人、实践育人、服务育人、组织育人归根结底是文化育人，因而，整合不同的育人要素重点是要整合教书育人、课程育人、管理育人、服务育人、网络育人、心理育人、资助育人、文化育人，使之产生同频共振，实现"全员育人、全程育人、全方位育人"的全覆盖。教书育人和课程育人要求专业课教师不仅是"授业"者，还是"传道者"和"解惑者"，要求教师发挥育人的积极性、主动性、自觉性和创造性，自觉挖掘所教授课程中所蕴含的德育资源，既教书，又育人，使学生在获取知识的同时，得到德性的滋养与涵育；管理育人和服务育人就是要把思想教育工作融入日常管理和服务性事物之中，它们也是全方位育人的重要环节，在科学严格的管理和细致入微的服务中，实现立德树人的根本任务；网络育人就是要坚持党对意识形态工作的领导权，建好用好管好网络媒体，打造网络文化精品，发挥网络育人作用；心理育人就是坚持育心与育德相结合，加强人文关怀和心理疏导，培育理性平和、积极向上的健康

---

① 中共中央国务院. 关于加强和改进新形势下高校思想政治工作的意见 [EB/OL]. 新华社，2017-02-27.

② 中共教育部党组. 高校思想政治工作质量提升工程实施纲要 [EB/OL]. 中华人民共和国教育部网站，2017-12-05.

心态，促进心理健康素质与思想道德素质、科学文化素质协调发展；资助育人就是把"扶困"与"扶智"，"扶困"与"扶志"结合起来，着力培养受助者自立自强、诚实守信、知恩感恩、勇于担当的良好品质。总之，新时代育人工作，仅仅依靠文化育人未免势单力薄，必须整合各种育人要素，凭借整体的合力才能取得文化育人的实效，才能更好地落实立德树人的根本任务。

2. 整合不同育人力量

文化育人、立德树人是一项系统工程，是牵一发而动全身的工程，不是靠单一的力量、单一的群体能够完成的。《国家中长期教育改革和发展规划纲要（2010—2020年）》中指出，要"充分调动全社会关心支持教育的积极性，共同担负起培育下一代的责任"。在文化育人实践中，社会、家庭、学校等多个主体共同参与育人过程，需要整合文化育人的不同力量，形成文化育人合力。恩格斯指出："许多人协作，许多力量结合为一个总的力量，用马克思的话来说，就造成'新的力量'，这种力量和它的一个个力量的总和有本质的差别。"[1] 同样，通过文化育人，落实立德树人，也需要许多人协作，许多力量结合，尤其是要发挥社会、家庭、学校的育人力量和育人作用。

从社会角度而言，一是必须充分发挥社会舆论的成风化人、敦风化俗的重要作用，以正确舆论营造良好道德环境，把正确价值导向和道德要求体现到社会各个领域中，加强对道德领域热点问题的引导，以事说理、以案明德，增强人们的法治意识、公共意识、规则意识、责任意识；二是充分发挥文艺作品、文化产品文以载道，文以传情，文以植德的功能，以优秀文艺作品和文化产品陶冶人们道德情操，创作更多讲品位、讲格调、讲责任、讴歌党、讴歌祖国、讴歌人民、讴歌英雄、讴歌劳动、讴歌奉献的精品力作，润物无声地传播真善美，弘扬崇高的道德理想和道德追求，达到温润心灵、启迪心智、引领风尚的育人效果；三是充分发挥榜样的身教示范作用，以先进模范引领道德风尚，通过广泛宣传他们的先进事迹和突出贡献，树立鲜明时代价值取向，彰显社会道德高度，使全社会学有榜样、行有示范，形成见贤思齐、争当先进的生动局面。

从家庭角度而言，新时代文化育人必须充分发挥家庭对人的启蒙作用，用良好家教家风涵育道德品行。家庭是社会的基本细胞，是道德养成的起点，文

---

① 马克思恩格斯全集（第二十三卷）[M]. 北京：人民出版社，1972：362.

化育人离不开家庭环境的熏陶和影响，因此，在家庭教育中，既要弘扬中华民族传统家庭美德，又要倡导现代家庭文明观念，形成爱国爱家、相亲相爱、向上向善、共建共享的社会主义家庭文明新风尚，让美德在家庭中生根、在亲情中升华。在文化育人中，要采取多种方式，引导广大家庭重言传、重身教，教知识、育品德，以身作则、耳濡目染，用正确道德观念塑造孩子美好心灵；自觉传承中华孝道，感念父母养育之恩、感念长辈关爱之情，养成孝敬父母、尊敬长辈的良好品质；倡导忠诚、责任、亲情、学习、公益的理念，让家庭成员相互影响、共同提高，在为家庭谋幸福、为他人送温暖、为社会作贡献过程中提高精神境界、培育文明风尚。

从学校角度而言，要充分发挥学校作为公民道德建设的重要阵地的作用，把立德树人贯穿学校教育全过程。在学校教育中，要全面贯彻党的教育方针，坚持社会主义办学方向，坚持育人为本、德育为先，把思想品德作为学生核心素养、纳入学业质量标准，构建德智体美劳全面培养的教育体系。学校教育要加强思想品德教育，把社会主义核心价值观和道德规范有效传授给学生，把道德要求、道德规范以及公民道德建设的内容和要求体现到各学科教育中，体现到学科体系、教学体系、教材体系、管理体系建设中，使传授知识过程成为道德教化过程。

3. 整合不同育人途径

整合不同育人途径，坚持协同育人，是立德树人取得实践成效的重要支撑。习近平总书记指出："要把立德树人融入思想道德教育、文化知识教育、社会实践教育各环节，贯穿基础教育、职业教育、高等教育各领域，学科体系、教学体系、教材体系、管理体系要围绕这个目标来设计，教师要围绕这个目标来教，学生要围绕这个目标来学。凡是不利于实现这个目标的做法都要坚决改过来"①，讲的就是通过整合不同途径来共同完成立德树人根本任务的要求。具体来说，一是要整合"三个课堂"，高校文化育人必须依托理论教学、校园文化活动、网络平台等载体，充分发挥思想政治理论课作为主渠道的育人作用，实现第一课堂的价值引领功能；作为第一课堂的延伸，将校园文化、艺术、社团、

---

① 新华社评论员. 以立德树人铸就教育之魂——学习贯彻习近平总书记在全国教育大会重要讲话 [EB/OL]. 新华网，2018-09-10.

实践等活动作为高校文化育人的第二课堂；同时要把互联网升级为文化育人的第三课堂，促进三个课堂、理论与实践在文化育人上的深度融合，协调互动。二是要整合学科文化育人和校园文化环境育人，高校的学科文化通过学科知识传递的功能影响学生，实现教书育人的目的，通过对学科积淀的文化表达来彰显高校学科的特色优势和学科建设方向，对人才培养、科学研究、育人观念产生深远影响，从不同层面诠释高校的育人传统和办学取向；高校校园文化环境是立德树人根本任务实现中的重要一环，"人创造环境，环境也创造人"（马克思语），高校可以通过创建文明校园、先进班集体、文明宿舍等活动，发挥党团班文化、宿舍文化育人的辐射作用，让高雅艺术、先进理论、积极健康的文化进宿舍、进班级、进校园，形成良好的文化环境氛围，并成为构建优良学风、舍风、班风、集体荣誉感和凝聚力的核心要素。

（三）合理构建文化育人在立德树人中的有效机制

文化育人、立德树人是一项系统工程，在文化育人中必须以立德树人为根本宗旨，统筹协调不同要素、不同载体、不同途径的育人资源，统筹推进高校内部各系统之间以及高校与社会之间的协同配合，合理构建文化育人在立德树人中的有效机制。

1. 建立协调机制

构建文化育人的协调机制，主要是要构建不同育人力量、不同育人主体之间的关系。具体而言，一是要统筹协调文化育人与教书育人、科研育人、实践育人、管理育人、服务育人、组织育人的关系，各种育人方式既要有明确的分工，又要有统一的行动，既有侧重，又有兼顾，不能顾此失彼，也不能齐头并进；二是要统筹协调高校与社会、家庭之间的育人关系，以及学校内部各部门之间的育人功能的协调，文化对人的塑造与培育，高校只是其中一个体制化元素，而社会和家庭也是非常重要的育人力量和育人空间，因此，将高校、社会和家庭结成一张系统育人网络，建立和完善高校与社会、家庭之间的文化育人的协同机制，形成高校与家庭、社会协同的文化育人氛围至关重要；三是要统筹协调高校内部不同育人主体之间的关系，做好教育管理者、思想政治工作者、学生工作队伍、专业课教师、思想政治理论课教师之间的协同，各司其职，各负其责，齐抓共管，协同配合，发挥联动作用，形成快捷高效的服务育人、管理育人、教书育人的合力机制和"全员育人、全过程育人、全方位育人"的工作新格局，高效地实现文化育人；四是要协调不同育人力量的职责分工和合作，对高校而言，在育人机制中，党委发挥领导作用，专职思想政治工作者是中坚力量，全体教师是主导者，学生干部则是骨干力量，在文化育人中，要坚持在党委的统一领导下，党政齐抓共管、专职和兼职教育者相结合、学生骨干密切配合，形成协调配合的工作机制，如此，"立德树人"才能够取得较好的成效。

2. 完善考核机制

对高校而言，立德树人是立身之本，必须"把立德树人的质量和效果作为检验一切工作的根本标准"（习近平）。教育部《关于深化高校教师考核评价制度改革的指导意见》中明确要求要"坚持社会主义办学方向与遵循教育规律相结合，全面贯彻党的教育方针，以立德树人为根本任务，培养社会主义合格建设者和可靠接班人"[1]。在对教师的考核评价方面，提出要"以师德为先、教学为要、科研为基、发展为本为基本要求，坚持社会主义办学方向，坚持德才兼备，注重凭能力、实绩和贡献评价教师，克服唯学历、唯职称、唯论文等倾向，切实提高师德水平和业务能力，努力建设有理想信念、有道德情操、有扎实学识、有仁爱之心的党和人民满意的高素质专业化教师队伍"[2]，强调师德为先，要坚持以师德师风作为教师素质评价的第一标准，在教师考核、专业技术职务晋升、先进表彰与奖励等方面，要加强师德考核，通过激励性制度鼓励教师参与学生培养的各个环节，创造条件加强教师与学生的思想交流，培养专业课教师育德的强烈的使命感和责任感，实行一票否决制，促进教师精力首先集中在立德树人上，真正实现教书与育人的统一；在对高校的考核评价方面，要将立德树人元素纳入职责要求和考核内容，制定激励措施，建立学校发展战略和办学理念首先在立德树人中实践、资源首先在立德树人中配置、教学条件首先在立德树人中使用等机制，使得立德树人真正成为高校的中心工作。

总之，立德树人是中国特色社会主义大学的立身之本，是坚持社会主义办

---

① 教育部. 关于深化高校教师考核评价制度改革的指导意见［EB/OL］. 中华人民共和国教育部网站，2016-08-29.

② 教育部. 关于深化高校教师考核评价制度改革的指导意见［EB/OL］. 中华人民共和国教育部网站，2016-08-29.

学方向最鲜明的政治底色，要充分发挥文化育人优势，把文化作为立德树人的重要内容，把立德树人的目标融入思想政治教育、文化知识教育、社会实践教育等各个环节，充分挖掘育人资源，丰富育人内容，积极探索育人路径，真正将立德树人目标落到实处。

第四章

社会主义核心价值观：新时代文化育人的根本遵循

习近平总书记多次指出，文化是一个国家、一个民族的灵魂，文化兴国运兴，文化强民族强，没有高度的文化自信，没有文化的繁荣兴盛，就没有中华民族伟大复兴。文化的内核是价值观，文化背后所体现的价值观是文化的本质力量。文化的多样性和复杂性，决定了方向性、导向性在文化育人中的重要性，文化育人必须朝着正确的政治方向，对育人对象进行正确的价值引领。党的十九大报告指出，"要以培养担当民族复兴大任的时代新人为着眼点，强化教育引导、实践养成、制度保障，发挥社会主义核心价值观对国民教育、精神文明创建、精神文化产品创作生产传播的引领作用"①，社会主义核心价值观正是新时代文化育人的根本遵循和正确的价值引领，是新时代文化育人的基础，决定着新时代文化育人的方向和效果。

一、社会主义核心价值观的理论内涵

"社会主义核心价值观"这一概念包含"社会主义""核心""价值观"三个核心词汇，要科学把握社会主义核心价值观的理论内涵，必须厘清价值观、核心价值观、社会主义核心价值观三个概念及其内在关系。

（一）价值观的内涵

"价值"是一个内涵丰富而又复杂的词汇，不同的学科对之有不同的界定。"价值观"是建立在"价值"这个核心概念基础上的，对于社会、个人都起着重要作用的一种观念形态。

---

① 习近平. 决胜全面建成小康社会 夺取新时代中国特色社会主义伟大胜利——在中国共产党第十九次全国代表大会上的报告 [M]. 北京：人民出版社，2017：42.

1."价值"内涵

作为"价值观"概念的核心，"价值"一词来自拉丁语 valera，从词源学讲，这个词的词根的意义十分模糊，在不同的语境中，具有不同的含义。价值，是马克思主义经济学中的一个特定范畴的概念，在经济学语境中，对"价值"的定义是"凝结在商品中的无差别的人类劳动"，这个定义主要是从劳动价值的层面作出的，表明价值是一种数量性存在，价值就是数量值，它是由劳动者所付出的劳动量来决定。在经济学中，价值代表着商品在交换中能够交换得到多少其他商品，它往往通过货币来衡量，成为价格，并且决定着商品的价格，在经济学中，有使用价值和交换价值。在目前，"价值"一词已经远远超出了经济学的范畴，成为哲学、政治学、宗教学、美学等学科的重要范畴和研究对象。不同的学科对价值的界说不一样，在伦理学中，表征为"善"；在哲学中，表征为"效用"；在经济学中，表征为"利益"。从哲学范畴上讲，价值属于关系范畴，泛指客体对于主体表现出来的积极意义和有用性，从认识论角度阐释，它是指客体能够满足主体需要的效益关系，是表示客体的属性和功能与主体需要间的一种效用、效益或效应关系。在西方古代哲学史中，毕达哥拉斯认为价值的本质是数；柏拉图认为价值是理性的本质即理念；亚里士多德认为价值在于人的兴趣，至善是一切事物的最高价值；伊壁鸠鲁认为快乐就是价值；斯多亚学派认为德行才是价值。在道德哲学中，其意义通常被理解为"值得个人或社会想望的行为或目标的特定方式之信念"，即主体投射到客体上的东西。

马克思主义认为，价值是主体和客体之间的关系的表现，在这个关系中，客体的属性借助于它们满足主体的需要的能力评估。价值往往通过一系列看不见、摸不着的抽象概念来反映和表达，如理想、信念、规范、标准、选择、判断等。作为哲学范畴，"价值"一词具有最高的普遍性和概括性，它是对各种特殊的价值现象的本质概括，如"经济领域中某项活动是否具有效益；政治生活中某种政权组织形式是否体现了人民群众的意志而能否得到民众的支持；精神生活中某种信仰或信念是否能给人以精神支撑并引导人们走向自由；艺术领域中某件艺术作品是否能给人带来美的感受，等等"①。这些都反映了主体和客体之间的价值关系。客体没有某种现实的或潜在的有用属性，或者主体没有某种现实的或潜在的身心需要，价值都不会应运而生。

① 袁银传. 价值观 核心价值观 核心价值体系 [M]. 武汉：武汉大学出版社，2014：12.

2."价值观"内涵

价值观是人们内心对事物判断的一种基本尺度的外在反映，是基于人的一定的认知水平、心理状态和思维形态上的，对特定事物的理解、判断或抉择，也就是人认定事物、判定是非的一种思维或取向，从而体现出人、事、物一定的价值或作用，即个人对客观事物（包括人、物、事）及对自己的行为结果的意义、作用、效果和重要性的总体评价和态度。价值观是人的思想道德、心理状况、知识水平和理想信念的表征，是人们思想认识的深层基础，从哲学层面讲，它属于上层建筑的范畴。一个人的价值观是从出生开始，受社会生产方式、教育、文化和周围环境的影响而逐渐形成的，按照马克思主义"经济基础决定上层建筑"的原理，在影响价值观的众多因素中，社会生产方式及其经济地位的影响是决定性的。价值观是对主客体之间的价值关系进行整合而形成的观念形态，体现主体的愿望、要求、理想、需要、利益等，从哲学层面看，价值观又属于社会意识形态。按照马克思主义"社会存在决定社会意识，社会意识又具有相对独立性"的原理，价值观一经形成，就具有相对的稳定性、持久性、选择性和主观性，形成包括价值标准、价值取向、价值目标等内容的、完整的价值观系统，并直接影响和决定一个人的理想、信念、生活目标和追求方向的性质，对人们自身行为的定向和调节起着非常重要的作用，支配着人认识世界、明白事物对自己的意义和自我了解、自我定向、自我设计等。

由于价值主体不同，价值观也表现出一定的层次性。从国家层面而言，每个国家由于国情不同，国家的整体价值观也会不同，国家层面的价值观直接影响着整个国家的大政方针、行动纲领、奋斗目标和战略路线的制定、安排与实现；从社会层面而言，受自然条件、地理环境、人口、气候、社会风气、社会风俗习惯等不同因素的影响，具有不同的价值导向和价值观念，在社会转型的大格局下，社会价值观也会出现多元化特征，有带有浓厚封建色彩的价值观、有西方资本主义价值观、有中立的价值观、有狭隘的民族主义的价值观，等等，一个社会的价值观是一定社会形态社会性质的集中体现，它直接决定社会风气的好坏，直接影响社会成员的幸福感和获得感、安全感；从个人层面而言，由于每个人的先天条件和后天环境不同，所接受的教育不同，成长的家庭氛围不同，人生经历也不尽相同，进而形成不同的价值观和价值观体系，不同的价值观和价值观体系，又决定着每个人不同的心理认知、不同的自我认识、不同的精神面貌和不同的精神境界，它直接影响和决定着一个人的理想、信念、生活目标和人生方向的性质以及一个人对人生意义和人生价值的思考和评判。从客观上讲，价值观支配和制约着人们的行为和动机，并对其产生导向性作用，只有那些经过价值判断被认为是可取的，才能转换为人们行为的动机，并以此为目标引导人们的行为；从主观上讲，价值观又对人们的行为和结果作出看法和评价，反映人们的主观认知和需求状况。文化学者易中天曾说，如果没有价值观或者价值观不恒定，变来变去、颠三倒四，你的经济再发达，你也只能是"身强力壮、东张西望、钱包鼓鼓、六神无主"，这句话其实强调的就是确立价值观的重要性。

（二）社会主义核心价值观的内涵

社会主义核心价值观是一个内涵丰富的概念，其中的核心词"社会主义"表明了它的性质，"核心"表明了它的本质内核。

1. 社会主义核心价值观的"社会主义"性质

社会主义核心价值观是指人们对社会主义价值的性质、构成、标准和评价的根本看法和态度，是人们从主体的需要和客体能否满足主体的需要以及如何满足主体需要的角度，考察和评价各种物质的、精神的现象及主体的行为对个人和社会主义社会的意义，也就是通常所说的"社会主义主导价值观""社会主义主旋律"。"社会主义核心价值观"这一概念中的定语"社会主义"四字，明确表明了我们所倡导的核心价值观姓"社"这一社会主义性质，这也是"社会主义核心价值观"这一概念的题中应有之义。列宁曾提出一个重要的分析社会问题的原则和方法："在分析任何一个社会问题时，马克思主义理论的绝对要求，就是把问题提到一定的历史范围之内"（列宁《论民族自觉权》），"社会主义"四个字，从社会历史上和逻辑上把核心价值观限定在一定的历史范围之内了，即它是定位于"社会主义"这一社会形态和历史阶段，不是资本主义，更不是封建主义等等。社会主义是对资本主义的扬弃，它反对剥削，但继承了人类一切美好的价值追求：自由、民主、人权、公正、法治、平等，等等。社会主义的本质是解放生产力，发展生产力，消灭剥削、消除两极分化，最终实现共同富裕。从这个"本质"上看，社会主义不仅是一种优越的社会制度，而且它本身就带有明显的价值取向，是一种凝结全社会共识的价值追求和价值目标。价值的主体是人，在社会主义社会，人民群众是其价值的需要者、享用者和评价者。社会主义核心价值观坚持"以人为本"的价值取向，坚持把人民的根本利益放在首位，坚持"发展为了人民，发展依靠人民，发展成果由人民共享"的理念，最终实现全体人民的共同富裕，这是社会主义价值观最本质的特征。

社会主义核心价值观是在建设社会主义先进文化和弘扬民族精神、实现中华民族伟大复兴的历史进程中提出来的，体现了广大人民群众对社会主义的认同，本质上属于社会主义文化建设的一个有机环节。马克思和恩格斯指出："过去的一切运动都是少数人的，或者为少数人谋利益的运动。无产阶级的运动是绝大多数人的，为绝大多数人谋利益的独立的运动。"① 其中，"为绝大多数人谋利益"就是马克思主义的社会理念和价值观的集中概括，这在社会主义核心价值观中也得到了最充分的体现。在当代中国，社会主义核心价值观所提出的价值目标、价值准则、价值选择、价值判断等，体现了社会各个阶层、各个利益群体所认同的共同价值取向，正是中国特色社会主义理论、道路、制度、文化在国家、社会、公民个人三个层面的价值表达形式，集中体现了社会主义意识形态的本质。社会主义核心价值观体现了社会主义意识形态的本质要求，体现了社会主义制度在思想和精神层面的质的规定性，凝结着社会主义先进文化的精髓，是中国特色社会主义道路、理论体系和制度的价值表达，是实现中华民族伟大复兴的中国梦的价值引领。中国梦的实现，既要物质生活充实无忧，又要道德境界充分升华；既要体现为物质进步，更要体现为道德进步。人的道德修养、精神气质、健康人格、文化水准的提升和进步，都离不开社会主义性质的价值观的引领。

2. 社会主义核心价值观的"内核"

核心价值观，简单来说就是某一社会群体判断社会事务时依据的是非标准和遵循的行为准则，它是一个群体中判断善恶、是非的基本价值标准，体现着群体对目标的认同和共同的追求，在一个社会的思想观念体系中处于主导地位，体现着社会制度、社会运行的基本原则和社会发展的基本方向。任何一个社会都存在多种多样的价值观念和价值取向，要把全社会意志和力量凝聚起来，必须有一套与经济基础和政治制度相适应并能形成广泛社会共识的核心价值观。每个社会都需要一种占据主流领导地位的价值观念（即核心价值观），这种形成共识的价值观念可以唤起人们最大的价值共识，将社会整体意志调动起来，同时又能与当下的政治、经济状况相适应。

---

① 马克思，恩格斯. 共产党宣言 [M]. 北京：人民出版社，2014：39.

当前，我国社会正处在经济转轨和社会转型的加速期，思想领域日趋多元、多样、多变，各种思潮此起彼伏、相互渗透，各种观念相互交融、交杂、交锋，不同价值取向和价值观念并存，习近平总书记指出："当代中国正经历着我国历史上最为广泛而深刻的社会变革，也正在进行着人类历史上最为宏大而独特的实践创新。"① 在这种变革和创新的形势下，人们的思想也随之发生了巨大的变化，价值取向也逐渐多元化、多样化。面对庞杂多样的价值观、多样化的社会思潮、多元化的价值判断、多样化的利益诉求，必须有一种为全体公民提供能够照耀每一个人、温暖每一个人、慰藉每一个人、牵引每一个人的精神文化公共品，必须有一种能够指引国家发展方向并能在中国先进文化发展中发挥引领作用的强有力的价值观，以之作为精神旗帜、思想引领和价值导向。正如习近平总书记提出的"我国是一个有着13亿多人口、56个民族的大国，确立反映全国各族人民共同认同的价值观'最大公约数'，使全体人民同心同德、团结奋进，关乎国家前途命运，关乎人民幸福安康"②。这个"最大公约数"就是从多元价值观中凝练、萃取、升华出来的价值内核、共同理想、共有家园，就是社会主义核心价值观的"内核"。核心价值观是一个国家和民族价值体系中最本质、最具决定作用的部分，它支撑和影响着所有价值判断，因而应当是对整个人类发展历史和未来走向的总的概括和高度凝练。

3. 社会主义核心价值观的精炼表达

当今世界不同文化间的矛盾与冲突，实则是其各自代表的核心价值观之间的竞争与交锋，一个国家的文化软实力，从根本上说，取决于其核心价值观的生命力、凝聚力、感召力。

一个民族、一个国家的核心价值观必须同自身的历史文化相契合，同自身正在进行的奋斗目标相结合，同自身需要解决的时代问题相适应。在当代中国，我们的国家应该坚守什么样的核心价值观呢？对此，我们党在繁荣和发展社会主义先进文化过程中，始终坚持构建社会主义核心价值体系和社会主义核心价值观。党的十六届六中全会首次明确提出"建设社会主义核心价值体系"的重大战略任务，"马克思主义指导思想，中国特色社会主义共同理想，以爱国主义为核心的民族精神和以改革创新为核心的时代精神，社会主义荣辱观，构成了

---

① 习近平. 在哲学社会科学工作座谈会上的讲话［EB/OL］. 新华网，2016-05-18.

② 习近平. 确立价值观"最大公约数"关乎国家命运［EB/OL］. 人民网，2014-05-05.

社会主义核心价值体系的基本内容"①，"社会主义核心价值体系"内容涵盖指导思想、共同理想、中国精神、价值观念，涉猎面相对比较宽泛。在此基础上，经过进一步浓缩和凝练，2012 年 11 月，中国共产党在十八大上正式提出了社会主义核心价值观。胡锦涛在十八大上所作的报告中指出，要加强社会主义核心价值体系建设，深入开展社会主义核心价值体系学习教育，用社会主义核心价值体系引领社会思潮、凝聚社会共识。"倡导富强、民主、文明、和谐，倡导自由、平等、公正、法治，倡导爱国、敬业、诚信、友善，积极培育社会主义核心价值观。"②"三个倡导"分别从国家层面、社会层面和个人层面高度凝练和概括了社会主义核心价值观的基本内容，深入回答了新时代我们要建设什么样的国家、建设什么样的社会、培育什么样的公民的重大问题，是当代中国精神的集中体现，凝聚着全体人民共同的价值追求。其中，"富强、民主、文明、和谐"，是我国社会主义现代化国家建设目标的价值表现和价值要求，是从价值目标层面对社会主义核心价值观基本理念的凝练，在社会主义核心价值观中居于最高层次，对其他层次的价值理念具有统领作用；"自由、平等、公正、法治"，是对所要建成的美好社会的价值表达和价值要求，也是从社会层面对社会主义核心价值观基本理念的凝练，它反映了中国特色社会主义的基本属性，是我们党矢志不渝、长期实践的核心价值理念；"爱国、敬业、诚信、友善"，是公民基本道德规范，是从个人行为层面对社会主义核心价值观基本理念的凝练和基本要求。社会主义核心价值观把国家、社会、公民的价值要求融为一体，规定了国家的价值目标、社会的价值取向以及对社会成员的价值规范及落实，它覆盖社会道德生活的各个领域，是公民必须恪守的基本道德准则，也是评价公民道德行为选择的基本价值标准。

社会主义核心价值观是中国共产党领导各族人民在建设中国特色社会主义的历史进程中，以马克思主义为指导，在传承中华优秀传统文化中价值理念和吸收外来先进文化价值观念的基础上，凝练出来的国家、社会和个人在价值层面上的规定性，是中华优秀传统文化和社会主义先进文化中蕴含着的科学内涵和精神文明，既体现了社会主义的本质要求，继承了中华优秀传统文化，又吸

① 中央文献研究室. 十六大以来重要文献选编（下）[Z]. 北京：中央文献出版社，2008：661.
② 胡锦涛. 坚定不移沿着中国特色社会主义道路前进——在中国共产党第十八次全国代表大会上的报告 [M]. 人民出版社，2012：31-32.

收了世界文明有益成果，体现了时代精神。中华优秀传统文化已经成为中华民族的基因，潜移默化地影响着中国人的思想方式和行为方式。习近平总书记指出："我们生而为中国人，最根本的是我们有中国人的独特精神世界，有百姓日用而不觉的价值观。"① 如果我们的文化基因变了，所谓"中国人"之"中国"就只具有地域意义，而无文化意义。中国共产党领导中国人民经过近百年的艰苦奋斗、努力创造、不断总结，成功开创了中国特色社会主义道路、理论、制度、文化，这是当代中国最根本、最核心的价值观念。

二、社会主义核心价值观与文化

文化是一个有机的整体，其中，最核心、最稳定、最具遗传性的因素是价值系统或价值观念，价值观念是文化的灵魂，是决定文化性质和方向的最本质、最深层次的要素。所以说"价值是文化组成的要素。价值为文化质料的组织提供种种罗聚的方式。我们要充分了解一个文化，必须深入地去了解它的价值系统。……文化的改变常为价值的改变"②，一切文化形式都是表达一定思想和价值观念的载体，离开了一定的思想和价值观念，再丰富多样的表现形式也是苍白无力的。文化是历史的积淀，在社会与人的思想变迁中，精神财富与物质财富的积累，形成反映人类本质的价值理念。这种价值理念，影响着人们的精神世界。每一种文化发展的核心要素，就是这种文化背后的价值观念，主要表现为，坚持共同的理想信念、价值理念、道德观念，弘扬中华优秀传统文化、中国革命文化、社会主义先进文化，促进全体人民在思想上、精神上紧紧团结在一起。习近平同志强调："一个民族、一个国家的核心价值观必须同这个民族、这个国家的历史文化相契合，同这个民族、这个国家的人民正在进行的奋斗相结合，同这个民族、这个国家需要解决的时代问题相适应"③，价值观问题归根到底是一个文化问题。我们身为中国人，最根本的是有中国人的独特精神世界，有日用而不觉的价值观，我们提倡的社会主义核心价值观，充分体现了对中华优秀传统文化的传承和升华，这也是它能对广大中华儿女产生强大感召力的"文化密码"。

---

① 习近平.青年要自觉践行社会主义核心价值观——在北京大学师生座谈会上的讲话 [J].中国高等教育，2014（10）.

② 殷海光.中国文化的展望 [M].上海：上海三联书店，2002：77.

③ 习近平谈核心价值观 [N].人民日报（海外版），2014-07-24.

（一）文化为社会主义核心价值观提供重要内容

"核心价值观是文化软实力的灵魂、文化软实力建设的重点。这是决定文化性质和方向的最深层次要素。"① 文化是价值观的外显，也是价值观形成和发展的重要资源。当今世界，文化越来越成为综合国力竞争的重要因素，成为经济社会发展的重要支撑，文化软实力越来越成为争夺发展制高点、道义制高点的关键所在。文化的力量，归根到底来自凝结其中的核心价值观的影响力和感召力；文化软实力的竞争，本质上是不同文化所代表的核心价值观的竞争。坚持共同的理想信念、价值理念、道德观念，弘扬中华优秀传统文化、中国革命文化、社会主义先进文化，促进全体人民在思想上、精神上紧紧团结在一起。

1. 中华优秀传统文化为社会主义核心价值观提供思想基础

中华优秀传统文化为社会主义核心价值观提供思想基础，是社会主义核心价值观孕育形成的深厚土壤，两者是"源"与"流"的关系，故习近平总书记在中共中央政治局第十三次集体学习时强调，深入挖掘和阐发中华优秀传统文化的时代价值，使中华优秀传统文化成为涵养社会主义核心价值观的重要源泉。他指出："源远流长、博大精深的中华优秀传统文化，积淀着中华民族最深层的精神追求，包含着中华民族最根本的精神基因，为中华民族生生不息、发展壮大提供了强大精神支撑"②，社会主义核心价值观的源泉，来自中华优秀传统文化；社会主义核心价值观的根脉，深植于中华优秀传统文化。2014 年 4 月 1 日，习近平在比利时布鲁日欧洲学院的演讲中指出："2000 多年前，中国就出现了诸子百家的盛况，老子、孔子、墨子等思想家上究天文，下穷地理，广泛探讨人与人、人与社会、人与自然关系的真谛，提出了博大精深的思想体系。他们提出的很多理念，如孝悌忠信、礼义廉耻、仁者爱人、与人为善、天人合一、道法自然、自强不息等，至今仍然深深影响着中国人的生活。中国人看待世界、看待社会、看待人生，有自己独特的价值体系"，社会主义核心价值观国家、社会、个人三个层面的价值追求都可以从中华优秀传统文化追根溯源。中华优秀传统文化中富民强国、以民为本、文质彬彬、和而不同的思想，为社会主义核心价值观中所提倡的富强、民主、文明、和谐的价值理念提供了思想基础；社

---

① 习近平谈治国理政 [M]. 北京：外文出版社，2014：163.

② 习近平. 中华优秀传统文化是社会主义核心价值观的重要源泉 [EB/OL]. 中国文明网，2014-02-28.

会主义核心价值观中自由、平等、公正、法治的价值理念也弘扬和传承了中华优秀传统文化中自然无为、平而后明、行义以正、一断于法、刑无等级等思想；而中华优秀传统文化中天下为公、执事以敬、推诚则信、仁者爱人等思想则成为涵养公民个人层面爱国、敬业、诚信、友善价值追求的思想源泉。培育和弘扬社会主义核心价值观，必须立足中华优秀传统文化，"中华文明绵延数千年，有其独特的价值体系。中华优秀传统文化已经成为中华民族的基因，植根在中国人内心，潜移默化地影响着中国人的思维方式和行为方式，必须从中汲取丰富营养，否则就不会有生命力和影响力"①，要利用好中华优秀传统文化蕴含的丰富的思想道德资源，使其成为涵养社会主义核心价值观的重要源泉。

我们生而为中国人，最根本的是我们有中国人的独特精神世界，有百姓日用而不觉的价值观。中华优秀传统文化是社会主义核心价值观的要义和根源，二者相辅相成。习近平总书记反复强调，要"深入挖掘和阐发中华优秀文化讲仁爱、重民本、守诚信、崇正义、尚和合、求大同的时代价值，使中华优秀传统文化成为涵养社会主义核心价值观的重要源泉"②。今天，我们提倡和弘扬社会主义核心价值观，必须从中华优秀传统文化中汲取丰富营养，否则中华优秀传统文化就不会有生命力和影响力。比如，中华文化强调"民惟邦本""天人合一""和而不同"，强调"天行健，君子以自强不息"，"大道之行也，天下为公"；强调"天下兴亡，匹夫有责"，主张以德治国、以文化人；强调"君子喻于义""君子坦荡荡""君子义以为质"；强调"言必信，行必果"，"人而无信，不知其可也"；强调"德不孤，必有邻"，"仁者爱人"，"与人为善"，"己所不欲，勿施于人"，"出入相友，守望相助"，"老吾老以及人之老，幼吾幼以及人之幼"，"扶贫济困"，"不患寡而患不均"，等等。像这样的思想和理念，不论过去还是现在，都有其鲜明的民族特色，都有其永不褪色的时代价值。这些思想和理念，既随着时间推移和时代变迁而不断与时俱进，又有其自身的连续性和稳定性。张岱年先生指出："民族凝聚力有其精神基础，那就是能维系人心、增强民族团结的思想意识，就中国而言，这就是中国文化中的优秀传统"③，中

①　习近平.青年要自觉践行社会主义核心价值观——在北京大学师生座谈会上的讲话[J].中国高等教育，2014（10）.
②　习近平在中共中央政治局第十三次集体学习时强调，把培育和弘扬社会主义核心价值观作为凝魂聚气强基固本的基础工程[EB/OL].新华社，2014-02-25.
③　张岱年.文化与价值[M].北京：新华出版社，2004：263.

华历史的薪火相传绵延数千年，究其根本就在于对于这种核心价值观的构造。

2. 中国革命文化为社会主义核心价值观提供精神滋养

中国革命文化是中国共产党在带领全国各族人民为实现革命理想和目标过程中产生的具有独特价值的优秀文化，其中所蕴含的精神内核、价值观念与社会主义核心价值观的内涵相一致，为社会主义核心价值观所倡导的价值理念提供丰富的精神滋养。从中国近代历史来看，独立、民主、富强一直是中国人民的愿望和追求，在世界反法西斯战争以及中国抗日战争即将胜利的时刻，中国面临着对两种前途、两种命运的抉择，为了团结全国人民，争取革命的胜利，中共七大提出"把中国建设成为一个独立、自由、民主、统一、富强的新中国"的奋斗目标。中国革命文化中革命先辈为了实现革命理想而牺牲自我的革命精神，能够成为全社会自觉践行社会主义核心价值观的精神动力；中国革命文化中中国共产党人坚定的共产主义理想和对社会主义的不懈追求，更加彰显社会主义核心价值观的精神意义。

中国革命文化与核心价值观相辅相成，中国革命文化是核心价值观在革命战争中的特殊表现形式，核心价值观是中国革命文化在现代社会发展中的重要体现。中国革命文化对于人民大众无论是争取民族解放还是实现国家富强，都充分展现了精神引领的重要作用。中国革命文化凝聚了社会主义核心价值观的精神追求，孕育了践行社会主义核心价值观的精神品格，在中国特色社会主义建设的伟大历史进程中愈加彰显精神引领作用。社会主义核心价值观能通过选择中国革命文化这个文化符号来表达和传递自己的内涵及精神，从而实现"证其名""明其意""宣其志""示其髓"① 的旨意，如忠诚信仰、不畏困难、艰苦奋斗的"苏区精神"，不畏艰险、乐观向上、坚忍不拔的"长征精神"，自强不息、团结一致、不屈不挠的"抗战精神"，实事求是、谦虚谨慎、戒骄戒躁的"西柏坡精神"② 等等，这些饱含时代特色、充满精神感召、极具民族特色的宝贵财富，蕴含着积极向上的思想观念、理想信念、价值取向、道德规范和人文精神，这些都成为社会主义核心价值观重要的精神滋养。

---

① 田旭明. 革命文化：涵育社会主义核心价值观不可或缺的重要载体 [J]. 思想理论教育导刊，2018 (8).

② 董雄成. 革命文化涵育社会主义核心价值观的时代意蕴与实践路径 [J]. 高校辅导员学刊，2017 (8).

3. 社会主义先进文化为社会主义核心价值观注入时代活力

核心价值观是文化软实力的灵魂、文化软实力建设的重点，这是决定文化性质和方向的最深层次的要素。"社会主义核心价值观是先进文化建设的根本内容，先进文化建设以各种形式实践社会主义核心价值观内含着的各种先进价值理念"①，社会主义先进文化立足当代中国现实，彰显自己的历史方位和时代内涵，因而，它为社会主义核心价值观注入具有时代特色的鲜活内容，展现时代特色。社会主义核心价值观凝结了社会主义先进文化的精髓，社会主义核心价值观对于社会主义先进文化具有不可替代的先导性，它有利于整合多元文化、发展社会主义先进文化。社会主义核心价值观在不同层面、不同角度和不同领域的价值追求、价值标准、价值旨归都充分体现了社会主义的根本性质，反映了社会主义的根本追求，展现了中国特色社会主义文化建设的最新成果。社会主义先进文化在内涵和架构上，包含了中国特色社会主义道路、中国特色社会主义理论体系、中国特色社会主义制度和中国特色社会主义文化。中国共产党领导中国人民经过近百年的艰苦奋斗、努力创造、不断总结，成功开创了中国特色社会主义道路、理论体系、制度，这是当代中国最根本、最核心的价值观念，代表着中国先进文化的前进方向。

党的十九大报告明确指出："中国特色社会主义是改革开放以来党的全部理论和实践的主题，是党和人民历尽千辛万苦、付出巨大代价取得的根本成就"②，社会主义先进文化就是"全部理论和实践的主题"的有机组成部分，内含于中国特色社会主义之中。"社会主义先进文化正是站在广大人民的价值立场，顺应了生产力发展的社会潮流，通过宣传教育、对话交往、文化实践等形式，引导人们广泛树立社会主义核心价值观，共同践行中国梦，为世界贡献了中国智慧和中国方案，从而赢得了文化自信和价值认同"③，社会主义先进文化为社会主义核心价值观提供了统一思想、凝聚共识的奋斗目标、精神动力和鲜明的时代主题和前进方向。社会主义核心价值观植根于中华文化沃土，熔铸于

---

① 郑海祥等. 正确认识社会主义核心价值观与先进文化建设的关系［J］. 思想理论教育，2011（23）.

② 习近平. 决胜全面建成小康社会 夺取新时代中国特色社会主义伟大胜利——在中国共产党第十九次全国代表大会上的报告［EB/OL］. 新华网，2017-10-18.

③ 徐国亮. 社会主义先进文化是中华民族文化自信的灵魂［J］. 山东社会科学，2018（2）.

我们党领导人民长期奋斗的伟大实践，萃取了社会主义先进文化的价值追求与其主体精神内容的精华，凝结了社会主义先进文化的精髓和全体人民共同的价值追求，是当代中国精神的集中体现，昭示着中国特色社会主义先进文化的发展方向。

（二）社会主义核心价值观为文化提供价值引领

文化是一个内涵极其丰富的概念，价值观念是其中最核心最根本的部分，不同的文化也会表达不同的价值取向和价值观念，文化的先进性首先体现在价值观念的先进性上。世界上各种文化之争，本质上是价值观念之争，文化的核心力量很大程度上取决于价值观的生命力、凝聚力、感召力、影响力和传播力。习近平总书记所讲的"在多元中立主导、在多样中谋共识、在多变中定方向"①，强调的就是文化建设与发展中的价值观问题。社会主义核心价值观在我国社会主义价值观、价值体系和核心价值体系中居中心地位、起统领作用，以社会主义核心价值观引领社会主义文化建设，是发展中国特色社会主义文化的必然要求。

1. 社会主义核心价值观引领文化发展方向

马克思曾指出："统治阶级的思想在每一时代都是占统治地位的思想。这就是说，一个阶级是社会上占统治地位的物质力量，同时也是社会上占统治地位的精神力量。"② 在中国，体现和维护中国共产党领导的中国人民意志的社会主义核心价值观，是中国先进文化的内核，体现着全民族的价值追求，反映了社会主义中国先进文化的客观发展要求和前进方向，它是引领中国先进文化朝着既定方向发展的内在力量。没有社会主义核心价值观，中国先进文化建设就失去了灵魂，就没有了方向和引领。社会主义核心价值观三个层面将国家价值目标、社会价值取向、个体价值准则有机融合，深入回答了"我们要建设什么样的国家、建设什么样的社会、培育什么样的公民"的重大问题，集中体现了社会主义的价值目标、美好愿景和崇高价值追求。可以说，社会主义核心价值观内在规定着当代中国的文化是以马克思主义为指导的文化，是坚持社会主义性质和方向的文化，是以实现中华民族伟大复兴为目标的文化，是以培养担当民

---

① 习近平. 同心同力共襄伟业 汇聚实现民族复兴的磅礴力量——在中央政协工作会议暨中国人民政治协商会议成立 70 周年大会上的重要讲话 [EB/OL]. 新华社，2019-09-22.

② 马克思恩格斯选集（第一卷）[M]. 北京：人民出版社，1995：98.

族复兴大任的时代新人为着眼点的文化。

随着经济发展的深刻变革和各类社会思潮的不断涌现，人们在思想意识上越来越呈现出差异性、个性化、多样化、多变性等特点，社会主义核心价值观对于引领纷繁复杂的社会思潮，把不同阶层和不同思想价值观念的人们凝聚起来具有重要意义。习近平指出："当代中国正经历着我国历史上最为广泛而深刻的社会变革，也正在进行着人类历史上最为宏大而独特的实践创新。"① 在这种变革和创新的形势下，人们的思想也随之发生了巨大的变化，价值取向也逐渐多元化、多样化。面对人们价值观念的这些变化，在尊重多样化的基础上，必须有一种能够指引国家发展方向并能在中国先进文化发展中发挥引领作用的强有力的价值观。以"三个倡导"为基本内容的社会主义核心价值观在这种多元多样价值观体系中顺势而生，成为当代中国社会导航式的价值观，成为统领社会主义文化建设的一根红线，引领大众文化向着积极健康的方向发展，防止西方资本主义国家借文化产业展开价值观渗透，在文化发展变迁中在价值取向上发挥"定盘星"的作用。习近平多次强调，"我们建设的是中国特色社会主义，而不是其他什么主义"。同样，我们的文化是中国特色社会主义的文化，而不是其他什么性质的文化，中国特色社会主义文化发展必须牢牢把握社会主义的性质与方向，始终坚持以社会主义核心价值观为引领。

2. 社会主义核心价值观引领文化建设制度

习近平指出，"社会主义核心价值观是当代中国精神的集中体现，凝结着全体人民共同的价值追求"，要"把培育和弘扬社会主义核心价值观作为凝魂聚气、强基固本的基础工程"②，自觉把培育社会主义核心价值观融入文化建设全过程，"发挥社会主义核心价值观对国民教育、精神文明创建、精神文化产品创作生产传播的引领作用"③。面对世界思想文化交流、交融、交锋形势下价值观较量的新态势，把社会主义核心价值观引领文化建设加以升华，使其成为坚持和完善繁荣发展社会主义先进文化制度的重要内容和组成部分，对于巩固马克思主义在意识形态领域的指导地位、巩固全党全国人民团结奋斗的共同思想基

---

① 习近平. 在哲学社会科学工作座谈会上的讲话［EB/OL］. 新华网，2016-05-18.

② 习近平. 把培育和弘扬社会主义核心价值观作为凝魂聚器强基固本的基础工程［EB/OL］. 新华网，2014-02-25.

③ 习近平. 决胜全面建成小康社会 夺取新时代中国特色社会主义伟大胜利——在中国共产党第十九次全国代表大会上的报告［EB/OL］. 新华网，2017-10-18.

础，牢牢把握社会主义先进文化前进方向，激发全民族文化创新、创造活力，具有重要现实意义和深远历史意义。

党的十九届四中全会审议通过的《中共中央关于坚持和完善中国特色社会主义制度、推进国家治理体系和治理能力现代化若干重大问题的决定》，着眼于更好地保障和推动社会主义先进文化繁荣发展，不断巩固全体人民团结奋斗的共同思想基础，首次创造性地提出"坚持以社会主义核心价值观引领文化建设制度"的思想，把坚持以社会主义核心价值观引领文化建设制度作为其重要内容和实现途径。文化实力的强弱很大程度上取决于贯穿其中的核心价值观的引领力，"社会主义核心价值观深厚的民族性、鲜明的时代性、内在的先进性、广泛的包容性，决定了其在我国文化建设中居于主导和引领地位"①。社会主义核心价值观引领文化建设制度，一要推动理想信念教育常态化制度化，筑牢精神之基、把稳思想之舵；二要完善弘扬社会主义核心价值观的法律政策体系，坚持德法共治、明确价值导向；三要推进中华优秀传统文化传承发展工程，巩固文化之本、筑牢文化之基；四要健全志愿服务体系，提升文明素养、引领社会风尚；五要完善诚信建设长效机制，树立诚信理念、强化规则意识。

三、社会主义核心价值观与文化育人

文化对人的浸染、影响集中体现在价值观上，但在实践中并不是简单的一一对应，这是文化的复杂性和多样性使然。一个国家的强盛，离不开精神的支撑；一个社会的发展，有赖于文明的推动；一个人的进步，也需要文化的哺育和滋养。习近平同志强调，"坚守我们的价值体系，坚守我们的核心价值观，必须发挥文化的作用"②，这体现了社会主义核心价值观教育与文化育人实质上具有一致性。

（一）社会主义核心价值观与文化育人目标的一致性

文化育人的过程实质也是凝聚价值理念的过程，就是要形成价值共识，明确什么样的价值观是正确的，什么样的价值观是错误的，寻找不同主体间共同的价值取向，从而树立共同的、科学的价值理念，并发挥它在育人中的积极作

---

① 王晓晖. 坚持以社会主义核心价值观引领文化建设制度［N］. 人民日报，2019-12-06.
② 习近平. 完善和发展中国特色社会主义制度 推进国家治理体系和治理能力现代化［N］. 人民日报，2014-02-18.

用。育德、铸魂是社会主义核心价值观教育和文化育人的共同目标。

1. 育德

社会主义核心价值观是当代中国精神的集中体现，是凝聚中国力量的思想道德基础。习近平指出："核心价值观，其实就是一种德，既是个人的德，也是一种大德，就是国家的德、社会的德。国无德不兴，人无德不立。如果一个民族、一个国家没有共同的核心价值观，莫衷一是，行无依归，那这个民族、这个国家就无法前进"①，如果个人没有基本的道德规范，那就容易导致价值迷失，"观念没有善恶，行为没有底线，什么违反党纪国法的事情都敢干，什么缺德的勾当都敢做，没有国家观念、集体观念、家庭观念，不讲对错，不问是非，不知美丑，不辨香臭"②。因此，文化育人就必须"把培育和弘扬社会主义核心价值观作为凝魂聚气、强基固本的基础工程"（习近平语），通过培育和弘扬社会主义核心价值观，积极引导人们讲道德、尊道德、守道德，追求高尚的道德理想，不断营造良好的社会道德风尚，要"把社会主义核心价值观融入社会发展各方面，转化为人们的情感认同和行为习惯"，把培育和践行社会主义核心价值观作为精神文明创建的根本任务，体现到文明城市、文明村镇、文明单位、文明家庭、文明校园创建活动各个方面；把社会主义核心价值观渗透到精神文化产品创作生产传播各环节，潜移默化地增进人们对社会主义核心价值观的认同和践行，使社会主义核心价值观成为人们的价值准则、思想指引和精神动力，不断提高人们的思想道德素质。

"在社会主义核心价值观中，最深层、最根本、最永恒的是爱国主义，爱国主义是常写常新的主题。拥有家国情怀的作品，最能感召中华儿女团结奋斗。"③ 范仲淹的"先天下之忧而忧，后天下之乐而乐"，陆游的"王师北定中原日，家祭无忘告乃翁"，"位卑未敢忘忧国"，"夜阑卧听风吹雨，铁马冰河入梦来"，文天祥的"人生自古谁无死，留取丹心照汗青"，林则徐的"苟利国家生死以，岂因祸福避趋之"，岳飞的《满江红》，方志敏的《可爱的中国》，等等，都以全部热情为祖国放歌抒怀。在新时代，用来育人的文化也要把爱国主义作为主旋律，引导人民树立和坚持正确的历史观、民族观、国家观、文化观，增强做中国人的骨气和底气。"传递真善美，传递向上向善的价值观，引导人们

① 习近平谈核心价值观 [N]. 人民日报（海外版），2014-07-24.
② 习近平. 在文艺座谈会上的讲话 [EB/OL]. 新华网，2014-10-15.
③ 习近平. 在文艺座谈会上的讲话 [EB/OL]. 新华网，2014-10-15.

增强道德判断力和道德荣誉感，向往和追求讲道德、尊道德、守道德的生活。"① 在当代中国，文化育人就是以中国特色社会主义文化为底色，以社会主义核心价值观为引领，使人产生思想认同、情感认同和价值观认同，通过将社会主义核心价值观融入日常生活，使之成为人们日用而不觉的道德规范和行为准则，从而构建"是非明、方向清、路子正"的文化育人内容体系②，进而树立正确的世界观、人生观、价值观，坚定理想信念，树立正确的政治信仰，努力培养德智体美劳全面发展的社会主义建设者和接班人。

2. 铸魂

社会主义核心价值观是社会主义意识形态的本质体现，同时也是中华优秀传统文化、中国革命文化和社会主义先进文化的时代结晶和现实体现，是实现中华民族伟大复兴中国梦的兴国之魂。建设什么样的社会、实现什么样的目标，人是决定性因素，"社会主义核心价值观建设，说到底是人的思想建设、灵魂建设，聚焦的是造就具有正确世界观、人生观、价值观的建设者。这样的时代新人，应当在有自信、尊道德、讲奉献、重实干、求进取等方面，有新风貌、新姿态、新作为"③，习近平总书记这段话，提出了时代新人的标准和要求，把"培育什么样的价值观"同"培养什么样的人"紧密地结合起来，将社会主义核心价值观教育和文化育人的共同使命表达了出来。党的十九大报告指出，培育和践行社会主义核心价值观"要以培养担当民族复兴大任的时代新人为着眼点，强化教育引导、实践养成、制度保障，发挥社会主义核心价值观对国民教育、精神文明创建、精神文化产品创作生产传播的引领作用，把社会主义核心价值观融入社会发展各方面，转化为人们的情感认同和行为习惯。坚持全民行动、干部带头，从家庭做起，从娃娃抓起。深入挖掘中华优秀传统文化蕴含的思想观念、人文精神、道德规范，结合时代要求继承创新，让中华文化展现出永久魅力和时代风采"④。文化育人的过程就是把社会主义核心价值观融入精神文化、物质文化和制度文化各层面和育人的各环节的过程。

---

① 习近平. 在文艺座谈会上的讲话 [EB/OL]. 新华网，2014-10-15.
② 孔晓晓. 以文化人 以文育人 [N]. 大众日报，2018-11-28.
③ 中共中央宣传部. 习近平新时代中国特色社会主义思想三十讲 [Z]. 北京：学习出版社，2018：197.
④ 习近平. 决胜全面建成小康社会 夺取新时代中国特色社会主义伟大胜利——在中国共产党第十九次全国代表大会上的报告 [EB/OL]. 央视网，2017-10-18.

文化的本质，体现的是一种精神、一种理念、一种行为的模式和习惯，文化的精神性、传承性特性构筑了铸魂育人的价值体系，决定了其铸魂育人功能趋向。党的十九大报告强调："文化是一个国家、一个民族的灵魂"，文化对个体价值观的塑造，往往不是"疾风骤雨"般的骤然完成，而是"润物细无声"般的教化，逐渐将文化内含的精神力量转化为个体的情感认同和行为习惯。好的文学作品和文艺作品就"像蓝天上的阳光、春季里的清风一样，能够启迪思想、温润心灵、陶冶人生，能够扫除颓废萎靡之风"①。改革开放以来，我国经济发展很快，人民生活水平提高也很快。同时，我国社会正处在思想大活跃、观念大碰撞、文化大交融的时代，出现了不少问题。其中比较突出的一个问题就是一些人价值观缺失，观念没有善恶，行为没有底线，什么违反党纪国法的事情都敢干，什么缺德的勾当都敢做，没有国家观念、集体观念、家庭观念，不讲对错，不问是非，不知美丑，不辨香臭，浑浑噩噩，穷奢极欲。所以，邓小平同志早就指出，风气如果坏下去，经济搞成功又有什么意义？会在另一方面变质！因此，"我们要在全社会大力弘扬和践行社会主义核心价值观，使之像空气一样无处不在、无时不有，成为全体人民的共同价值追求，成为我们生而为中国人的独特精神支柱，成为百姓日用而不觉的行为准则。要号召全社会行动起来，通过教育引导、舆论宣传、文化熏陶、实践养成、制度保障等，使社会主义核心价值观内化为人们的精神追求、外化为人们的自觉行动"②。可见，社会主义核心价值观教育和文化育人都是本着"为人民提供精神指引"的原则和要求，注重人文教育和隐形教育，塑造人的灵魂，建构共有精神家园，在潜移默化、春风化雨、润物无声中实现感染人、塑造人的目的。

（二）社会主义核心价值观在文化育人中的引领作用

一定的文化以一定的价值观念为核心，一定的价值观是决定文化的最深层次要素，文化与核心价值观高度契合，文化深度滋养核心价值观，核心价值观的培育和践行为文化的发展与人的行为提供正确的导向和规范。社会主义核心价值观决定和引领文化育人的性质、方向、水平，规定着文化育人的根本目标和任务。

---

① 习近平. 在文艺座谈会上的讲话 [EB/OL]. 新华网，2014-10-15.
② 习近平. 在文艺座谈会上的讲话 [EB/OL]. 新华网，2014-10-15.

1. 社会主义核心价值观决定文化育人的性质和方向

任何文化都有价值取向，文化的价值取向决定着文化育人的方向。社会主义核心价值观作为先进的价值理念，是社会主义先进文化的精髓，是人才培养的行动指南和价值目标，对个人、社会和国家的发展起着导向作用。社会主义核心价值观既引领国民教育、精神文明创建、精神文化产品创作生产传播，也作为统领社会主义文化建设的一根红线，在文化育人的价值取向上发挥着"定盘星"的作用。进入新时代，文化育人，到底要育怎样的人，对此问题的回答，取决于社会主义核心价值观建设问题，即人的思想建设、灵魂建设问题，归根到底就是造就具有正确世界观、人生观、价值观的建设者的问题。价值观直接决定文化育人的方向和质量，在文化育人中大力弘扬、积极培育和践行社会主义核心价值观，关键要做到在价值认同的基础上，坚持以社会主义核心价值观引领和整合大众文化和多样化的社会思潮，用全党全社会形成的统一的指导思想、共同理想信念、强大精神力量、基本道德规范进行育人，使整个社会的价值取向向着更加积极健康的方向发展和完善，并将这股正能量内化为对积极、健康、向上的主流思想文化的情感认同，外化为向上向善、崇尚公平正义的行为习惯的行动指南。社会主义核心价值观蕴含了各种先进的价值理念，既为社会主义先进文化的建设添砖加瓦，也为文化育人提供了强大的精神动力、坚实的价值基础和正向的价值引领。

在社会主义核心价值观三个层面的内容中，"富强、民主、文明、和谐"，是立足于当代中国基本国情和社会主义经济关系基础上概括的国家层面的价值目标，是近代以来千千万万中华儿女上下求索，历经艰辛确立的奋斗目标和追求的最大利益，为文化育人提供动力和活力；"自由、平等、公正、法治"，是立足于中国社会的实践需求、时代特征及未来发展趋势概括的社会层面的价值取向，体现了社会主义的本质要求，为文化育人提供良好的社会氛围和法律保障；"爱国、敬业、诚信、友善"，是立足于培育社会主义公民的基本道德规范和道德要求凝练的个人层面的价值准则，凝结着中华优秀传统文化的精髓和要义，体现了中国人独有的精神特质，是文化育人的核心内容。社会主义核心价值观集中反映了中国特色社会主义先进文化的本质特征，体现了中国共产党人高度的文化自信和文化自觉的价值追求，它决定着文化育人的社会主义属性，为文化育人提供了根本的政治保证和思想保证。作为文化育人主要阵地的高校，在办学过程中，要坚持育人为本、德育为先，把社会主义核心价值观作为大学生文化素质教育和德育的核心内容，促使大学生在"勤学、修德、明辨、笃实"上下功夫，使社会主义核心价值观成为青年学生的基本遵循，解决好大学生世界观、人生观、价值观这个"总开关"问题，使之成为明大德、守公德、严私德的社会主义建设者和接班人。

2. 社会主义核心价值观规定文化育人的目标和任务

文化具有不同的层次，在文化的最深处，是其中蕴含的价值观，价值观在文化体系中居于统领和核心地位，核心价值观对人的影响最深远、最深刻。社会主义核心价值观涵盖国家、社会和个人的价值系统，是社会主义精神和价值体系中最根本、最重要和最集中的价值内核，是社会成员共同遵循和维护的行为准则。从一定意义上讲，文化育人的根本就是价值塑造，即发挥中国特色社会主义文化中的核心价值观的力量，使之对人的思想和行为产生潜移默化的影响。因此，积极培育和弘扬社会主义核心价值观，坚守以马克思主义为灵魂的社会主义核心价值观，塑造正确的政治观、思想观、道德观、法律观，就成为文化育人的核心内容、基本任务和根本目标。进入新时代，世界多极化、经济全球化深入发展，国内经济发展转轨转型，社会发生深刻变革，现代信息技术迅猛发展，世界范围内各种思想文化交流、交融、交锋更加频繁，社会思想观念日益活跃，人们的价值追求更加多元化、多样化、个性化，价值取向更加趋于功利化、实用化。面对这样的国际国内复杂的形势，文化育人就要坚持文化的思想性、价值性和导向性，要用社会主义核心价值观来对人们进行引导、启迪、激励、教育，引导人们树立科学的世界观、人生观、价值观。在"培养什么人"这个关涉文化育人根本目标和任务的根本问题上，习近平总书记指出："社会主义核心价值观建设，说到底是人的思想建设、灵魂建设，聚焦的是造就具有正确世界观、人生观、价值观的建设者。这样的时代新人，应当在有自信、尊道德、讲奉献、重实干、求进取等方面，有新风貌、新姿态、新作为"[1]，文化育人的这一根本任务决定了用来"育人"的文化必须围绕社会主义核心价值观这个核心和灵魂，以之为育人的精神内核，在文化育人中要充分发挥社会主义核心价值观的核心作用，坚持以文载道、铸魂育人。

---

[1] 中共中央宣传部. 习近平新时代中国特色社会主义思想三十讲［Z］. 北京：学习出版社，2018：197.

四、在文化育人中培育和弘扬社会主义核心价值观

在讲到如何培育和践行社会主义核心价值观这一问题时，习近平特别强调，要深化未成年人思想道德建设，教育引导广大青少年"扣好人生第一粒扣子"，勤学、修德、明辨、笃实，身体力行社会主义核心价值观。在全社会培育和弘扬社会主义核心价值观，青年应始终走在时代前列，成为社会主义核心价值观的坚定信仰者、积极传播者、模范践行者。青年是引风气之先的社会力量，青年的价值取向决定了未来整个社会的价值取向，而青年又处在价值观形成和确立的时期，抓好这一时期的价值观养成十分重要。正如习近平指出："这就像穿衣服扣扣子一样，如果第一粒扣子扣错了，剩余的扣子都会扣错。人生的扣子从一开始就要扣好。"

（一）在文化育人中融入社会主义核心价值观

社会主义核心价值观是新时代全体社会成员共同的价值追求与价值目标，是新时代文化育人的核心与灵魂。因此，新时代文化育人必须把培育与践行社会主义核心价值观融入人才培养全过程，使社会主义核心价值观落地生根。

1. 把社会主义核心价值观融入文化育人全过程

价值观与文化之间是互相依存，共同影响，共同促动的，它们之间互相反哺，相互交融。价值观对文化育人具有引领和导向作用，文化本身也能够表现出一定的价值趋向，是一定的价值观在个体身上的具体化。社会主义核心价值观集中体现了社会主义意识形态，在文化育人中要具体内化为人们的马克思主义信仰、社会主义的共同理想信念、爱国主义精神和思想道德素质。习近平总书记强调，"要把社会主义核心价值观贯穿于高校办学育人全过程"①，使社会主义核心价值观成为全社会基本价值取向。将社会主义核心价值体系融入文化育人的全过程，这既是坚定文化自信的根本保证，也是培养品德高尚、信念坚定的人才的本质要求，更是激发社会成员责任意识和担当精神的重要途径，也是新时代落实立德树人根本任务的重要依托。

文化育人首先是价值观的培育，社会主义核心价值观作为一种先进文化，只有内化为个体的精神信仰才能得到落实和发展，同时，个人的精神信仰又反过来助推价值观的确立和构建。习近平总书记强调，要使社会主义核心价值观

---

① 习近平. 在全国高校思想政治工作会议上的重要讲话［N］. 人民日报，2016-12-09.

的影响像空气一样无所不在、无时不有，必须坚持全民行动、干部带头，从家庭做起，从娃娃抓起，必须动员全社会共同参与、共同行动，使之与人们的日常生产生活深度融合，成为全体人民日用而不觉的行为准则。他强调，党员干部要发挥示范带动作用，用自己的模范行为和高尚人格感召群众、带动群众，并且提出要把家风建设作为重要抓手，运用生活化的场景、日常化的活动、具体化的载体，推动社会主义核心价值观在家庭中生根。

就高校而言，把社会主义核心价值观融入文化育人全过程，一是要将社会主义核心价值观融入大学校园文化建设之中，要以社会主义核心价值观引领大学文化建设和师德师风、教风学风建设，形成独特的制度文化、学术文化、管理与服务文化和环境文化，增强文化育人的实效；二是要将社会主义核心价值观融入高校课堂教学，包括第一课堂、第二课堂甚至以互联网为介体的第三课堂，尤其是思想政治理论课课堂，着力推动社会主义核心价值观进教材、进课堂、进大学生头脑，要将社会主义核心价值观作为课堂教学的思想引领和重要内容，增强大学生对社会主义核心价值观的认知、认同，使其内化于心、外化于行，为保证文化育人的主阵地不偏离方向提供内容保障；三是要将社会主义核心价值观融入高校精神文化、物质文化、行为文化和制度文化的各个层面、各个方面、各个环节，从而营造全过程、全方位、立体式的文化育人氛围。

2. 社会主义核心价值观融入文化育人应坚持的原则

将社会主义核心价值观融入文化育人全过程，就是通过文化教育和行为活动有意识或无意识地施加给个体成员以潜移默化和持久的感染、教育、启示，在这个过程中受教育者逐渐将社会主义核心价值观内化为自己的价值观。

社会主义核心价值观融入文化育人首先要坚持育人为本的原则。社会主义核心价值观和文化育人在落实立德树人的根本任务和培育德智体美劳全面发展的时代新人的育人目标方面具有一致性。将社会主义核心价值观融入文化育人本质上是通过教育将其内化为"人"的精神信仰和人的精神品格的过程，因而必须始终关注"人"的发展。社会主义核心价值观融入文化育人还要坚持主导性和主体性相结合的原则。在"社会主义核心价值观+文化育人"的模式中，社会主义核心价值观是主导文化育人的性质和方向的，而人是教育的主体对象，文化育人是教育的主体内容，要提升育人效果，必须将社会主义核心价值观的主导性与人的主体性和文化育人的主体性有机结合起来。社会主义核心价值观融入文化育人还必须坚持理论与实践相结合的原则，马克思指出："理论在一个国家实现的程度，总是决定于理论满足这个国家的需要的程度"①，文化育人需要构建一套行之有效的教育体系，整合不同的教育资源，遵照一系列的教育理念、教育方法、教育原则来指导进行，而社会主义核心价值观作为一种社会各个方面的价值准则，最终要转化为实践，"只有实践证明真理达到了合规律性与合目的性的统一，真理才会为个人接受，并转化为内心信念"②，让人们在实践中感知它、领悟它、接受它，并将其内容内化为个人的精神追求、精神信仰和价值目标、价值取向，最后转化为行动，自觉地去践行。习近平指出："在当代中国，我们的民族、我们的国家应该坚守什么样的核心价值观？这个问题，是一个理论问题，也是一个实践问题"③，在此，他强调的就是理论与实践相结合的问题。只有坚持育人为本的原则、主导性和主体性相结合的原则、理论与实践相结合的原则，才能更好地将社会主义核心价值观融入文化育人的全过程。

（二）在培育和弘扬社会主义核心价值观中发挥文化育人的作用

一定的价值观念以一定的文化为载体，有了文化的滋养和文化载体的传导，价值观才会真正感染人、影响人、转化人。任何一种价值观在全社会的确立，都是一个思想教育与社会孕育相互促进的过程，都是一个内化与外化相辅相成的过程。因此，积极培育和弘扬社会主义核心价值观，把社会主义核心价值观更好地贯穿于国民教育之中，就必须重视文以载道的功能，发挥好文化育人的作用。

1. 在积极培育和弘扬社会主义核心价值观中立足中华优秀传统文化

对于中华优秀传统文化在培育和弘扬社会主义核心价值观中的重要作用，习近平总书记指出："中华优秀传统文化已经成为中华民族的基因，植根在中国人内心，潜移默化影响着中国人的思想方式和行为方式。提倡和弘扬社会主义核心价值观，必须从中汲取丰富营养，否则就不会有生命力和影响力"④，因此，他多次强调培育和弘扬社会主义核心价值观必须立足于中华优秀传统文化，指出："牢固的核心价值观，都有其固有的根本。抛弃传统、丢掉根本，就等于

---

① 马克思恩格斯选集（第一卷）[M]. 北京：人民出版社，1995：11.
② 赵果. 创新大学生社会主义核心价值观培育机制的路径探析 [J]. 思想教育研究，2013（11）.
③ 中央文献研究室. 十八大以来主要文献选编（中）[Z]. 中央文献出版社，2016：3.
④ 习近平. 用社会主义核心价值观凝心聚力——关于建设社会主义文化强国 [N]. 人民日报，2016-05-05.

割断了自己的精神命脉。博大精深的中华优秀传统文化是我们在世界文化激荡中站稳脚跟的根基。中华文化源远流长，积淀着中华民族最深层的精神追求，代表着中华民族独特的精神标识，为中华民族生生不息、发展壮大提供了丰厚滋养。"① 立足中华优秀传统文化，就要讲清楚中华优秀传统文化的历史渊源、发展脉络、基本走向，讲清楚中华文化的独特创造、价值理念、鲜明特色，从而增强文化自信和价值观自信。

在积极培育和弘扬社会主义核心价值观中立足中华优秀传统文化，还必须认真汲取中华优秀传统文化的思想精华和道德精髓，大力弘扬以爱国主义为核心的民族精神和以改革创新为核心的时代精神，要"深入挖掘和阐发中华优秀传统文化讲仁爱、重民本、守诚信、崇正义、尚和合、求大同的时代价值，使中华优秀传统文化成为涵养社会主义核心价值观的重要源泉"②，要"深入挖掘中华优秀传统文化蕴含的思想观念、人文精神、道德规范，结合时代要求继承创新，让中华文化展现出永久魅力和时代风采"③，只有继承和发扬中华优秀传统文化和传统美德，积极引导人们讲道德、尊道德、守道德，追求高尚的道德理想，才能不断夯实社会主义核心价值观的思想道德基础和文化基础。在积极培育和弘扬社会主义核心价值观中，还必须处理好对中华优秀传统文化的继承和创造性发展的关系，实现中华优秀传统文化的创造性转化和创新性发展，对那些具有民主性精华、与当代文化相适应和现代社会相协调的中华优秀传统文化，应继承弘扬，纳入社会主义核心价值观范畴，挖掘其时代价值，赋予新的时代内涵，只有这样，才能做到古为今用、推陈出新，有鉴别地加以对待，有扬弃地予以继承，以优秀传统文化为根基，弘扬中华文化思想精华、道德精髓，努力用中华民族创造的一切精神财富来以文化人、以文育人。

2. 在积极培育和弘扬社会主义核心价值观中发挥优秀文化产品和文化作品的育人功能

新时代，面对社会思想观念和价值取向日趋活跃、主流文化和非主流文化

---

① 习近平. 在主持十八届中央政治局第十三次集体学习时的讲话［N］. 人民日报，2014-02-26.

② 习近平. 决胜全面建成小康社会 夺取新时代中国特色社会主义伟大胜利——在中国共产党第十九次全国代表大会上的报告［EB/OL］. 新华网，2017-10-18.

③ 习近平. 决胜全面建成小康社会 夺取新时代中国特色社会主义伟大胜利——在中国共产党第十九次全国代表大会上的报告［EB/OL］. 新华网，2017-10-18.

同时并存、社会思潮纷纭激荡的新形势，如何巩固马克思主义在意识形态领域的指导地位，培育和践行社会主义核心价值观，巩固全党全国各族人民团结奋斗的共同思想基础，迫切需要更好地发挥文化作用。因此习近平同志强调，"坚守我们的价值体系，坚守我们的核心价值观，必须发挥文化的作用"①，培育和弘扬社会主义核心价值观既是文化建设的重点，也是文化育人的核心内容和基本抓手。价值观是文化最深层的内核，在文化体系中居于统领和核心地位，文化作为一种教育资源，必须坚持积极健康的价值导向，在人才培养过程中实现价值塑造，引导大学生树立科学的世界观、人生观、价值观，实现"拥护党、拥护社会主义，服务祖国、服务人民"的思想教育目标。在积极培育和弘扬社会主义核心价值观中，要清楚地认识到，中国独特的文化传统、独特的历史命运、独特的基本国情，注定我们必然坚守根植于中华文化沃土又具有当代中国特色的价值观。社会主义核心价值观，是社会主义先进文化的高度凝练和集中体现，也是当代优秀文化产品和作品，尤其是优秀精神文化产品和作品最深层的精神内核，具有以文化人、以文育人的显著特点，为积极培育和弘扬社会主义核心价值观提供精神指引和价值遵循，这也是社会主义核心价值观育人功能的价值体现。

优秀文化产品和作品，尤其是优秀精神文化产品和作品，是社会主义核心价值观的生动展示、形象表达和具体阐释，以真的追求、善的传播、美的展示、爱的付出，传递着积极的人生追求、高尚的思想境界和健康的生活情趣，它们润物无声，在育人方面有着重要凝聚力和感召力，实施着无言之教，成为培育和践行社会主义核心价值观的生动载体。发挥优秀文化产品和作品育人的重要功能，就要确立正确的价值坐标，正视思想多元、多样、多变的时代特征，加强社会主义核心价值观的时代内涵和现实针对性，就要"提升文化产品的思想品格和艺术品位，用思想性、艺术性、观赏性相统一的优秀作品，弘扬真善美，贬斥假恶丑。加强对新型文化业态、文化样式的引导，让不同类型文化产品都成为弘扬社会主流价值的生动载体。加大对优秀文化产品的推广力度，开展优秀文化产品展演展映展播活动、经典作品阅读观看活动。完善文化产品评价体系，坚持文艺评论评奖的正确价值取向。完善公共文化服务体系，提供均等优

---

① 习近平. 完善和发展中国特色社会主义制度 推进国家治理体系和治理能力现代化［N］.人民日报，2014-02-18.

质的文化产品，开展多姿多彩的文化活动，丰富群众精神文化生活"①。因此，在积极培育和弘扬社会主义核心价值观中发挥优秀文化产品和文化作品的育人功能，一方面，要善于挖掘和使用那些"传播当代中国价值观念、体现中华文化建设、反映中国人审美追求，思想性、艺术性、观赏性有机统一的优秀作品"②，发挥好中华民族优秀传统文化怡情养志的育人作用；另一方面，也要将内容丰富、形式多样的文化产品和作品作为承载社会主义核心价值观的有效载体，以社会主义核心价值观为引领，弘扬真善美，贬斥假恶丑，传递正能量，以习近平新时代中国特色社会主义思想为指导，贯彻党的教育方针，培养立志为中国特色社会主义奋斗终生的德智体美劳全面发展的人才。

---

① 中共中央办公厅. 关于培育和践行社会主义核心价值观的意见 [EB/OL]. 中国共产党新闻网，2013-12-23.
② 习近平. 在文艺工作座谈会上的讲话 [N]. 人民日报，2014-10-15.

第五章

中华优秀传统文化：新时代文化育人的"传家宝"

中华优秀传统文化是几千年来中国人民创造和智慧的结晶，是中华民族在物质文明、精神文明、政治文明和社会文明进程中形成的具有永恒意义与普遍价值的思想体系、文化观念和学术方法的总结，它是中华民族的"根"和"魂"，是最深厚的文化软实力，是中华文化植根的沃土，也是中华民族在世界文化激荡中站稳脚跟的根基，新时代文化育人，必须从中华优秀传统文化中汲取营养和智慧。中华优秀传统文化延续着整个中华民族的价值取向和道德行为规范，其间蕴含着博大精深的哲学思想、人文精神、道德理念，这些宝贵的精神财富在新时代文化育人中具有强大的现实指导力，是新时代文化育人不竭的思想源泉，堪称新时代文化育人的"传家宝"。

一、中华优秀传统文化的内涵

中华优秀传统文化作为一种意识形态，是在自然环境、经济模式、政治结构等客观条件的作用下所形成的文化现象与文化沉积，包含着中华民族特定的思维方式、知识结构、价值取向、伦理规范、道德风尚、行为方式、审美情趣等，其内容博大精深，是一个复杂的文化体系，在几千年的生存和发展中，"历经先秦子学、两汉经学、魏晋玄学、隋唐佛学、儒释道合流、宋明理学等数个学术思想繁荣时期，产生了儒、释、道、墨、名、法、阴阳、农、杂、兵等各家学说"①，这是中华民族 5000 多年历史文明的基石，曾激励和鼓舞着中华民族不断创造辉煌。

（一）中华优秀传统文化的主体内容

中华优秀传统文化，内容博大精深，包罗万象，涵盖伦理道德、生活方式、

---

① 习近平. 在庆祝中国共产党成立 95 周年大会上的讲话［N］. 人民日报，2016-07-02.

风俗习惯、宗教信仰、文学艺术、教育科技、价值观念等多方面。

1. 中华优秀传统文化的谱系

中华优秀传统文化博大精深，千头万绪，但在内容上，可以从文化知识、道德价值、民族精神等三个层面加以理解和把握，这三个层面也构成中华优秀传统文化的谱系。

一是文化知识层面。中华优秀传统文化具有相对完整的知识体系和比较系统的学术思想，它以经、史、子、集四部为主干，如经部的"四书""五经"等、史部的《史记》《汉书》等、子部的《墨子》《孙子兵法》等、集部的唐诗宋词等，其中蕴含自然科学、社会科学等各门学科的相关知识，涉及哲学、史学、文学、戏剧、书画、音乐、兵家、农家、医家、法家、杂家、星象、数术等等，具体内容大致涉及以儒家、道家、佛教为主体的学术思想和传统文化技艺。从社会上层精英文化到民间习俗文化，都包含其中，包括诸子百家以及他们之间相互渗透交融而产生的文化体系、民俗、节日等，以及表现形式丰富多样的诗词、文学、哲学、医学、工艺、书画、音乐、武术、服饰、饮食、曲艺、棋类、建筑等等，如堪称春秋战国时期的"百科全书"的《诗经》，孔子评价说："《诗》三百，一言以蔽之，思无邪"（《论语·为政》），传统蒙学教材《三字经》具有广博的知识内涵，内容涉及中国古代社会的伦理、文化、历史、天文、地理、人物等常识，应有尽有。

二是道德价值层面。道德价值是中华优秀传统文化的重要组成部分，更是中华优秀传统文化基本精神和整体理念的内核所在，中华优秀传统文化很大程度上讲，就是伦理文化或道德文化。中华优秀传统文化历经千年大浪淘沙，沉淀了丰富的道德观念、人文精神、生存智慧与治国方略，如，公而忘私、心忧天下的爱国精神，见利思义、以义制利的道义观念，威武不屈、杀身成仁、舍生取义的民族气节，自强不息、刚健有为的进取态度，克己复礼、三省其身的人生态度，严于律己、宽以待人的为人之道，厚德载物、民胞物与的包容气度，和而不同、执用两中的中和之道，仁者爱人、博施济众的仁爱胸怀，己立立人、己达达人的淑世情怀，鞠躬尽瘁、死而后已的勤勉风格，自我反省、止于至善的道德追求，尊老爱幼、诚实守信的公德意识，民为邦本、民贵君轻的民本思想，天下为公、天下大同的社会理想，天人合一、天物一体的生态理念，为往世继绝学、为万世开太平的道德责任，等等。这些思想的精华对中国人道德意识的培养、道德行为的塑造和德性生活的养成都有着重要的价值。

　　三是民族精神层面。"中华优秀传统文化"这一概念本身就蕴含着中华民族以爱国主义为核心的伟大创造精神、伟大奋斗精神、伟大团结精神和伟大梦想精神。民族精神反映了一个民族的心理特征、文化传统、精神风貌，它从精神气质上把一个民族与另一个民族区别开来。中华优秀传统文化从其产生之始，就不仅仅是一个学问或者学术概念，它更多的是内含着振奋民族精神与弘扬中国文化的理性与人文传统，不断提升中华民族自主精神和文化自信力。习近平总书记指出："中华文化源远流长，积淀着中华民族最深沉的精神追求，代表着中华民族独特的精神标识，为中华民族生生不息提供了丰厚滋养。博大精深的中华优秀传统文化是我们在世界文化激荡中站稳脚跟的根基。在五千多年的发展中，中华民族形成了以爱国主义为核心的团结统一、爱好和平、勤劳勇敢、自强不息的伟大民族精神"①，这是我们民族精神中最宝贵、最优秀的东西，既是中华优秀传统文化的价值主题，也是其精神要义。中华优秀传统文化塑造了中华民族自强不息、厚德载物的"最深沉"的精神追求，赋予中华民族生生不息的生命力。

　　2. 中华优秀传统文化的内核

　　中华民族在长期实践中培育和形成了独特的思想理念和道德规范，有"崇仁爱、重民本、守诚信、讲辩证、尚和合、求大同等思想，有自强不息、敬业乐群、扶正扬善、扶危济困、见义勇为、孝老爱亲等传统美德"②。中华优秀传统文化中很多思想理念、传统美德、人文精神都具有强大的育人功能。

　　中华民族在长期的"修身—齐家—治国—平天下"、立志建功立业的过程中培育和形成了以讲仁爱、重民本、守诚信、崇正义、尚和合、求大同为主要内容的核心思想理念和一系列富有哲理和人生启迪的核心观念，如"革故鼎新、与时俱进"的创新思想，"脚踏实地、实事求是"的务实思想，"惠民利民、安民富民"的民本思想，"道法自然、天人合一"的生态思想等。这些思想理念展现了中华民族和中国人民对待人生和对待事物的态度，是具有中国传统文化特色的世界观、人生观、价值观。在新时代文化建设和文化育人中，可以将中华优秀传统文化中这种世界观、人生观、价值观和讲仁爱、重民本、守诚信、崇正义、尚和合、求大同等核心思想理念融入其中。

---

①　习近平. 习近平谈文化自信［N］. 人民日报（海外版），2016-07-13.
②　习近平. 在文艺工作座谈会上的讲话［N］. 人民日报，2014-10-15.

习近平总书记曾指出："道德之于个人、之于社会，都具有基础性意义，做人做事第一位的是崇德修身。这就是我们的用人标准为什么是德才兼备、以德为先，因为德是首要、是方向，一个人只有明大德、守公德、严私德，其才方能用得其所"①，中华优秀传统文化蕴含着以自强不息、敬业乐群、扶危济困、见义勇为、孝老爱亲为主要内容的中华传统美德和丰富的道德理念和规范，如"天下兴亡、匹夫有责"的担当意识，"精忠报国、振兴中华"的爱国情怀，"崇德向善、见贤思齐"的社会风尚，"孝悌忠信、礼义廉耻"的荣辱观念，这些道德理念和规范，体现着中华民族的价值追求和道德准则，潜移默化地影响着中国人的人生实践。在文化育人中，可以将这些道德理念、规范以及以自强不息、敬业乐群、扶危济困、见义勇为、孝老爱亲等为主要内容的传统美德融入其中，充分发挥中华传统美德的育人功能和作用。

中华优秀传统文化是中国人民思想观念、风俗习惯、生活方式、情感样式的集中表达，它历经千年，沉淀了厚重的精神财富和思想资源，如"求同存异、和而不同"的处世方法，"文以载道、以文化人"的教化思想，"形神兼备、情景交融"的美学追求，"俭约自守、中和泰和"的生活理念等，体现了中华民族深厚的人文精神。高校是富有人文精神、视野开阔、追求创新精神的场所，文化传承、文化创新、文化引领是高校的中心任务，高校在文化育人过程中，可以将有利于促进社会和谐、鼓励人们向上向善的思想文化内容融入其中，发挥其对中华人文精神的引领作用。

（二）中华优秀传统文化在民族文化中的地位

中华优秀传统文化是中华民族文化的命脉。马克思说："人们自己创造自己的历史，但是他们并不是随心所欲地创造，并不是在他们自己选定的条件下创造，而是在直接碰到的、既定的、从过去承继下来的条件下创造"②，中华民族的文化也是从中国传统文化中承继、发展而来的。在论及中华优秀传统文化在民族文化中的地位时，习近平将中华优秀传统文化升华为"中华民族的基因""民族文化血脉"和"中华民族的精神命脉"，使其成为中华民族文化的源头和"根脉"，为世界上所有华人提供了"文化家园"，使之找到了自己的"基因"

---

① 中央文献研究室. 十八大以来重要文献选编（中）[Z]. 北京：中央文献出版社，2016：7.

② 马克思恩格斯选集（第一卷）[M]. 北京：人民出版社，1995：585.

所在，有力增强了民族自信心、民族自豪感和民族凝聚力。

1. 中华优秀传统文化是"中华民族的基因"

习近平总书记指出，"一个民族最深沉的精神追求，一定要在其薪火相传的民族精神和民族文化中来进行基因测序"①。在纪念孔子诞辰 2565 周年大会开幕式上，他指出，"中国传统思想文化记载了中华民族自古以来在建设家园的奋斗中开展的精神活动、进行的理性思维、创造的文化成果，反映了中华民族的精神追求，体现着中华民族世世代代在生产生活中形成和传承的世界观、人生观、价值观、审美观等，是中华民族生生不息、发展壮大的重要滋养，其中最核心的内容已经成为中华民族最基本的文化基因"②。个体的人有自己独有的基因，一个家族有自己家族的基因，一个民族有本民族的基因。习近平认为"中华优秀传统文化已经成为中华民族的基因"。他不止一次援引"基因"这一现代自然科学概念，生动形象地说明中华文化是中华民族最为独特的精神标识，已经融入中华儿女的血液和肌体之中。2014 年 9 月 9 日，第三十个教师节前夕，习近平到北京师范大学看望师生代表时说："我很不赞成把古代经典诗词和散文从课本中去掉，'去中国化'是很悲哀的。应该把这些经典嵌在学生脑子里，成为中华民族文化的基因"。2014 年 9 月 11 日，在出访途中，习近平在与记者交谈时又说："古诗文经典已融入中华民族的血脉，成了我们的基因。我们现在一说话就蹦出来的那些东西，都是小时候记下的。语文课应该学古诗文经典，把中华民族优秀传统文化不断传承下去。"他认为，这些最基本的文化基因，是中华民族和中国人民在修齐治平、尊时守位、知常达变、开物成务、建功立业过程中逐渐形成的有别于其他民族的独特标识，不仅对中国发展产生了深刻影响，而且对人类文明进步也作出了重大贡献。

2. 中华优秀传统文化是"民族文化的血脉"

中华民族发展过程中，从"四书五经"到二十四史，从诸子百家到唐诗宋词，从"盘古开天地""女娲造人"到"神农尝百草""仓颉造字"，从精卫填海、炼石补天、后羿射日到嫦娥奔月、愚公移山、天人合一，等等，都属于中华文化的范畴。在世界四大古代文明中，唯有中华民族一直延续并不断创造着五千多年有文字记载的连绵不断的文明历史，一直延续并不断创造着博大精深

---

① 习近平谈治国理政 [M]. 北京：外文出版社，2014：265.

② 习近平. 在纪念孔子诞辰 2565 周年国际学术研讨会暨国际儒学联合会第五届会员大会开幕会上的讲话 [EB/OL]. 新华网，2014-09-24.

的中华文化，为人类文明与进步作出了不可磨灭的贡献。而且，中华文化把 56 个民族、14 亿多人紧密团结在一起，紧紧凝聚在一起，共存共荣，共同发展。中华文化凝聚着中华民族共同经历的奋斗历程，蕴含着中华民族共同培育的民族精神，贯穿着中华民族共同坚守的理想信念，是中华民族共同创造的精神家园。中华民族能够在历经磨难中一直屹立于世界的东方，具有强大凝聚力、继承性和包容性的中华优秀传统文化功不可没。习近平强调，不忘历史才能开辟未来，善于继承才能善于创新。只有坚持从历史走向未来，从延续民族文化血脉中开拓前进，我们才能做好今天的事业。中华优秀传统文化的"民族文化血脉"作用，不仅在中华民族的形成、发展中发挥着重要作用，而且在今天增强民族凝聚力、实现中华民族伟大复兴的中国梦中必将发挥更大作用。

3. 中华优秀传统文化是"中华民族的精神命脉"

中华优秀传统文化是中华民族在长期生产生活实践中所产生和形成的优秀传统文化，为中华民族的生息、发展、延续和壮大提供了丰厚的精神滋养，是中华民族得以维系的精神纽带。2014 年 9 月 24 日，习近平总书记在出席纪念孔子诞辰 2565 周年大会开幕式上指出，"优秀传统文化是一个国家、一个民族传承和发展的根本，如果丢掉了，就割断了精神命脉"，在此，他把中华优秀传统文化比作中华民族的精神命脉，也是"中华民族永远不能离别的精神家园"。中华文化既坚守本根又不断与时俱进，使中华民族保持了坚定的民族自信和强大的修复能力，培育了共同的情感和价值、共同的理想和精神。2014 年，习近平总书记在主持中共中央政治局第十三次集体学习时强调："中华文化源远流长，积淀着中华民族最深层的精神追求，代表着中华民族独特的精神标识，为中华民族生生不息、发展壮大提供了丰厚滋养"①，中国人之所以为中国人，正是因为独特的中华优秀传统文化，它给每个中国人打上了精神烙印，成为每个中国人的精神基因。"中华文明源远流长，孕育了中华民族的宝贵精神品格，培育了中国人民的崇高价值追求。自强不息、厚德载物的思想，支撑着中华民族生生不息、薪火相传。"② 正是有了这种"最深沉"的精神追求和"精神命脉"的传承与延续，在中华民族的历史上，才有了那些可歌可泣的维护民族利益的悲壮

---

① 习近平. 把培育和弘扬社会主义核心价值观作为凝魂聚气强基固本的基础工程 [N]. 人民日报，2014-02-26.

② 习近平. 把培育和弘扬社会主义核心价值观作为凝魂聚气强基固本的基础工程 [N]. 人民日报，2014-02-26.

故事。中华民族"独特的精神标识"主要从它独特的、独有的思想观念和精神气质中得到表达，即从其中所蕴含的丰富的哲学思想、人文精神、教化思想、道德理念等思想观念中表达。

二、中华优秀传统文化中的育人思想

中华优秀传统文化历经五千年的发展历程，形成了儒家、道教、佛教等主流文化流派，其中蕴含丰富的文化育人思想，尤其是传统儒家文化和传统道家文化中育人思想尤为丰富。

（一）传统儒家文化中的育人思想

传统儒家文化内容丰富，包含天人合一的宇宙观、贬恶扬善的人性论、存理灭欲的理欲观、知行合一的认识论等哲学思想，包含为政以德、博施济众、重礼尚乐、见利思义、举贤任能、以民为本等政治思想，包含"尚中贵和"的和合精神、"仁者爱人"的友爱精神、"厚德载物"的包容精神、"诚实守信"的诚信精神等道德精神，包含有教无类、学思并重、因材施教等教育思想。这些都是传统儒家文化育人的宝贵思想资源。

1. 德政文化育人

在传统儒家看来，建立良好社会秩序、实现良好政治治理，关键因素就是道德伦理的运用，儒家学者希望通过道德教化来达到治理国家的目的，孔子说："为政以德，譬如北辰，居其所而众星拱之。"（《论语·为政》）在当时一些诸侯统治者采用严刑峻法来治理国家，以防止臣民犯上作乱，对此，孔子明确表示异议："道之以政，齐之以刑，民免而无耻；道之以德，齐之以礼，有耻且格。"（《论语·为政》）对待民众单纯用行政命令引导，用刑罚治理，只能形成民众表面上遵从的局面，他们内心里没有以犯法为羞耻。所以，必须用道德来引导，用礼制进行治理，民众就会从心底里形成羞耻感而自觉地遵守秩序。这就是儒家所推崇的典型德政思想育人的主张。

先秦儒家德政思想的基本观点是：把国家统治、社会管理理解为"修己"和"安人"两大原则，即它首先要求国家统治者和社会管理者，进行自我修养，陶冶性情，成为仁德贤明的君主或清正廉洁的行政管理官吏，一旦执政者自身培育了良好道德素养并立为群众的示范，就可以实现对全体民众的教育引导，树立真正的权威，所谓"君子之德风，小人之德草"（《论语·颜渊》）讲的就是为政者的道德表率作用；然后他们再用已修之身去管理国家、社会和人民，进行社会教化，使整个社会和全体人民都能够生活在以"德"治国的盛世中，实现"齐家、治国、平天下"的政治目的。所谓"齐家、治国、平天下"，表明小到家庭治理，大到社区管理、国家统治、社会教化等方面，只是管理程度和范围的数量差别，而没有本质的不同。国家统治不过是家庭管理方式的放大，国家统治者相当于一国的大家长，他维护统治、管理政事的方式就像一家之长一样，视臣民如子女，恩威并重。正如在家庭管理中家长的权威是建立在道德基础之上一样，家长凭借其道德威望去指挥和影响家庭成员。国家统治者也应当首先修身养性，树立道德权威，推行德治仁政，以德治国，以德教化，才能影响感化臣民百姓，营造和谐稳定的统治秩序。在传统儒家看来，只有实行以德治国，才能建立一个"消除残暴，善人为邦，四海之内皆兄弟"（《论语·子路》）的德治社会，也才能建立和谐稳定的社会秩序，从而实现天下太平。

2. 礼乐文化育人

传统儒家主张统治者应大力进行社会教化，而其基本的社会教化手段和措施就是"礼"和"乐"的教育熏陶。首先，要"重礼"，即进行礼仪规范教育。孔子认为统治者应"为国家以礼"，即大力进行以"礼"为中心内容的社会全面教育，"上好礼而民易使也"（《论语·子路》），孔子要求人们严格依礼而行，做到"非礼勿视，非礼勿听，非礼勿言，非礼勿动"（《论语·颜渊》），反之，一个人不以礼而行，也就没有"仁"。孔子说："恭而无礼则劳，慎而无礼则葸，勇而无礼则乱，直而无理则绞"（《论语·泰伯》）。可见，孔子所主张的"礼"与"仁"是一致的，它们是表里关系。其次，与"重礼"相对应，孔子也"尚乐"，认为习乐可以陶冶人的性情，提升人的道德。他对"韶""武""雅""颂"等乐舞的评价非常高，尤其对于"韶"乐，他认为已经达到尽善尽美，可以使人进入高尚境界。孔子向往的理想社会是礼乐兴盛、文化繁荣的社会，因而特别要求统治者以礼乐治国，"兴于《诗》，立于礼，成于乐"（《论语·泰伯》），可以使人民普遍养成"尚礼习乐"的社会风气。否则，"君子三年不为礼，礼必坏；三年不为乐，乐必崩"（《论语·阳货》），那就不是德治仁政的理想社会了。

3. 信义文化育人

"信"既是个人提高道德境界、安身立命的基本前提和基础，也是与人交往的道德准则。孔子认为："人而无信，不知其可也"（《论语·为政》），"信"是做人的基本品格，"主忠信，徙义，崇德也"（《论语·卫灵公》），"主忠信，行笃敬"（《论语·卫灵公》）。君子与人交往，不仅把"信"作为重要准则，"与朋友交，言而有信"（《论语·学而》），而且常常以此来严格要求自己、反省自己："吾日三省吾身：为人谋而不忠乎？与朋友交而不信乎？传不习乎？"（《论语·学而》）儒家把与人交往是否做到诚实守信作为每天躬身自省的一项重要内容，这足见其对诚信道德的重视。只要加强个人道德修养，做事符合礼节和道义，说话谦逊，诚实守信，就符合君子的德性要求。"义"是指社会公利及个人合乎道德的行为标准，是行为高尚的人内心的道德律令和价值取向。儒家反复强调，人们应该时刻反思自己的行为是否合乎"义"："德之不修，学之不讲，闻义不能徙，不善不能改，是吾忧也"（《论语·述而》），"不义而富且贵，于我如浮云"（《论语·述而》），对于不合"义"的富贵，君子是不取的。传统儒家把"仁""礼""信"的道德要求和道德规范具体地深化为"义"的取舍标准，用以教化人民。

4. 和合文化育人

和合文化是传统儒家文化中的核心内容，其中蕴涵着天人合一的宇宙观、协和万邦的国际观、和而不同的社会观、人心和善的道德观。"和而不同""周而不比""人不知而不愠"，讲的都是和合精神。儒家所讲的"和"是和睦、和谐、和平、和蔼、和气、谦和、随和，是互相承认差异、个性的事物在矛盾中共存共生，与人和睦相处，不结党营私。孔子说："君子矜而不争，群而不党"（《论语·卫灵公》），"君子无所争，必也射乎！揖让而升，下而饮，其争也君子"（《论语·八佾》），君子一般是不与人争的，即使射箭时的"争"也是以"礼"相约的"争"。儒家的和合表现在律己宽人、成人之美："君子求诸己""躬自厚而薄责于人，则远怨矣"（《论语·卫灵公》），"君子成人之美，不成人之恶"（《论语·颜渊》），"君子尊贤而容众，嘉善而矜不能"（《论语·子张》），这种"和"是对他人的宽容、尊重、成全，因而在外貌上呈现出"切切偲偲，怡怡如也"（《论语·子路》）的人格气象和精神面貌。儒家的和合文化不是不讲原则、不分是非地和稀泥，而是爱憎分明。《阳货》中有："子贡曰：君子亦有恶乎？子曰：'有恶：恶称人之恶者，恶居下流而讪上者，恶勇而无礼者，恶果敢而窒者'。"在5000多年的文明发展中，中华民族一直追求并传承着和平、和睦、和谐的坚定理念。以和为贵，与人为善，己所不欲、勿施于人等理念在中国代代相传，深深植根于中国人的精神中，深深体现在中国人的行为上。这种和合文化对于提升个人素养和培育和睦、和平、和为贵等价值取向，培育不偏不倚、立场坚定的君子风度和德性修养，有着重要的育人价值。

（二）传统道家文化中的育人思想

道家文化属于中华本土诞生并发扬光大的典型文化之一，在其绵延不绝的发展历程中，既创造了数量庞大的文化典籍，也形成了独树一帜的生活方式，还产生了声名远播的本土宗教——道教。道家文化内容涉及以"道"为本原的宇宙观、对立统一的辩证法、无为而治的政治观、道德观、返璞归真的养生论等。传统道家文化也是育人的重要资源。

1. 道家深邃的哲理思想培育人的辩证思维

以老子、庄子为代表的道家认为自然界和人类社会是变动不居的，变动不居的原因是天地万物都存在两个互相矛盾的对立面，并且两个矛盾的对立面之间是可以互相转化的。他们揭示出一系列的矛盾概念，如：有无、难易、长短、高下、音声、前后、美丑、祸福、刚柔、强弱、损益、兴衰、大小、轻重、智愚、巧拙、生死、胜败、进退、攻守等。他们认为，这些矛盾的任何一方面都不能孤立地存在，而是互相依存，互为前提。老子说："有无相生，难易相成，长短相形，高下相倾，音声相和，前后相随。"（《道德经·第二章》）老子还深刻地揭示了对立面的互相转化。他说："正复为奇，善复为妖。"（《道德经·第五十八章》）"曲则全，枉则直；洼则盈，敝则新；少则得，多则惑。"（《道德经·第二十二章》）老子认为正常能转化为反常，善良能转化为妖孽，委曲反能保全，屈枉反能伸直，低下反能充满，少取反能多得。中国传统思维中通常所说的"物极必反"，就是对"反者道之动"的通俗表达。这些富有哲理的思想在新时代文化育人中，对于培养人们的辩证思维意识和辩证思维能力，以发展、全面的眼光看待人、事、物，具有重要意义。

2. 道家崇尚自然的人生观培育人的良好心态

道家崇尚自然的人生观具体表现为"处柔守弱""少私寡欲""清静无为""顺应自然""贵柔守静""治大国若烹小鲜"等主张，老子虽然讲对立面互相依存、互相转化，但不讲对立面互相斗争。他反复强调："天下之至柔，驰骋天下之至坚"（《道德经·第四十三章》），"圣人之道，为而不争"（《道德经·第八十一章》）"以其不争，故天下莫能与之争"（《道德经·第二十二章》）。也就是说，他揭示对立面的互相转化主要是为了说明静可以转化为动，柔可以转化为刚，弱可以转化为强。因此，老子主张柔弱胜刚强，并提出了以静制动，以弱胜强，以柔克刚等处世原则。老子主张："我有三宝，持而保之：一曰慈；

二曰俭；三曰不敢为天下先。慈故能勇。俭故能广。不敢为天下先，故能成器长。"① 从中可见，道家所主张的"慈""俭""不敢为天下先"这"三宝"就是让人们慈悲为怀、用度节俭、达观大度、不与人争、懂得放弃，这些思想对于培育人的良好心态，克服媚俗、浮躁、功利、浅薄的心态具有借鉴价值。

3. 道家养生保身的生活路径康健人的身心

也许正因为对自然的亲近，道家文化自始即重视对人的自然生命的养护与延续。《庄子》文中有言："为善无近名，为恶无近刑。缘督以为经，可以保身，可以全生，可以养亲，可以尽年。"②"保身""全生""养亲""尽年"，正是道家养生文化的要义所在。具体来看，道家养生文化从饮食、锻炼、医药几个方面直接深入到了中国人的生活方式之中。在饮食上，道家青睐素食，调味尚清淡，主张多吃天然的时令蔬菜瓜果；排斥荤腥及刺激性食物，忌饮酒，忌暴饮暴食。在身体锻炼方面，道家很早就有打坐静养的做法，后世据此开发出中国特有的气功健身方法。享誉世界的太极拳从指导思想到招式凝练，无不与道家文化关联密切。在医药方面，道家文化同样贡献甚伟。先秦名医扁鹊、华佗都有道家倾向，后世名医则更甚。东晋葛洪乃道教一代宗师，既是炼丹专家，也是医学泰斗，由他撰写的《金匮药方》《肘后备急方》等医药著作，有大量疾病防治、药物性能鉴别、养生保健的宝贵财富，2015 年获得诺贝尔医学奖的屠呦呦教授正是在葛洪著作启发下取得的青蒿素发明成果。此外，葛洪对于天花、结核病、恙虫病、急性黄疸肝炎的记录和认识，都属世界领先。南朝名道陶弘景著有《本草集注》，在中药学方面居功至伟。唐代名道孙思邈有"药王"之称，他在中医方剂学、本草学、各科疾病防治以及整理《伤寒论》等方面均成就斐然，其著作《千金要方》《千金翼方》都是中医史上的权威之作。明代写出世界医药经典《本草纲目》的李时珍同样是道家中人。可见，从身体生命到精神心灵，道家文化对中国人的培育是全方位的。

三、中华优秀传统文化的育人功能

中华优秀传统文化中的爱国主义精神、民族精神、大公无私精神、诚信精神、自强不息精神、宽容仁爱精神、敬业乐群精神、勤劳俭朴精神等，都孕育

① 任继愈. 老子绎读 [M]. 北京：北京图书馆出版社，2006：149—150.
② 陈鼓应.《庄子》今注今译 [M]. 北京：商务印书馆，2007：113.

着强大的育人功能。习近平总书记多次指出：要"努力用中华民族创造的一切精神财富来以文化人、以文育人"①，中华优秀传统文化所强调的"天下兴亡，匹夫有责"所体现出来的爱国情怀，"天行健，君子以自强不息"所体现出来的进取精神，"民为邦本，本固邦宁"所体现出来的民本思想，"言必信，行必果"所体现出来的诚信意识，"道法自然""天人合一"所体现出来的生态理念，"与人为善""推己及人"所体现出来的人际交往法则，"亲仁善邻""协和万邦"所体现出来的国际交往准则等，都深刻蕴含了"讲仁爱、重民本、守诚信、崇正义、尚和合、求大同"的思想。这些思想都是中华文明传承和发展的优秀精神及基因，都"坚持经世致用原则，注重发挥文以化人的教化功能，把对个人、社会的教化同对国家的治理结合起来"②，是文化育人的宝贵文化资源。

（一）涵养人格气质

中华民族在长期发展中形成了独具特色的精神气质，张岱年将其概括为"天人合一、以人为本、刚健自强、以和为贵"③，这一思想体系对于培育道德精神，涵养人格气质，构建内在精神家园，提供了文化依据。

1. 涵养爱国主义情怀

中华优秀传统文化强调个体与群体、个体与社会之间的统一性，主张个体生命的存在与发展，必须同群体、同整个社会的存在与发展统一起来，这种整体主义意识，本质上是先公后私、天下为公的精神。这种"天下为公"的整体意识孕育了中华民族的爱国传统，从苏武牧羊到岳飞抗金等爱国抗敌的故事都是爱国主义精神的表达。很多文学作品当中也体现出古人的爱国主义思想，如贾谊《治国策》中主张的"国而忘家，公而忘私"，《诗经》中的"夙夜在公"，屈原的"路漫漫其修远兮，吾将上下而求索"，范仲淹的"先天下之忧而忧，后天下之乐而乐"，陆游的"位卑未敢忘忧国"，以及文天祥的"人生自古谁无死，留取丹心照汗青"，林则徐的"苟利国家生死以，岂因祸福避趋之"，顾炎武的"天下兴亡，匹夫有责"等，都显示了以民族、国家利益为重的思想，表达出了浓厚的爱国主义情怀。爱国主义思想经过长期的发展已经成为一项优秀

①　习近平. 把培育和弘扬社会主义核心价值观作为凝魂聚气强基固本的基础工程［N］. 人民日报，2014-02-26.
②　习近平. 在哲学社会科学工作座谈会上的讲话［N］. 人民日报，2016-05-19.
③　张岱年. 中国文化的基本精神［J］. 齐鲁学刊，2003（5）.

的文化传统，已经成为中华民族不断发展的精神支柱，成为中华优秀传统文化的重要组成部分，对于培育人们对社会、对民族、对国家的义务感和奉献精神，涵养爱国主义情怀，自觉报效祖国、献身国家，具有重要的作用。

2. 涵养自强不息精神

《易经》中的"天行健，君子以自强不息；地势坤，君子以厚德载物"思想是对中华优秀传统文化中刚健有为、自强不息精神的集中概括和生动写照，在历史上，它对中华民族的生生不息和持续发展发挥了重要作用。中华优秀传统文化中蕴含着很多鼓励人们自强不息的思想，孔子的"发愤忘食，乐以忘忧，不知老之将至"（《论语·述而》），"三军可夺帅也，匹夫不可夺志也"（《论语·子罕》）等思想，孟子的"天将降大任于斯人也，必先苦其心志，劳其筋骨，饿其体肤，空乏其身，行拂乱其所为"（《孟子·告子下》）的思想以及"富贵不能淫，贫贱不能移，威武不能屈"（《孟子·滕文公下》）的坚贞刚毅品质和大丈夫精神，老子的"知人者智，自知者明，胜人者有力，自胜者强"（《道德经·第三十三章》），"自胜者强，强行者有志，不失其所者久"（《道德经·第三十三章》）的思想，等等，以及"女娲补天""精卫填海""愚公移山""羿射九日"等神话故事，都蕴含着丰富的积极进取、自强不息的精神，这种精神一直支撑着中华民族的不断发展与前进，是中华民族的力量之源，它激励着世世代代中华儿女面对自然、面对困难，百折不挠、锲而不舍、不畏艰险、勇往直前、拼搏进取、不懈努力。对国家民族而言，这种自强不息精神表现在重视社会整体利益和民族利益，重视他人价值；对个体而言，这种自强不息精神，表现在历经挫折而不气馁，屡遭坎坷而不放弃，顽强拼搏，努力进取，达到无私无畏的精神境界。中华优秀传统文化中这种自强不息的道德精神，对于新时代涵养人们的精神操守与意志力量，具有重要作用与意义。

3. 涵养诚信品格

诚信既是中华民族的传统美德，也是一种高尚的人格力量。诚与信是一个完整的统一体，不诚则不可信，信必见其诚，所以汉代王通说："推之以诚，则不言而信"，宋明理学家程颢也说"诚则信矣，信则诚矣"，这些都体现了中华优秀传统文化倡导诚信的思想。中华优秀传统文化认为，诚信既是个人提高道德境界，安身立命的基本前提和基础，也是人与人之间友好相处，建立良好人际关系的基本准则和良好品格。孔子提出："人而无信，不知其可也。大车无𫐐，小车无𫐐，其何以行之哉？"（《论语·为政》）认为一个人不讲诚信是不可以的，车没有辄、轫，无法行驶，人没有诚信，便无法立足，诚信是做人的基本道德精神，强调"主忠信，徙义，崇德也"（《论语·颜渊》），"言必信，行必果"（《论语·子路》），"与朋友交，言而有信"（《论语·学而》），只要加强个人道德修养，做事符合礼节和道义，说话谦逊，诚实守信，就可以达到君子型理想人格。中华优秀传统文化的诚信观是诚信理念、诚信修养和诚信行为的统一。中华优秀传统文化中的诚信思想在当代公民诚信道德观和价值观的培育中，对于受教育者思想的塑造都具有不可忽视的现实价值。中华优秀传统文化中的诚信道德精神，也成为加强诚信道德修养，涵养诚信品格和诚信道德教育中不可缺少的重要内容。

4. 涵养君子人格

中华优秀传统文化崇尚君子型人格："君子坦荡荡，小人长戚戚"（《论语·述而》），"君子喻于义，小人喻于利"（《论语·里仁》），"君子怀德，小人怀土；君子怀刑，小人怀惠"（《论语·里仁》），"君子周而不比，小人比而不周"（《论语·为政》），"君子泰而不骄，小人骄而不泰"（《论语·子路》）等等，通过将君子的品格与小人的品格进行对比，阐述君子的高尚的人格境界，君子的人格特质表现为坦荡、朴实、和谐等。其一，君子"坦荡荡"，由于君子"怀德"，"怀刑"，"矜而不争，群而不党"（《论语·卫灵公》），故呈现出坦坦荡荡的精神特质，"司马牛问君子。子问：'君子不忧不惧。'曰：'不忧不惧，斯谓之君子已乎？'子曰：'内省不疚，夫何忧何惧？'"（《论语·颜渊》）因为"内省不疚"，因此"不忧不惧"，所以说"君子坦荡荡，小人长戚戚"（《论语·述而》），君子做事光明磊落，坦坦荡荡。当然，君子的"不忧不惧"并非指君子内心无所畏惧，君子也有忧愁，君子之忧是"忧道不忧贫"（《论语·卫灵公》），君子担心的是自己的无能，"君子病无能焉，不病人之不己知也"（《论语·卫灵公》）。《论语·季氏》中说："君子有三畏：畏天命，畏大人，畏圣人之言。"天命是万事万物均需遵循的自然规律，大人与圣人之言属于现实世界，大人的威严在于权力，圣人的威严在于道德，是善的化身。因此，真正的君子是心存敬畏的：敬畏上天的意志（自然规律），敬畏德高的王公大人，敬畏圣人的言论。其二，君子"文质彬彬"，这是君子质朴的人格品质。《论语·先进》中说："先进于礼乐，野人也。后进于礼乐，君子也。如用之，则吾从先进。""文质彬彬"的君子是中华优秀传统文化推崇的具有高尚品格的人。《论语·颜渊》中记录了棘子成和子贡的一段对话："君子质而已矣，何以文为?"子贡曰:"惜乎,夫子之说君子也!驷不及舌。文犹质也,质犹文也。虎豹之鞟犹犬羊之鞟",君子的形象不是高高在上、让人望而生畏的,而是由于保持朴实敦厚的初心,而让人天然地有一种可亲可近的精神气质。君子的这种人格气质不是天生的,而是就是后天加强自身修养的结果。

(二)振奋民族精神

中华优秀传统文化是民族振奋的精神动力。中华民族精神,既体现在中国人民的奋斗历程和奋斗业绩中,体现在中国人民的精神生活和精神世界中,更反映在几千年来中华民族产生的优秀传统文化中。作为中华民族重要精神支柱的中华优秀传统文化,孕育、形成了中华民族的民族精神、民族心理、民族文化和民族传统。

1. 中华优秀传统文化中蕴含着中华民族的民族精神

中华民族历经数千年的发展,在历史的长河中,形成了自己的民族精神。民族精神是民族的精神支柱和灵魂,它对于塑造民族的品格和风貌,对于民族凝聚力、向心力的增强,可谓举足轻重,而蕴含于中华优秀传统文化中的中华民族精神就是在中国传统文化基础之上产生的民族意识和民族感情。中华民族历经数千年的发展,在历史的长河中,形成了自己的民族精神,这种民族精神集中体现为:天下为公,忧国忧民的爱国精神;威武不屈、杀身成仁、舍生取义的民族气节;刚健有为、自强不息的进取精神;厚德载物、民胞物与、和而不同的宽容精神;穷则思变、变法图治的创新精神;鞠躬尽瘁、死而后已的勤勉精神;勤俭节约、艰苦奋斗的创业精神;崇德重义、修身为本的重德精神,以及"究天人之际"的探索精神、"经世济民"的责任精神、"和而不同"的和合精神,等等,都是培育人文精神和科学精神的宝贵财富。

中华民族之所以能够不断地保持着一个伟大民族所固有的生机和活力,正是得益于她所特有的民族气质、民族品德和民族精神。英国思想家塞缪尔·斯密尔斯说过:"哪一个民族如果失去了品格的支撑,就可以认为它是下一个要灭亡的民族。哪一个民族如果不再崇尚和奉行忠诚、诚实、正直和公正的美德,它就失去了生存的理由。一旦一个国家的人民如此热衷于对财富的追求、对感官快乐的追求和如此热衷于宗派活动,以至于荣誉、秩序、忠诚美德和服从都成了过去的东西,那么,在这种堕落的社会风气中,就只有等到那些诚实的人到处摸索,并让每一个人都有了深刻的认识之后,这个民族仅存的希望还仅在于使失去的品格得以恢复,使每一个个体的品格得到升华。只有这样,这个民族才能够得到拯救。"中华优秀传统文化已经成为培育民族精神和国民气质的土壤，中国历史演进的过程，也正是中华文化不断汲取民族智慧、不断得到升华并逐渐深化文化自信的过程。"中国人民的特质、禀赋不仅铸就了绵延几千年发展至今的中华文明，而且深刻影响着当代中国发展进步，深刻影响着当代中国人的精神世界。"① 在市场经济的负效益冲击思想道德建设的今天，利用中华优秀传统文化尤其是其中的传统美德的内容进行思想道德教育，对于增强民族自尊心、自信心、自豪感都有着非常重要的育人价值。

2. 中华优秀传统文化是增强民族自尊自豪的重要精神资源

著名学者季羡林说过："中国可以成为一个经济大国，也可以成为一个科技强国，但最根本的，中国是一个文化大国，对于本民族文化的珍视是一个国家屹立千年的基石。中华古诗文经典诵读工程正在将文化的种子撒播在孩子的心里，撒播在希望的田野上，国学教育将把民族文化的种子播撒在希望的田野上，并在下一代的心里生根发芽。春华秋实，它的作用在不久的将来必会凸显，为这项工程所做的任何努力，都会使安放我们灵魂的精神家园更加美好。"② 中华优秀传统文化中"修身齐家治国平天下"，"天下兴亡，匹夫有责"的社会责任感，"国而忘家，公而忘私"，"先天下之忧而忧，后天下之乐而乐"，"位卑未敢忘忧国"，"人生自古谁无死，留取丹心照汗青"，"天下兴亡，匹夫有责"的爱国主义情操，"为天地立心，为生民立命，为往圣继绝学，为万世开太平"的远大理想信念教育，以"仁者，爱人也"，"己所不欲，勿施于人"，"己欲立而立人，己欲达而达人"，"发愤忘食，乐以忘忧"为核心的价值观，"老吾老以及人之老，幼吾幼以及人之幼"，"与朋友交，言而有信"的社会道德礼仪，"天行健，君子以自强不息；地势坤，君子以厚德载物"的自强不息、厚德载物的进取、包容精神，"礼之用，和为贵"，"天人合一"，"协和万邦"的和谐精神，等等，都是增强民族自尊的重要精神支柱。

中华优秀传统文化中所蕴含的讲仁爱、重民本、守诚信、崇正义、尚和合、求大同等核心思想理念，自强不息、敬业乐群、扶危济困、见义勇为、孝老爱亲等中华传统美德，文以载道、以文化人的教化思想，形神兼备、情景交融的美学追求，俭约自守、中和泰和的生活理念等思想精华，都是中国人引以自豪

---

① 习近平. 在北京大学师生座谈会上的讲话 [M]. 北京：人民出版社，2018：4.

② 转引自《国学启蒙》，百度网，2014-7-29.

的重要素材。中华优秀传统文化独一无二的理念、智慧、气度、神韵，也增添了中国人民和中华民族内心深处的自豪感。中华民族传统文化中蕴藏的丰富的人生哲理和行为处事的道德标准，以及高尚的爱国思想、正确的人生理念、高尚的人格追求、浓厚的人文情怀，如见利思义、以义制利的道义观念，克己复礼、三省其身的人生态度，仁者爱人、博施济众的仁爱胸怀，己立立人、己达达人的淑世情怀，自我反省、止于至善的道德追求，尊老爱幼、诚实守信的公德意识，民为邦本、民贵君轻的民本思想，天下为公、天下大同的社会理想，天人合一、天物一体的生态理念，为往圣继绝学、为万世开太平的道德责任，等等，这些最优秀、最可贵的中国传统文化是厚积人生底蕴，激发民族自豪感的重要资源。

众所周知，中华民族是世界上少有的文明古国，具有五千年以上的文明史，博大精深，源远流长，曾数度辉煌。有过秦皇汉武的文治武功，有过唐宗宋祖的盛世雄风，有过明朝郑和的七下西洋，有过大清初期的康乾盛世，有过具有人类文明里程碑意义的四大发明，还有诸子百家的学术殿堂，流派纷呈，群星灿烂，有绵延不绝的二十四史，卷帙皇皇，还有抵达西亚、北非、欧洲的陆地与海上丝绸之路……，直至17世纪，中国的经济实力一直领先于世界各国。这都是我们对中华优秀传统文化引以自豪的资本。

3. 中华优秀传统文化是增强民族文化自信的力量源泉

中华优秀传统文化是中国人民在长期实践中积累创造的精神财富，体现着中华民族的自强自立特性和自信的品格，习近平在党的十九大报告中指出，"文化是一个国家、一个民族的灵魂。文化兴国运兴，文化强民族强。没有高度的文化自信，没有文化的繁荣兴盛，就没有中华民族的伟大复兴"[1]。无论是个人的成长还是国家的发展，都直接或间接地接受中华优秀传统文化的哺育和影响。中华优秀传统文化是中华文明的不竭的源泉，是建设现代化大厦的雄厚根基，是不断攀登人类文明高峰的丰厚积淀。2014年4月1日，习近平在比利时布鲁日欧洲学院的演讲中指出："2000多年前，中国就出现了诸子百家的盛况，老子、孔子、墨子等思想家上究天文，下穷地理，广泛探讨人与人、人与社会、人与自然关系的真谛，提出了博大精深的思想体系。他们提出的很多理念，如

---

① 习近平. 决胜全面建成小康社会 夺取新时代中国特色社会主义伟大胜利——在中国共产党第十九次全国代表大会上的报告［EB/OL］. 新华网，2017-10-18.

孝悌忠信、礼义廉耻、仁者爱人、与人为善、天人合一、道法自然、自强不息等，至今仍然深深影响着中国人的生活。中国人看待世界、看待社会、看待人生，有自己独特的价值体系。"纵览中华优秀的传统文化，包含以儒家为代表的诸子百家，孔子、孟子、老子等诸多优秀思想家的涌现，还有丰富我们生活的琴棋书画、诗词歌赋，意义深远的传统节日，独具特色的中国戏剧、中国建筑及传统的民风民俗、衣冠服饰、古玩器物等。中华优秀传统文化是博大精深的，而且也是历久弥新的、常提常新的。习近平总书记在纪念毛泽东同志诞辰120周年座谈会上深情地说：我们"站立在960万平方公里的广袤土地上，吸吮着中华民族漫长奋斗积累的文化养分，拥有13亿中国人民聚合的磅礴之力，我们走自己的路，具有无比广阔的舞台，具有无比深厚的历史底蕴，具有无比强大的前进定力。中国人民应该有这个信心"。这些讲话，对于中国人民增强文化自信，具有极大的鼓舞作用。

"求木之长者，必固其根本；欲流之远者，必浚其泉源"，正如习近平所讲："中华优秀传统文化是中华民族的精神命脉，是涵养社会主义核心价值观的重要源泉，也是我们在世界文化激荡中站稳脚跟的坚实根基。增强文化自觉和文化自信，是坚定道路自信、理论自信、制度自信的题中应有之义。如果'以洋为尊''以洋为美''唯洋是从'，把作品在国外获奖作为最高追求，跟在别人后面亦步亦趋、东施效颦，热衷于'去思想化''去价值化''去历史化''去中国化''去主流化'那一套，绝对是没有前途的！"① 中华优秀传统文化所孕育的巨大文化力量，让中华民族始终保有对自身文化理想、文化价值的高度自信，葆有对自身文化生命力、创造力的高度自信。

（三）重塑社会道德体系

中华文化从文化类型上讲，属于伦理型文化，即德性文化，它本身蕴含丰富的道德内容，具有强大的育人功能。传统道德文化是在中国特色社会主义新时代中指导公民生活实践的重要依据和尺度，对于人们道德品质的锤炼，道德素养的提升，促进良好社会风气的形成，都是重要的育人资源，它有助于使现代人尊崇道德、互敬互爱、诚实守信、脚踏实地，使社会道德体系得到重塑。

1. 确立道德理想

中国传统文化很大程度上就是伦理道德文化，道德是中国传统文化中一个

---

① 习近平. 在文艺工作座谈会上的讲话［N］. 人民日报，2014-10-15.

极为重要的概念和范畴，如儒家"成圣成贤"的道德追求，"杀身成仁"的道德志向，"为民立命"的道德责任，"见利思义"的道德准则，等等，这些对于人们道德理想的确立具有重要的育人价值。儒家经典《大学》在其开篇中所确立的修身纲领就是"大学之道，在明明德，在亲民，在止于至善"，而"至善"是儒家提出的修身的道德标准。儒家道德理想的人格就是那种能够"止于至善"的"圣人"，就是那些至善至诚、名昭日月、德配天地的最圣明的人。《大学》中进一步提出达到这种"至善"境界的道德修养路径：格物—致知—诚意—正心—修身—齐家—治国—平天下，这是一个由小及大、由近及远的道德目标。中华优秀传统文化选择的是符合人格养成规律的"人文化育"的修身途径，即通过"格物—致知—诚意—正心—修身—齐家—治国—平天下"这样逐级进化的过程，在这种人格修炼的过程中，其人文知识、人文素质已内化和升华为一种人文思想和人文精神，这正是文化的教育功能所在。这种修身路径有助于个体道德理想的确立。

在中华优秀传统文化中，往往把"志于道""志于仁"作为人生的道德理想。孔子的"志士仁人，无求生以害仁，有杀身以成仁"（《论语·卫灵公》），孟子的"夫志，气之帅也"（《孟子·公孙丑上》）和荀子的"贫穷而志广"（《荀子·修身》）等观点，都把"志"看作是人生的精神基石，认为道德理想、道德志向是一个人的精神支柱和力量源泉，故孔子说："三军可夺帅也，匹夫不可夺志也"（《论语·子罕》），将"志"与"帅"对比，把"志"看成人的精神支柱，强调加强自我修养必须先确立道德志向。对于如何坚守道德志向，孔子提出"刚毅木讷，近仁"（《论语·子路》），这种坚强毅力与意志是实现最高道德"仁"所不可或缺的道德品性，孟子则主张在完善人格的道路上坚贞不屈、矢志不渝，"富贵不能淫，贫贱不能移，威武不能屈"（《孟子·滕文公下》）。要"志于道""志于仁"，必须"吾日三省吾身"（《论语·学而》），"见贤思齐焉，见不贤而内自省"（《论语·里仁》），"君子慎其独"（《中庸》），增强道德自觉和自律，锤炼道德意志。

2. 培育道德责任

中华优秀传统文化中心忧天下、居安思危的忧患意识和"为天地立心、为生民立命、为往世继绝学、为万世开太平"① 的道德情怀，充满了道德使命感

---

① ［宋］张载. 张载集. 横渠语录［M］. 北京：中华书局，1978.

和责任意识。这种忧患意识，基于对国家生存和人民生命的关怀，把国家和社会的利益放在首位，把个人命运同国家命运紧密联系起来，强调个人的社会责任感，以完成修身、齐家、治国、平天下的任务。传统文化把"德之不修，学之不讲，闻义不能徙，不善不能改，是吾忧也"（《论语·述而》），"不患人之不己知，患不知人也"（《论语·学而》），"人无远虑，必有近忧"（《论语·卫灵公》）的对人生之忧提高到关乎人事成败、国家兴亡高度的忧国、忧民："乐民之乐者，民亦乐其乐；忧民之忧者，民亦忧其忧。乐以天下，忧以天下"（《孟子·梁惠王下》），"生于忧患，而死于安乐"（《孟子·告子下》），中华优秀传统文化中这些积极入世的品格，使忧世悯民的道德情怀得以升华。孔子说："士不可以不弘毅，任重而道远。仁以为己任，不亦重乎？死而后已，不亦远乎？"（《论语·泰伯》）其中满怀对国家、对民生命运的深厚关注之情，孟子则向往"居天下广居，立天下之正位，行天下之大道"（《孟子·滕文公下》）的胸怀天下的境界。

后世，从岳飞的"精忠报国"，到顾炎武的"天下兴亡，匹夫有责"[1]，到林则徐的"苟利国家生死以，岂因祸福避趋之"[2]，无不显示了一种心忧天下的责任感和救世报国的爱国情。宋代面临外族入侵和内部政治危机的双重困扰中，其忧患意识和责任意识更为强烈，"贤者不悲其身之死，而忧其国之衰"（苏洵）、"位卑未敢忘忧国"（陆游）、"忧劳可以兴国，逸豫可以亡身"（欧阳修）等充满了对国家民族命运和民生福祉的忧虑。而范仲淹的"居庙堂之高，则忧其民，处江湖之远，则忧其君。是进亦忧，退亦忧"，"先天下之忧而忧，后天下之乐而乐"的进退穷达皆忧天下的忧患观，境界更高、视野更广。中华优秀传统文化以修身、齐家、治国、平天下为己任，主张"穷则独善其身，达则兼济天下"，宋代张载更是意识到作为知识分子肩负的重大历史责任，提出"为天地立心，为生民立命，为往圣继绝学，为万世开太平"[3]，这种宏大气象，培养了一种深沉博大的忧患意识，反映了那种任重道远、以天下为己任，于国事民生不敢须臾忘怀的责任意识。正是这种责任意识，成为中华优秀传统文化中以家国民族兴衰为己任，砥砺磨志、积极向上的精神来源，成为维护中华文明绵延接续的思想保证，也成了新时代文化育人中培育道德责任的重要资源。

---

① [清] 顾炎武. 日知录（卷十三）[M]. 兰州：甘肃民族出版社，1997.
② 周轩. 林公文稿. 赴戍登程口占示家人 [M]. 乌鲁木齐：新疆大学出版社，2008.
③ [宋] 张载. 张载集. 横渠语录 [M]. 北京：中华书局，1978.

3. 形成良好家风

中华优秀传统文化中蕴含着许多丰富的家训家教，对于良好家风的形成具有很大促进作用。家训，是中华优秀传统文化的重要组成部分，在中国历史上对个人的修身、齐家发挥着重要的作用。从中国家训的历史血脉上看，其核心是围绕着治家教子、修身做人展开的，其实质是伦理教育和人格塑造，因此家训在中国古代家庭教育中发挥了重要作用。"忠厚传家久，诗书继世长"，"积善之家，必有余庆；积不善之家，必有余殃"是中国最有代表性的经典家训，这种具有代表性意义的家训也常常以楹联或者对联的形式出现在很多家庭的门厅上。这两句话是中华优秀传统文化在家庭教育的真实写照，传统美德的修养和传统文化知识的学习是涵养家风的两个重要方面。这种家训一代一代时时刻刻都在启迪着家庭成员的心灵，规范着家庭成员的行为，根植在每个家庭成员的精神深处。也正是这种潜移默化的家庭教育才使得家族繁衍、家道久远。中国历史上著名的大家族都有家风家训传承的习俗。

家庭是社会的最小单位，家庭教育是中华优秀传统文化得以代代传承的重要基础，在弘扬传统文化和优良家风形成的过程中发挥着不可替代的作用。家风是社会风气的重要组成部分。习近平总书记在会见第一届全国文明家庭代表时的讲话中说："家庭不只是人们身体的住处，更是人们心灵的归宿。家风好，就能家道兴盛、和顺美满；家风差，难免殃及子孙、贻害社会，正所谓'积善之家，必有余庆；积不善之家，必有余殃'。广大家庭都要弘扬优良家风，以千千万万家庭的好家风支撑起全社会的好风气。"① 中国历史上著名的大家族都有家训传承的习俗，家教家训往往通过代际传递的方式不断在家族中延续、传承，久而久之便形成一种良好的家风。众所周知的诸葛亮诫子格言、颜氏家训、朱子家训、曾国藩家书等，都是在倡导一种良好的家风。

4. 培育社会道德风尚

中华优秀传统文化中蕴含着许多丰富的道德规范，这些道德规范，至今仍然成为广大人民群众追求美好生活、维系良好社会关系的基本道德准则，习近平总书记强调指出，要继承和弘扬我国人民在长期实践中培育和形成的传统美德，加强社会公德、职业道德、家庭美德、个人品德建设，激发人们形成善良的道德意愿、道德情感，培育正确的道德判断和道德责任，提高道德实践能力

---

① 习近平. 在会见第一届全国文明家庭代表时的讲话 [EB/OL]. 新华社，2016-12-15.

尤其是自觉践行能力，向往和追求讲道德、尊道德、守道德的生活。深入开展学习宣传道德模范活动，激励人们崇德向善、见贤思齐，鼓励全社会积善成德、明德惟馨，培育知荣辱、讲正气、作奉献、促和谐的良好风尚。

中华优秀传统文化中丰富的道德教育的内容，对于新时代加强公民道德建设，在全社会形成良好的道德规范，形成向上向善的力量意义重大。道德是人民心中的法律，是社会秩序上升到法律层面的第一道防线，是推动良好社会风气形成的重要基础。弘扬中华优秀传统文化，在全社会积极倡导善行义举，进一步教化民风，引导人们凡事做到不以善小而不为、不以恶小而为之，就会不断提高广大公民道德水平和综合素质，社会风气就会不断好转，为实现中国梦提供坚实的基础。新时代加强公民思想道德建设，培育和践行社会主义核心价值观，必须立足于中华优秀传统文化的广袤沃土，深入挖掘传统美德规范，使之成为全体社会成员共同遵守的行为准则，引导人们向往和追求讲道德、守道德的生活，形成良好社会道德风尚。

四、中华优秀传统文化育人路径探索

新时代文化育人必须根植于中华优秀传统文化，从优秀传统文化中所包含的思想、价值、伦理、观念、格调、情怀等精华中汲取营养，使之成为教育人、培养人、塑造人的重要资源，增加文化育人的厚度。习近平指出："中国优秀传统文化的丰富哲学思想、人文精神、教化思想、道德观念等，也可以为道德建设提供有益启发。对传统文化中适合于调理社会关系和鼓励人们向上向善的内容，我们要结合时代条件加以继承和发扬，赋予其新的含义"[①]，这段话强调要用中华优秀传统文化教育人，充分挖掘中华优秀传统文化的精髓，将其融入文化育人的大格局和大体系之中，并有效实现中华优秀传统文化的创造性转化和创新性发展。这是中华优秀传统文化育人的根本途径。

（一）实现中华优秀传统文化的"两创"

中华优秀传统文化如何焕发新春，融入文化育人，提升文化育人实效，是新时代文化育人必须思考和解决的问题。传承中华文化，绝不是简单复古，也不是盲目排外，而是古为今用、洋为中用，辩证取舍、推陈出新，摒弃消极因

---

① 习近平. 从延续民族文化血脉中开拓前进——在纪念孔子诞辰 2565 周年国际学术研讨会暨国际儒联第五届会员大会开幕会上的讲话 [J]. 孔子研究，2014（5）.

素，继承积极思想，"以古人之规矩，开自己之生面"，实现中华文化的创造性转化和创新性发展。"两创"是中华优秀传统文化和时代精神相结合的重要路径，是推动中华优秀传统文化从传统向现代转型的基本准则和必由之路。只有实现中华优秀传统文化创造性转化、创新性发展，才能不断用中华民族创造的优秀文化成果来化人、育人，为新时代文化育人注入新鲜活力，增强生命力。

1. 礼敬中华优秀传统文化

中宣部部长刘奇葆在纪念汤显祖逝世 400 周年座谈会上的讲话中强调："要礼敬优秀传统文化，增强中华文化自信，传承好先人创造的精神财富，推动中华文化血脉延续，把跨越时空、超越国度、富有永恒魅力、具有当代价值的文化精神弘扬起来。"① 中华优秀传统文化经过历史磨练、积淀、凝聚的民族智慧、传统美德、人文精神等有着普遍的、恒久价值的思想，能够成为文化育人的重要资源，"中华优秀传统文化经过数千年的演绎和扬弃，不仅以程式化的经典文献、制度等形式存在着，而且广泛地以民族的思维模式、知识结构、价值观念、伦理规范、行为方式、审美情趣、风尚习俗等形式存在着"②，这些优秀成分中，存在大量的优秀道德文化，我们称之为"中华传统美德"。中华传统美德是中华文化的精髓，是新时代道德建设的不竭源泉。

在新时代文化育人中，要以礼敬自豪的态度对待中华优秀传统文化，充分发掘文化经典、历史遗存、文物古迹承载的丰厚道德资源，弘扬古圣先贤、民族英雄、志士仁人的嘉言懿行，让中华文化基因更好地植根于人们的思想意识和道德观念之中。礼敬中华优秀传统文化，要提高对中华优秀传统文化的自主学习和探究能力，培养文化创新意识，增强传承弘扬中华优秀传统文化的责任感和使命感，要深入学习中国古代思想文化的重要典籍，理解中华优秀传统文化的精髓，深刻认识中华优秀传统文化是中国特色社会主义植根的沃土，辩证看待中华优秀传统文化的当代价值，要在尊重传统、遵循文化发展规律的基础上，扬弃继承、转化创新，赋予优秀传统文化新的时代内涵和现代表现形式，实现中华优秀传统文化现代化，并积极推动中华优秀传统文化走出去，把最具标志性的文化符号宣介出去，充分展示中华优秀传统文化的独特魅力，让世界了解一个文化的中国、多彩的中国、博大的中国。

---

① 刘奇葆. 礼敬优秀传统文化 增强中华文化自信 [EB/OL]. 新华社，2016-09-15.
② 郑丽萍. 发挥优秀传统文化在大学生思想政治教育中的作用 [J]. 教育探究，2007 (6).

2. 与现代精神相契合

由于中华优秀传统文化是建立在封建宗法社会上的意识形态，它反映的是那个社会各个层面的需要和秩序，因而，它与社会主义市场经济、民主政治、先进文化、社会治理等还存在需要协调和适应的地方。习近平总书记强调："要加强对中华优秀传统文化的挖掘和阐发，使中华民族最基本的文化基因同当代中国文化相适应、同现代社会相协调，把跨越时空、超越国界、富有永恒魅力、具有当代价值的文化精神弘扬起来，激活其内在的强大生命力，让中华文化同各国人民创造的多彩文化一道，为人类提供正确精神指引"①，在新时代文化育人中，中华优秀传统文化必须与时俱进，与现代社会相协调、相适应、相契合，才能葆有不竭的旺盛生命力。

社会在发展，时代在变迁，必须立足于当前实际，"深入挖掘和阐发中华优秀传统文化中蕴含的讲仁爱、重民本、守诚信、崇正义、尚和合、求大同等思想理念，深入挖掘自强不息、敬业乐群、扶正扬善、扶危济困、见义勇为、孝老爱亲等传统美德"②，对其中与现代公民核心价值观和现代德育理念相容、相通、相契合的因素消化吸收并加以改造，实现创造性转化，并结合新的时代条件和实践要求继承创新，充分彰显其时代价值和永恒魅力，使之与现代文化、现实生活、现代社会相融相通，成为全体人民精神生活、道德实践的鲜明标识，真正做到习近平提出的对于中国传统文化"要坚持古为今用、以古鉴今，坚持有鉴别的对待、有扬弃的继承，而不能搞厚古薄今、以古非今，努力实现传统文化的创造性转化、创新性发展，使之与现实文化相融通，共同服务以文化人的时代任务"③。要实现有内涵、有深度、有时代感的文化育人，一方面要传承中华优秀传统文化的思想精华，将当代文化育人深深扎根于中华优秀传统文化的丰厚土壤中，培育全体社会成员传统文化素养，使之成长为根深叶茂的参天大树；另一方面，还必须结合时代特征，必须具有开阔的视野、宽广的胸怀，放眼世界，展望未来，对中华优秀传统文化的内容进行创新性发展。

3. 处理好传承与发展之间的关系

中华优秀传统文化中所蕴含的、世代相传的道德准则、价值观念，一方面

① 习近平. 在中国文联十大、中国作协九大开幕式上的讲话［EB/OL］. 新华社，2016-11-30.
② 中共中央国务院. 新时代公民道德建设实施纲要［EB/OL］. 新华网，2019-10-27.
③ 习近平谈治国理政（第二卷）［M］. 北京：外文出版社，2017：313.

具有浓厚的历史性、遗传性，另一方面又有强烈的现实性、变易性。习近平总书记极力倡导传承和弘扬中华优秀传统文化，但也反复强调优秀传统文化"既需要薪火相传、代代守护，更需要与时俱进、勇于创新"①。2014 年 2 月在中央政治局集体学习的讲话中习近平提出："要使中华优秀传统文化成为涵养社会主义核心价值观的重要源泉，要处理好继承和创造性发展的关系。"

"传承"与"发展"是有机统一的，"传承"凸显的是文化的一脉相承，强调的是中华优秀传统文化所具有的价值，"落其实者思其树，饮其流者怀其源"，在新时代文化育人中要坚持不忘本来，传承中华优秀传统文化。党的十八大以来，习近平同志对中华优秀传统文化的价值作出许多重要论述，强调："中华文化源远流长，积淀着中华民族最深层的精神追求，代表着中华民族独特的精神标识，为中华民族生生不息、发展壮大提供了丰厚滋养。"②"发展"凸显的是，通过转换现代表达方式和话语体系、赋予中华优秀传统文化时代性的新的内涵，在新时代文化育人中要坚持立足当下，面向未来，把传统文化基因与当代文化相融合，形成强大的精神力量，"发展"强调的是要坚持以马克思主义为指导，在以爱国主义为核心的民族精神和以改革创新为核心的时代精神激励下，在社会主义核心价值观引领下，使中华优秀传统文化与当代文化相适应、与现代社会相协调，在继承中转化，在学习中超越，不断焕发中华优秀传统文化新的生机活力，以滋养当代中国人的精神世界、提振当代中国人的精神力量。通过文化传承和文化熏染来达到培育合格人才的目的，正是文化育人的本义所在。

4. 实现"两创"路径

要将中华优秀传统文化融入文化育人，必须重点做好创造性转化和创新性发展。创造性转化，就是要按照时代特点和要求，对那些至今仍有借鉴价值的内涵和陈旧的表现形式加以改造，赋予其新的时代内涵和现代表达形式，激活其生命力；创新性发展，就是要按照时代的新进步新进展，对中华优秀传统文化的内涵加以补充、拓展、完善，增强其影响力和感召力。

对中华优秀传统文化进行创造性转化和创新性发展，首先要对中华优秀传统文化中的一些基本概念、基本思想和基本观点进行现代诠释和现代转换，如

---

① 习近平. 在联合国教科文组织总部的演讲 [N]. 人民日报，2014-03-28.
② 习近平谈文化自信 [N]. 人民日报（海外版），2016-07-13.

对"天""信""诚""义""忠""理""气""心"等概念作出现代诠释，使其外延和内涵都符合现代逻辑学和科学的基本规范；其次，对于中华优秀传统文化的思维方法和逻辑原则进行分析，找出其中的缺陷和不足，在充分吸收现代逻辑学和方法论成果的基础上，提高中华优秀传统文化内在的严密性和思辨力；再次，充分吸收人类现代文明的思想成果，尤其要汲取中国当代建设实践的经验总结，补充和完善中华优秀传统文化的思想内容。要想使中华优秀传统文化成为文化育人的重要资源，必须赋予其现代价值和现代意义，要将公正、平等、自由、民主等现代社会公认的思想原则注入其中，同时也要吸取中国在改革开放和社会主义市场经济建设中提出的实践观点、务实原则。只有充分吸纳具有现代气息和时代精神的思想内容，中华优秀传统文化内容在不放弃其基本原则的基础上才能发生深层次、大规模的变化，才可能实现其现代性转化和创新性发展，才可能与现代精神相契合。

（二）将中华优秀传统文化融入高校文化育人系统

中华优秀传统文化要成为文化育人的重要资源和抓手，必须充分发挥高校作为培育社会主义事业建设者和接班人重要阵地的作用，将中华优秀传统文化融入高校课程、教材、社团活动、校园文化，以提升文化育人的系统性、导向性、针对性和实践性。

1. 将中华优秀传统文化融入课程教材体系，提升文化育人的系统性

发挥中华优秀传统文化的育人功能，既要以史为基，厘清它的发展脉络，又要寻求与高校教育教学的衔接点。《关于加强和改进新形势下高校思想政治工作的意见》（中发［2016］31号）中明确要求："要弘扬中华优秀传统文化和革命文化、社会主义先进文化，实施中华文化传承工程，推动中华优秀传统文化融入教育教学。"① 课程教学是学校教育中最重要也是最基本的形式，课堂是开发与利用中国优秀传统文化资源的重要场所和渠道。为进一步加强新形势下的中华优秀传统文化教育，中华人民共和国教育部于2014年3月26日制定了《完善中华优秀传统文化教育指导纲要》，明确提出，要"把中华优秀传统文化教育系统融入课程和教材体系"，并"鼓励有条件的高等学校统一开设中华优秀传统文化必修课，拓宽中华优秀传统文化选修课覆盖面。面向各级各类学校重

---

① 中共中央国务院. 关于加强和改进新形势下高校思想政治工作的意见［N］. 人民日报，2017-02-28.

点建设一批中华优秀传统文化精品视频公开课。加强中华优秀传统文化相关学科建设"①，明确中华优秀传统文化融入教学必须在必修课、选修课和学科建设上下功夫。

2014年教师节前夕，习近平总书记在北师大考察时指出："我很不赞成把古代经典诗词和散文从课本中去掉，应该把这些经典嵌在学生脑子里，成为中华民族文化的基因。"将中华优秀传统文化提炼出的价值理念、道德规范、公共意识、君子品格和人文修养的经典内容，以"润物细无声"的方式融入课程（尤其是思想政治理论课程）和教材，能使其内化为学生的精神品格和人文气质修养，强化以文化人、以文育人。在教学内容上，不仅要从宏观上，在高层次上，将中华优秀传统文化内容与该课程主体内容结合起来，既向学生展现中华优秀传统文化的微言大义，又将它与外来文化、西方文化、现代文化作比较分析，进行符合现代思想的创造性转化和创新性发展，而且在微观上，在各章节中，通过深入挖掘，精心设计，找到课程内容与传统文化内容的融合点、交叉点，将中华优秀传统文化内容自然渗透于课程内容的教学之中，提升文化育人的系统性。同时，在教学中，要充分挖掘利用地方优秀传统文化蕴藏的丰富德育资源，构建富有特色的校本化文化课程体系，让中华优秀传统文化走进课堂，进入学生心灵，充分发挥化人育人功能，使学生在潜移默化中感受到中华优秀传统文化的价值，自然而然地受到中华优秀传统文化的熏陶。

2. 将中华优秀传统文化融入校园景观，提升文化育人的导向性

校园景观主要是校园中可以让人体验其存在的有形环境和有形实体，主要是指有形的物质生态环境和实体环境，包括校园整体规划和布局、悠久的历史文化遗产和人文景观、校园绿化、校园建筑、校园所处的地理方位和自然状况等。将中华优秀传统文化融入校园景观，可以从校园硬件设施上着手，将蕴含中华优秀传统文化精华的人文景观与校园的自然景观融为一体进行可感性德育环境优化，引导大学生行走在校园中，自然而然感受来自校园景观的传统文化气息。如，在校园内相关场所镌刻传统格言、树立先圣先贤雕像、种植具有传统人文气息和传统文化意蕴的梅兰竹菊松等植物。

苏联教育家苏霍姆林斯基把校园布局的景观文化色彩看得非常重要，在论

---

① 教育部. 完善中华优秀传统文化教育指导纲要［EB/OL］. 中华人民共和国教育部网站，2014-03-28.

及校园文化设施时指出，校园应该像伊甸园一样引人入胜，要让每一面墙壁都会说话。如，学校可以通过打造"中华优秀传统文化教室博物馆"，充分挖掘高校所在地古迹遗迹文化资源，做好档案馆、博物馆、纪念馆的建设；也可以将传统道德箴言刻在景观石山，利用雕塑、绘画等艺术形式讲述感人事迹等，还可以把校园内的楼、桥、路、馆等生活、学习、工作和娱乐的建筑物以及种植、山水等自然条件，用中华优秀传统文化元素来命名或美化设计，赋予它们特定的文化内涵，让中华优秀传统文化经典无声地熏陶和感染学生，潜移默化地实施中华优秀传统文化教育，提升文化育人的导向性。

3. 将中华优秀传统文化融入校园氛围，提升文化育人的针对性

校园氛围主要是校园中对学生思想品德形成、发展以及德育活动具有影响和制约作用的一切特定因素的总和，包括良好的人际关系，优良的校风学风，积极健康向上的文化舆论氛围，丰富多彩的学生社团活动，高雅、文明、健康的校园文化艺术体育活动，洁净的校园及周边文化环境，良好的学术氛围，健全的制度体系和完整的发展思路，以及长久形成的校园精神和理念等。将中华优秀传统文化融入校园氛围，可以从校园文化软件着手，有针对性地将中华优秀传统文化中"尊师重教""敬业乐群""以人为本""自强不息""仁爱""诚信"等优秀道德思想和精华用来涵泳校风、教风和学风，通过中华优秀传统文化元素的介入搭建传统文化教育的平台，发挥校园文化潜在的育人功能，如校歌、校训等。这些校园精神虽然抽象，但又客观存在，能内化于心，外作用于行。

将中华优秀传统文化融入校园氛围，可以结合学校专业特色，广泛开展以优秀传统文化为主题的系列教育活动，注重发挥示范引领作用，深入挖掘学生群体中传承践行中华优秀传统美德的先进团体和个人，通过开展大学生道德模范评选、大学生年度人物评选等活动，为中华优秀传统文化教育营造良好氛围。通过校训将中华优秀传统文化融入校园精神，如清华大学的校训"自强不息，厚德载物"，源于《易经》中"天行健，君子以自强不息；地势坤，君子以厚德载物"思想，充分体现和展示了优秀传统文化的思想内涵，让学生在领略中华优秀传统文化丰厚意蕴的同时，潜移默化地将中华优秀传统文化的精髓融入大学生活和学习之中，从而在校园中形成崇尚传统文化、传承传统文化的良好风气。

4. 将中华优秀传统文化融入校园文化活动，提升文化育人的实践性

将中华优秀传统文化融入校园文化活动，可以成立一批具有中华优秀传统文化特色的社团，如成立文史哲及艺术类的研究社团，成立书法、绘画、传统乐器、传统戏曲、诗词歌赋等方面的兴趣小组或协会，通过开展一系列以弘扬中华优秀传统文化为主题的校园文化活动或举行各种意在培育大学生传统文化素养的文化教育活动，为大学生创造一个良好的传统文化氛围，让大学生真切地感受到中华优秀传统文化的博大精深，提升文化育人的实践性。

学校可以通过开展当地历史文化名人及重大事件的研讨和纪念活动，也可以通过举办"中华传统节日文化庆典"，以春节、清明节、端午节、中秋节、重阳节等重要传统节日为契机，通过春联赏析、祭扫先烈、手包粽子、制作月饼、登高赏菊等活动，将"和睦""感恩""爱国""团圆""孝道"等中华传统美德教育融入其中。也可以组织大学生以传统节日为契机，在社区、基层开展"送温暖、送爱心"的社会公益活动，让学生在亲身实践中弘扬中华传统敬老爱幼、帮扶互助等美德。通过这些活动，引导大学生深入理解中华民族独特的精神标识，挖掘"尚和合、求大同"的时代价值，将中华优秀传统文化的精神内化于心，外化于行，使学生在校园文化活动中体会中华优秀传统文化的现实价值，增强传统文化育人的实践性。

（三）构建新时代中华优秀传统文化育人的长效机制

中华优秀传统文化一直是文化育人的重要资源和主要内容，实现中华优秀传统文化的育人价值，必须构建长效机制，多管齐下，发挥多种力量，使之产生文化育人的"合力"，提升文化育人效果。

1. 多管齐下，同时发力

一是要充分利用政策优势，加大中华优秀传统文化育人的力度。为贯彻落实党的十八届三中全会关于完善中华优秀传统文化教育的精神，落实立德树人的根本任务，进一步加强新形势下的中华优秀传统文化教育，中华人民共和国教育部于 2014 年 3 月 26 日制定了《完善中华优秀传统文化教育指导纲要》，"纲要"对加强中华优秀传统文化教育的重要性和紧迫性，加强中华优秀传统文化教育的指导思想、基本原则和主要内容，各学段有序推进中华优秀传统文化教育的措施，中华优秀传统文化教育的课程和体系建设，中华优秀传统文化教育的实施保障等，都做了明确而具体的指导。实现中华优秀传统文化育人，可以以此为指导，进一步落实。二是充分利用各种传媒，大力弘扬中华优秀传统

文化。信息技术的迅猛发展使越来越多的学生通过网络获取信息，中华优秀传统文化教育也要实现现代化和信息化。大众传媒是传播中华优秀传统文化的有效平台，通过各种广播、电视、报纸、杂志等载体，具体而形象地进行传播。也可以搭建互联网、手机平台、品牌网站，建立网上课堂，运用即时通讯、群组、博客、手机报等形式广泛了解和阅读各种经典之作。三是利用新媒体传播快、成本低、信息量大、检索便捷、超文本、互动性等特点和优势，创新传统文化教育教学方式方法。四是整合传统文化资源，通过开展丰富多彩的活动实现感悟和领会。可以利用春节、清明、端午、中秋等传统节日，以及重要历史人物、历史事件的纪念日，举办主题鲜明、形式活泼、重在体验的活动，在活动中充分发挥与之相关的传统文化知识的作用，让人们在学习中使用，在使用中感悟中华优秀传统文化价值；通过探究文化源地，考察文化遗址，走访博物馆、历史古迹、革命纪念馆等，了解祖国悠久、丰富的文化遗产，认知历史、认知祖先、认知中华文化，使人们在民族优秀文化发掘过程中，升华自己的思想境界。

2. 多方联动，形成合力

构建中华优秀传统文化育人长效机制，必须发挥学校、社会、家庭的作用。一是要发挥学校教书育人的优势，培养底蕴深厚的新时代人才。在学校教学的制度设计里，要倡导开设阅读和讲授古典文献的课程，使中华优秀传统文化真正走进课堂，成为学校人才培养的必修课，并开设种类丰富、精心设计的传统文化方面的选修课，使学生在课堂中系统接受优秀传统文化教育，提升人文素养，尤其是传统文化素养。二是要整合社会力量，实现中华优秀传统文化"润物细无声"的育人效果。除了课堂的传统文化内容渗透和灌输外，还可以通过开办传统文化名家名师到校开讲的"文化大讲堂"、利用当地博物馆和名胜古迹等作为传统文化教育基地课外实践活动来达到传统文化育人的目的。三是注重家庭传统文化教育，实现"入芝兰之室，久而自芳"的育人效果。家庭是社会的细胞，是一个人接受教育的起始地，是对学生进行道德教育、人格培养的重要场所，一个家庭的家风家教、父母的文化修养、教育方式方法等直接决定子女未来的发展。用中华优秀传统文化育人，家庭大有可为。家庭可以在孩子小的时候，对其施加传统文化引导、教育和熏陶，培养孩子对于中华优秀传统文化的兴趣，引导他们从小热爱诵读经典，帮助他们选取合适的经典读物，并能够加以辅导，为他们打下良好的传统文化基础。家庭教育要以德教为本，将道德素养教育置于首位，将优秀传统文化融入到家风文化塑造中去，突出家风的教育功能。

3. 多法并举，增强实效

要提升中华优秀传统文化育人的实际效果，必须采取多种方法。一是经典诵读法。中华优秀传统文化博大精深，人们没有时间也没有精力对其内容全盘了解，为了提升育人效果，可以精选中华优秀传统文化读物，组建经典诵读兴趣小组、开展读经交流会、举办传统文化基本知识抢答赛、读书笔记评比等灵活多样的方式，提高诵读的效率，增强经典诵读的效果。二是专家讲授法。传统文化方面的专家学者可以借助"百家讲坛"等平台，以通俗易懂的语言对优秀传统文化进行深入浅出的讲解，帮助不同层次、不同文化背景的人领悟传统文化的精髓和内容的精神实质。三是多媒体演示法。为增强中华优秀传统文化的直观性，让人们感受中华优秀传统文化的魅力，提升文化育人实效，可以借助多媒体技术，图片展示、声像演示的手段，也可以从中国传统文化中精选一些故事，如寓言故事、孝道故事、勤学故事，等等，制成 Flash，通过多媒体演示，这样，观看者可以从视觉、听觉受到冲击，引起心灵的震撼，耳濡目染，在潜移默化中受到传统文化的熏陶，使中华优秀传统文化精华浸入自己血脉之中。

第六章

中国革命文化：新时代文化育人的"压舱石"

中国革命文化是"中国共产党领导中国人民在长期的新民主主义革命和社会主义革命实践中，以马克思主义为指导，结合中国实际和时代特征，所创造和体现出的信念、态度、价值观、历史、遗存等物质和精神财富的总和"[①]，它和中华优秀传统文化、社会主义先进文化一起，共同构成中华文化的重要组成部分。中国革命文化在中华文化史上具有承前启后、承上启下的重要地位，它既传承了中华优秀传统文化，又引领和发展了社会主义先进文化。中国革命文化形成于特殊的历史时期，是具有中国特色、中国风格、中国气派的文化，是彰显中国共产党人坚定理想信念和崇高价值追求的文化，具有深厚的历史性内涵、独特的精神价值、厚重的历史意蕴。将中国革命文化融入新时代文化育人体系中，能够引导受教育者传承中国革命文化，营造良好的育人氛围，使之成为新时代文化育人的牢固的"压舱石"。新时代文化育人，一定要充分重视和发挥中国革命文化在培育社会主义时代新人中不可替代的"压舱石"作用。

一、中国革命文化的概念

"革命文化"这一概念，最早出现在《新民主主义论》中，有广义和狭义两种理解。从广义上讲，中国革命文化是指源起于"五四"新文化运动，奠基于中国共产党成立，形成于新民主主义革命时期，繁荣发展于社会主义建设和改革开放时期，是党带领人民在革命、建设、改革进程中创造的文化；从狭义上讲，中国革命文化特指新民主主义革命时期形成的独特文化，主要指的是"新民主主义的文化"。本书主要侧重于狭义概念上的中国革命文化。

---

① 王磊，景飞. 用革命文化资源提高思政课水平［J］. 思想政治工作研究，2019（6）.

（一）中国革命文化的内涵

习近平总书记在党的十九大报告中指出："中国特色社会主义文化，源自中华民族五千多年文明史所孕育的中华优秀传统文化，熔铸于党领导人民在革命、建设、改革中创造的革命文化和社会主义先进文化，根植于中国特色社会主义伟大实践。"① 这一重要论述表明，中国革命文化是中国共产党传承和弘扬中华优秀传统文化、引领和践行中国先进文化的集中表现，也是中国共产党作为马克思主义政党的文化选择和文化建构，是滋养中国共产党人不忘初心、继续前进的力量源泉。

1. 中国革命文化以马克思主义为指导

马克思主义是揭示客观世界特别是人类社会发展一般规律的科学，恩格斯指出："马克思的整个世界观不是教义，而是方法。它提供的不是现成的教条，而是进一步研究的出发点和供这种研究使用的方法。"② 19 世纪中期，马克思主义在欧洲诞生后，历经半个世纪，由一个"幽灵"成为无产阶级革命学说，并指导苏联十月革命成功，用真理的光芒昭示了中国革命未来的方向。于是，20世纪的东方中国，中国共产党将马克思主义理论写到自己的旗帜上，为实现共产主义远大理想，率领人民开展了不懈斗争，担负起救中国人民于水火中的重任，做出了重大牺牲。中国革命实践与中国革命文化的形成发展，始终离不开马克思主义的指导，其蕴含的核心要素都来源于马克思主义的理论观点，包含着马克思主义中国化的丰富内容。中国革命文化中坚定的理想信念是革命实践取得胜利的重要保证，是中国革命文化的核心要素之一，集中体现了马克思主义的立场、观点和方法；以人民为中心的理念，是中国革命文化中蕴含的鲜明的群众观念，这一观念体现了马克思主义的根本立场；作为中国革命文化核心要素之一的实事求是的思想路线，深刻反映了马克思主义辩证唯物主义和历史唯物主义的基本观点。可见，中国革命文化中始终贯穿着马克思主义基本原理，尤其是辩证唯物主义和历史唯物主义观点。

在新民主主义革命时期，马克思主义与中国传统文化渐渐融合和发展，产生了符合革命时期的独有文化，即中国革命文化。毛泽东在中共六届六中全会

---

① 习近平. 决胜全面建成小康社会 夺取新时代中国特色社会主义伟大胜利——在中国共产党第十九次全国代表大会上的报告［EB/OL］. 新华网，2017-10-18.

② 马克思恩格斯文集（第十卷）［M］. 北京：人民出版社，2009：691.

上强调："使马克思主义在中国具体化，使之在其每一表现中带着必须有的中国的特性，即是说，按照中国的特点去应用它，成为全党亟待了解并亟须解决的问题"①，他同时指出，自从中国人学会了马克思主义列宁主义以后，中国人在精神上就由被动转入主动。从1921年到1949年，中国共产党领导人民群众经过28年的艰苦奋斗，终于取得了新民主主义革命的胜利，它反映了马克思主义在中国生根发芽、开花结果的过程。在中国新民主主义革命中，以毛泽东为代表的中国共产党人，以卓越的理论自觉、实践自觉和历史自觉，使马克思主义在中国大地落地生根，作为马克思主义中国化的第一个理论成果，毛泽东思想的形成与发展，既继承了马克思主义的基本原理，又极大地丰富和发展了马克思主义理论宝库。马克思主义是中国革命文化鲜明的底色，是中国共产党领导中国人民在马克思主义的指引下取得民族独立的见证，彰显了中国共产党和中国人民在异常艰险的革命斗争中对马克思主义的信仰与坚守。中国革命文化既见证了"没有共产党就没有新中国"的历史，也见证了中国共产党在革命斗争中对马克思主义信仰一以贯之的坚守。

2. 中国革命文化蕴含伟大的革命精神

中国革命文化在中国共产党人的带领下始终坚持以马克思主义为指导，反映当前的革命现实，代表着人民的革命诉求，在革命实践中不断凝聚共产党人和革命群众所特有的思想和精神面貌，形成伟大而丰富的革命精神。所谓中国革命精神，是指新民主主义革命时期，中国共产党领导中国人民在艰苦的中国革命实践过程中创造的优良传统和革命风范的概括和总结，它集中反映了中国革命的性质以及中国共产党人高尚的政治品格、坚强的意志品质、崇高的革命理想、英雄主义的献身精神、坚定的马克思主义信仰和伟大的个人人格。中国革命精神是中国革命文化的核心组成部分。生生不息的中国革命文化孕育于中国共产党人为中国人民谋幸福、为中华民族谋复兴的初心，形成于中国革命的伟大实践之中，它是中华民族历史文化的宝贵精神财富，象征着执着的精神追求、高尚的精神品格和强大的精神力量，已经成为实现民族复兴的强大精神动力和文化支撑。

习近平总书记强调，共产党人作为革命者，不能没有革命精神，更不能"丧失了革命精神"。在数十年的革命岁月中，我们党创造了众多具有深厚中华

---

① 毛泽东选集（第二卷）［M］．北京：人民出版社，1991：534.

民族底蕴和鲜明无产阶级特色的革命精神，形成了一条革命精神谱系，如以"开天辟地、敢为人先，坚定理想、百折不挠，立党为公、忠诚为民"为核心的红船精神；以"胸怀理想、信念坚定"为核心的井冈山精神，以"不怕牺牲、前赴后继，勇往直前、坚韧不拔，百折不挠、克服困难"为核心的长征精神，以"坚定方向、实事求是、服务人民、自力更生、艰苦奋斗"为核心的延安精神，以"同仇敌忾、共赴国难、前赴后继、不屈不挠"为主题和以"爱国主义"为核心的抗战精神，以"实事求是"和"两个务必"为核心的西柏坡精神以及不畏牺牲、乐于奉献的大无畏革命精神，坚忍不拔、勇往直前的奋斗精神，自力更生、艰苦奋斗的创业精神等，正是有了这些伟大的精神，中国革命的道路才能不断地向前推进，最终获得新民主主义革命的胜利。

（二）中国革命文化的特质

中国革命文化体现了崇高的革命品格、高尚的大众情怀、伟大的实践品格，这些都成为中国革命文化的重要特质，中国革命文化的强大生命力体现在其鲜明的精神特质中。

1. 崇高的革命品格

中国革命文化是中国共产党在中国革命时期运用马克思主义理论领导中国人民为完成党的政治追求和实现党的历史任务而不断开拓创新、艰苦奋斗的文化结晶，它诞生于艰苦的革命战争年代，蕴含着中国共产党人和中国人民不畏艰险、不怕困难、艰苦奋斗、坚忍不拔、英勇顽强的革命品格。当中国革命处于低潮时，他们不气馁，不退却，对革命充满"星星之火可以燎原"的信心；在强敌面前，他们不胆怯，不畏惧，不怕牺牲，英勇善战，坚定了"胜利必将到来"的信念；遇到经济困难，全党全民齐努力，发扬"自己动手，丰衣足食"的精神，克服困难。在学习上，反对教条主义、本本主义，一切从实际出发，实事求是，树立了理论联系实际的学风，将马克思主义与中国革命实际相结合、与中国传统文化相结合，实现了马克思主义中国化；在工作上，不怕苦不怕累，全心全意为人民服务，吃苦在前，享受在后，不侵犯群众利益，不搞特殊化，坚持群众路线。

这些崇高的革命品格表现在不同的革命时期。中国共产党成立之初，带领人民群众经过艰辛的探索，开辟了农村包围城市、武装夺取政权的中国革命道路，开辟了广阔的农村革命根据地，把落后的农村变成了中国革命的摇篮；在艰苦卓绝的抗日战争中，中国共产党领导人民群众不畏强敌，不惧艰险，团结一切可以团结的力量，英勇抗击日本侵略者，取得了抗日战争的伟大胜利；在新民主主义革命胜利的前夕，毛泽东在西柏坡号召全党"务必保持谦虚、谨慎、不骄、不躁的作风，务必保持艰苦奋斗的作风"，警醒共产党人不能丧失革命意志和革命品格；在中华人民共和国成立初期，中国共产党人秉持革命品格，克服万难，独立自主，自力更生，百折不挠，冲破了西方国家的封锁，经受住重重的考验，克服了"左"倾的影响，取得了社会主义建设的初步胜利。

2. 高尚的大众情怀

中国革命文化是中国共产党领导人民群众在谋求人民解放和人民群众的根本利益的革命实践中锻造的，其中蕴含着以人民为中心的高尚的集体主义情怀，这是中国革命文化的重要特质之一。马克思在《共产党宣言》中郑重宣告："过去的一切运动都是少数人的，或者为少数人谋利益的运动。无产阶级的运动是绝大多数人的，为绝大多数人谋利益的运动"①，以毛泽东为代表的中国共产党人，深谙历史唯物主义的精髓，坚持人民为中心的立场，把人民的利益放在第一位，创造性地提出了党的群众路线，即"一切为了群众，一切依靠群众，从群众中来，到群众中去"的思想路线，并得出"人民，只有人民，才是创造世界历史的动力"的结论，并成为中国革命胜利的重要法宝。

人民群众是革命实践的主体，毛泽东同志曾指出："革命文化，对于人民大众，是革命的有力武器。"② 没有革命的理论，就不会产生革命的运动和反抗。在艰苦卓绝的革命斗争和曲折艰辛的探索中，中国共产党结合革命不同历史阶段的目标与任务，充分坚持和尊重人民群众的社会历史主体地位，把马克思主义与中国革命实践相结合，坚持用革命理论武装干部群众的头脑，系统地领导人民群众在以不同方式参与民族独立、人民解放的革命事业的过程中，共同创造了革命文化。所以习近平总书记指出："中华民族5000多年的文明史，中国人民近代以来170多年的斗争史，中国共产党90多年的奋斗史，中华人民共和国60多年的发展史，改革开放30多年探索史，都是人民书写的历史"③，中国革命文化是由中国共产党领导和组织人民群众创造的，正是有了中国共产党的坚强领导，才有中国革命，才孕育形成了中国革命文化。

① 马克思，恩格斯. 共产党宣言 [M]. 北京：人民出版社，2014：39.
② 毛泽东选集（第二卷）[M]. 北京：人民出版社，1991：708.
③ 习近平. 让中国在朋友眼前更透明一些 [N]. 人民日报（海外版），2019-04-11.

3. 伟大的实践品格

马克思主义认为，实践是认识的来源。中国革命文化来源于伟大的革命实践，革命实践是中国革命文化发展的动力，有革命斗争实践才有革命成功。在党和人民伟大斗争中孕育的中国革命文化，是在中国共产党带领中国人民争取自由和解放历程中形成的，又在革命实践中不断加以创新和完善。中国共产党人创造的中国革命文化既不是从石头缝里蹦出来的，也不是从天上掉下来的，而是源于中国共产党领导人民进行的新民主主义革命和社会主义革命的伟大实践。这个伟大实践，既体现为党的各级领导人和党员的个人成长，也体现为党在不同时期完成相应目标的组织奋斗，同时还体现为党自身为确保目标实现而进行的自我革命和理论创新。中国革命实践孕育了中国革命文化，中国革命文化是人民大众在长期革命实践中亲手创造出来的精神文化产物，也是中国革命实践的光辉产物，与革命的发展历程交相辉映。

中国共产党领导中国人民夺取中国革命胜利的历史，是一部充满曲折的苦难与辉煌的革命实践的历史。近代以来，中国遭受的苦难之深重、付出的牺牲之巨大，在世界历史上都是罕见的。同时，中国所取得的进步之伟大、成就之辉煌，在世界历史上也是罕见的。中国革命文化作为这段历史的文化沉淀，记录了中国革命百折不挠的奋斗历程，再现了可歌可泣的英雄伟业，展示了充满神奇的史诗篇章。习近平总书记强调，"对我们共产党人来说，中国革命历史是最好的营养剂。多重温我们党领导人民进行革命的伟大历史，心中就会增添很多正能量"①。可见，一部中国革命文化的产生发展史，就是一部中华民族争取民族独立、人民解放和国家富强的斗争实践史。

（三）中国革命文化的表现形态

中国革命文化是在长期革命实践中积淀的物质文化与精神文化的总和，蕴含着厚重的革命内涵和丰富的革命精神。它既包括见证革命历程的遗址遗迹、纪念物等物质性革命文化成果，也包括在中国革命过程中凝结的革命精神和创作的革命文艺作品等非物质性革命文化成果，是物质文化、制度文化和精神文化的有机统一体。

1. 物质性革命文化

新民主主义革命时期，中国共产党领导全国人民进行了二十八年艰苦卓绝

---

① 习近平. 中国革命历史是最好的营养剂 [N]. 人民日报，2013-07-17.

的革命斗争，在各地留下了大量革命遗址遗迹和实物资源。这些物质性革命文化资源，既是著名的红色旅游景区，也是人们进行革命传统教育和革命道德教育的重要场所，更是对青年学生进行思想政治教育和社会实践教学的重要基地。物质性革命文化往往以革命活动遗存展现于世。革命遗存是指中国共产党成立以来在革命过程中留下的遗址、遗迹和各种纪念性建筑和具有革命意义的文化符号的总称，是革命文化的物质载体，主要包括党的重要机构、重要会议旧址、重要人物活动地、重大战斗遗址遗迹、具有重要影响的烈士事迹发生地、遗留物、烈士陵园墓地等；还包括革命人物故居和旧居，主要是在历史上有重要影响的革命人物曾经居住过、生活过或战斗过的地方；也包括革命纪念碑、纪念塔、纪念堂、纪念馆、革命博物馆、革命历史文物馆、红色文化广场等纪念性建筑或雕刻；另外还有一些以体现革命意识形态的符号系统为代表的革命刊物、革命票证、革命旗帜等，以文字、图形等为表现形式的文化系统。作为中国革命文化的物质形态和外在表现形式，革命遗存承载着无数先辈的动人事迹、优良传统和革命精神，见证和凝结着党的光荣历史。

2. 精神性革命文化

在革命战争年代，中国共产党领导中国人民在革命实践中克服千辛万苦所表现出的伟大革命精神、革命战争中涌现出的可歌可泣的革命英烈的伟大献身精神、创作于革命战争年代或以革命文化为题材的文艺作品所表达的崇高道德精神等，都属于精神性革命文化。新民主主义革命时期，在中国共产党的领导下，中国大地发生了一系列重大革命事件，如中共一大会议的召开、土地革命、八七会议、八一南昌起义、秋收起义、广州起义、红军长征、平型关战役、中共七大会议召开、土地改革、三大战役等，其中蕴含的红船精神、井冈山精神、苏区精神、长征精神、延安精神、西柏坡精神等，都是精神性革命文化的重要表现形式。在革命战争年代，无数革命英烈如夏明翰、方志敏、赵一曼、狼牙山五壮士、张思德、刘胡兰、董存瑞等，为了革命的胜利和民族的解放抛头颅、洒热血，在革命斗争中留下了宝贵的"坚定信念、不怕牺牲"的精神财富。在革命战争年代还创作出了大量以革命文化为主题或题材的优秀文艺作品，如革命标语、革命诗词、革命题材的小说、革命歌曲、革命故事、革命题材的影视作品等，这些也是精神性革命文化的重要组成部分。

3. 制度性革命文化

新民主主义革命时期，中国共产党领导人民进行了大量的制度建设和政权建设，从第一次国内革命战争时期的罢工工人代表大会和农民协会到第二次国内革命战争时期的工农兵代表苏维埃，从抗日战争时期的参议会到新中国成立前后各地普遍召开的各界人民代表会议等等，创建了一系列组织制度和政治制度，制定和颁布了各种法律制度、经济制度、政治制度及各种关系准则等，这些都属于制度性革命文化。中国共产党在各个革命时期领导人民创设的革命制度，对当时的革命胜利作出了重要贡献。如三湾改编时，毛泽东确立的"支部建在连上""官兵平等"等治军方略，从政治上、组织上、体制上确立了党对军队的绝对领导，将一支旧式军队与农民武装为主要成分的部队，建设成为新型人民军队；井冈山革命斗争时期，毛泽东为人民军队规定了"三项纪律"，不久又提出了"六项注意"，后来发展为"三大纪律、八项注意"，对加强军队建设，提高军队战斗力，维护广大人民群众利益，密切军民关系，增强官兵团结起了重大的作用；土地革命时期，中国共产党制定了一系列有关土地改革的制度和法律规章，废除了封建剥削的土地制度，解放了农民，壮大了革命力量；抗日战争时期，中国共产党提出了抗日民族统一战线，根据地的抗日民主政权在人员组成上实行了"三三制"政权形式，进一步巩固和扩大了抗日民族统一战线；解放战争时期，为了团结各阶层人民推翻"三座大山"，中国共产党实行了人民民主统一战线，在国民党统治区开辟了第二条战线，等等。这些制度性革命文化，为保证革命的胜利提供了制度性保障。

（四）中国革命文化与红色文化

从本质意义上看，中国革命文化与红色文化是一致的，相对而言，红色文化是更形象的表述。"要发扬红色传统、传承红色基因，用革命文化传播和滋养社会主义核心价值观"①，红色文化与革命文化联系紧密。

1. 中国革命文化的"红色"性质

中国革命文化是中国共产党从红船到井冈山，从苏区到长征，从延安到西柏坡，在不同历史阶段和不同革命区域，形成的以中国革命精神为核心的文化形态，是在党和人民伟大斗争中孕育的，是无数革命先烈的鲜血和生命铸就的，凝聚了中国共产党人独特的红色基因和精神状态。邓小平同志曾经说过，新中国的成立，是由亿万先烈的鲜血染红的。中国革命文化有别于其他文化形态的

---

①　刘奇葆. 用革命文化传播和滋养核心价值观——在纪念遵义会议召开 80 周年大会上的讲话 [N]. 新华每日电讯，2015-01-16.

根本点就在于中国革命和斗争实践为它铺就的红色底色，它永远闪耀着"红色"光芒。正是革命烈士的鲜血铺就了中国革命的底色，才有外国人眼中的红色中国，才有中国人心中的红色政权、红色旗帜，才有今天的红色土地、红色文化。

红色具有强烈的象征意义，是血与火的颜色，中国人民赋予其特定的文化内涵，象征希望、热烈、勇敢、创造、奋斗、牺牲等，红色也是中国共产党党旗、中国人民解放军军旗、中华人民共和国国旗、中国少年先锋队队旗的颜色，这种特定颜色及其象征意味，与中国共产党人的理想信念、革命精神、品格情操和价值诉求相得益彰。无论是革命战争年代中的对革命有着一定影响的革命志士和为革命事业而牺牲的革命烈士，还是革命志士或烈士所用之物，也包括他们生活或战斗过的革命旧址和遗址，还是有着重大影响的革命活动或历史事件和所体现的革命精神，无不烙上"红色"印记。党的十八大后，习近平总书记高度重视革命文化传承和建设，遍访西柏坡、井冈山、沂蒙山、古田、延安、遵义等革命圣地，党的十九大后，又带领中共中央政治局常委，瞻仰上海中共一大会址和浙江嘉兴南湖红船，强调要发扬红色资源优势，深入进行党史军史和优良传统教育，把红色基因一代代传下去。

2. 红色文化的"革命"属性

红色文化是指在新民主主义这个特定的历史时期，全国各族人民在中国共产党的领导下，以马克思主义为指导，以革命精神为核心，在长期的革命实践过程中，不断理论联系实际，在对传统文化和中外优秀文化思想进行"取其精华、去其糟粕"，"去粗取精、去伪存真"的基础上所形成的、具有中国特色的先进文化，它是广大人民群众在中国共产党领导下，走出半殖民地半封建社会、实现中华民族的独立与解放、步入社会主义社会的历史进程中和新中国社会主义三大改造时期，整合、重组、吸收、优化古今中外的先进文化成果基础上，以马克思列宁主义的科学理论为指导而生成的文化精神和文化形态。红色文化包括红色小说、红色电影、红色歌谣以及近年来推出的红色旅游等等，也包括一系列的革命文献、文物、革命歌曲以及凝结在其中的革命精神和革命传统。红色文化是以红色理论成果、红色历史叙事、红色人物事迹、红色文艺作品、红色旧址遗物等为表达形式，所展现出来的红色观念体系和红色精神成果体系。红色文化有别于其他文化的根本点就在于"红色"，它不是"红色"和"文化"两个词语的简单相加，而是将红色文化中具有革命意义的鲜明的政治立场、崇高的价值取向、深厚的群众基础、坚决的奋斗精神等，与中国革命实践有机地整合。

红色文化提炼和凝聚了中国共产党人的革命精神并在中国革命、建设和改革开放的实践中得以传承，其最根本的特征是高扬"红色"主旋律。红色文化蛰伏于近代，形成于"五四"以后，成熟和发展于新民主主义革命和社会主义建设时期，新民主主义文化是红色文化的主流，社会主义初级阶段先进文化是红色文化的传承、丰富与发展①。红色文化由于产生于革命战争年代，忠实地记载了中国共产党为人民利益而艰苦奋斗的历程，以革命精神和革命传统为精神内核和价值取向，因而具有强烈的革命性。2014 年，习近平总书记在视察原南京军区机关时强调指出，要把红色资源利用好、把红色传统发扬好、把红色基因传承好。红色文化作为一种重要资源，无论是表现于物质层面的遗物、遗址等革命历史遗存与纪念场所，还是表现于精神层面的红船精神、井冈山精神、长征精神、延安精神等红色革命精神，还是以红色革命道路、红色革命文化和红色革命精神为主线的集物态、事件、人物和精神为一体的内容体系，无不展现革命先辈的高尚品德和中华民族的优良传统，无不打上"革命"的烙印。

二、中国革命文化的当代价值

中国革命文化是具有独特时代价值的文化样态，是中国革命历史进程的见证，也是中国特色社会主义建设的精神引领。党的十九大报告明确指出："继承革命文化，发展社会主义先进文化，不忘本来、吸收外来、面向未来，更好构筑中国精神、中国价值、中国力量，为人民提供精神指引。"② 中国革命文化继承了中华优秀传统文化的基本精神，在革命年代塑造了中华民族的革命精神和民族性格，为新时代中国特色社会主义建设提供了不竭的精神动力。习近平总书记指出："中国革命历史是最好的营养剂。多重温我们党领导人民进行革命的伟大历史，心中就会增添很多正能量"③，中国革命文化无论在精神上还是政治上，还是对于增强文化自信，都具有不可磨灭的时代价值。

---

① 王二路. 漫谈红色文化 [EB/OL]. 中国红色旅游网，2012-01-11.

② 习近平. 决胜全面建成小康社会 夺取新时代中国特色社会主义伟大胜利——在中国共产党第十九次全国代表大会上的报告 [EB/OL]. 新华网，2017-10-18.

③ 新华社. 习近平在河北调研指导党的群众路线教育实践活动 把人民对党的"考试"考好 [N]. 人民日报（海外版），2013-07-13.

（一）精神传承价值

革命精神是中国革命文化的灵魂和核心，中国革命文化的传承价值主要体现在革命精神的传承上。革命精神体现了人性的升华，是人性中崇高精神的集中体现，这样的革命精神作为人性在特定时期所迸发出来的崇高精神，在新时代中国特色社会主义建设实践中具有永恒的价值。中国共产党带领全国各族人民在革命、建设和改革过程中，不仅创造了巨大的物质财富，更创造了红船精神、井冈山精神、长征精神、延安精神、西柏坡精神等历久弥新的革命精神，在新时代，依然闪耀着光辉。

1. 中国革命文化是对中华民族精神的传承

中华民族拥有五千多年的悠久历史，形成了丰富的传统文化和独特的民族精神，包括以爱国主义为核心的团结统一、爱好和平、勤劳勇敢、自强不息的伟大精神。这种民族精神是在中华优秀传统文化的基础上凝练和总结而成的，与中华优秀传统文化相互作用，关系密切，可谓水乳交融。中华民族精神在不同的历史时期，有不同的具体表现形式。中国革命文化同样成长于中华民族传统文化的肥沃土壤之中，因特殊的革命环境，使得民族精神以血与火的形式重新展现在人们面前，烙上革命时代的印记。在中国革命时期，中华儿女充分展现了不畏强敌敢打必胜的坚定信心、排山倒海决战决胜的英雄气概、视死如归勇于斗争的牺牲精神、忠贞不渝威武不屈的革命气节、处变不惊沉着果敢的心理定力、军令如山军纪如铁的纪律观念等，都是中华民族精神的延续和具体表现形式。在争取民族独立、人民解放和实现国家富强、人民富裕的斗争中形成的中国革命文化，也已经融入中华民族的思想血液，成为中华民族的精神基因。在每一个历史阶段，中华民族精神都有它相应的具体体现，革命精神正是中华民族精神在中国革命战争时期的具体化，是对五千多年的历史长河中形成的伟大民族精神的传承。

中国革命文化既继承了传统文化中的爱国主义的情怀、自强不息的精神、勤劳勇敢的品格等优秀基因，又使得这种优秀的精神基因在革命过程中得到很好的继承与发扬，经过革命烈火的淬炼，显现出新的革命样态。中国革命文化在不同历史时期培育出的革命精神，如红船精神、井冈山精神、苏区精神、长征精神、抗战精神、延安精神、西柏坡精神等，就是熔铸了传统文化的自强不息精神、爱国主义精神等优秀基因而形成的。自强不息的精神是中华民族精神的重要组成部分，从"天行健，君子以自强不息"到自力更生、艰苦奋斗，从农村包围城市，武装夺取政权革命道路的探索，到解放战争的胜利，自强不息精神在革命年代也被赋予丰富的内涵；中国革命文化中所表现出的敢于牺牲的爱国情怀是中华民族精神中爱国主义精神的延续，抗战时期，日本帝国主义军事与经济实力远远强于中国，面对国家生死存亡的危急时刻，正是因为高度的爱国情怀，中华民族的凝聚力在这一时期达到了前所未有的高度，全中国人民团结一致、众志成城，最终取得了抗日战争的胜利，使得爱国主义精神在战争年代得到了升华和提升，形成了伟大的抗战精神。

2. 中国革命文化为实现中华民族伟大复兴提供精神动力

对一个民族而言，文化是其发展的血脉，是人民的精神家园，精神是一个民族赖以长久生存的灵魂，唯有精神上达到一定高度，这个民族才能在历史的洪流中屹立不倒、奋勇向前。中国革命文化是革命战争年代的产物，习近平总书记指出："近代中国曾遭受了前所未有的苦难。面对苦难，中国人民没有屈服，而是挺起脊梁、奋起抗争，以百折不挠的精神，进行一场场气壮山河的斗争，谱写了一曲曲可歌可泣的史诗"①，中国共产党在长期的艰苦卓绝的斗争中始终如一、坚定信仰、不忘初心，在历经苦难和挫折中不屈不挠、勇往直前，正是因为有了中国革命文化的精神引领。习近平总书记在中国共产党成立 95 周年大会上的讲话中指出："我们党已经走过了 95 周年的历程，但我们要永远保持建党时中国共产党人的奋斗精神，永远保持对人民的赤子之心！面对未来，面对挑战，全党同志一定要不忘初心，继续前进。"② 中国革命文化中蕴藏的革命精神作为中国革命事业的精神遗产和文化传承，将随着这一事业的发展而不断延伸。中国革命事业的实质是中国社会主义事业，这个事业正在大力推进之中，向着中华民族伟大复兴的目标前进，向着共产主义远大理想前进。因而，中国革命精神始终是中国社会主义事业的力量之源和精神动力。

在革命战争年代，中国革命文化为近代中国的发展道路、理论体系和社会制度指明了方向。在新时代，实现"两个一百年"奋斗目标、实现中华民族的伟大复兴，需要弘扬开天辟地、敢为人先的首创精神，坚定实干、创新、踏实和科学的态度方法，与时俱进，开拓创新，不断将中国特色社会主义现代化事业推向前进；也需要弘扬坚定理想、百折不挠的奋斗精神，不畏艰险、敢于担

---

① 习近平. 在庆祝中国共产党成立 95 周年大会上的讲话 [N]. 人民日报，2016-07-02.
② 习近平. 在庆祝中国共产党成立 95 周年大会上的讲话 [N]. 人民日报，2016-07-02.

当、迎难而上、不断奋进，勠力同心实现中国梦；更需要弘扬立党为公、执政为民的奉献精神，在敢于担当、勇于作为的过程中，立志为人民谋幸福、为民族谋复兴，化被动为主动，践行理想信念。中国革命文化中所蕴含的理想信念、精神成果，已经内化为人民群众的精神品质，成为引领人民群众共同前行的精神旗帜，成为中华民族伟大复兴的强大精神动力，是整个社会发展的精神支柱和价值导向，在实现中华民族伟大复兴的道路上，凝聚人心，引领方向，为实现民族复兴的梦想提供最鲜明、最牢固的文化底色和精神基础。

（二）政治基础价值

中国革命文化是中国共产党领导各族人民在中国革命建设的进程中形成的意识形态成果，具有重要的政治价值。

1. 提升执政效能

中国革命文化是民族的、科学的、大众的、革命的文化，它包含了各个时期昂扬奋进、不屈不挠、英勇顽强、积极向上的强大精神力量，无论是作为物质性革命文化的战场纪念地、革命会议遗址、革命人物故居旧居、纪念馆、遗物等纪念建筑或纪念物，以及反映革命理论、革命精神、革命传统等革命特征的物质载体，还是作为非物质形态的反映红色精神的知识、信仰、价值、精神、制度和规范等，抑或是体现红色革命文化的人、事、物等，都对加强新时代党的建设，保持共产党员的先进性和政治本色具有重大的政治价值和政治意义，为提高中国共产党的领导水平和执政能力，增强拒腐防变、抵御风险的能力，为坚定党员干部的政治信念，规范党员干部的政治行为，奠定了坚实的政治文化基础，为中国共产党把握社会政治的发展形势，制定方针、政策提供依据和指导，对在政治生活中形成大众化的、主流的马克思主义政治意识形态奠定了坚实的基础。中国共产党所实施的一系列政治思想、政治制度、政治行为、政治组织都以一定的政治文化为基础，中国革命文化中所表现出的中国共产党人的临危不惧、大度从容、指点江山、英雄气概等优秀品质都有利于提升政治主体的行政行为效能。从这个意义上讲，中国革命文化的政治价值最主要表现在强化党政领导干部的作风建设，提高中国共产党的执政能力，保持党员干部的先进性，进而全面提升中国共产党作为社会主义国家政治主体的行政行为效能。

2. 夯实群众基础

中国革命文化是中国共产党和人民群众在长期的革命进程中共同创造的，

扎根于人民大众的革命实践，服务于人民大众，体现了广大人民群众的根本利益，代表了新民主主义社会文化的民主理念，人民大众是中国革命文化的力量之源。中国革命之所以取得胜利，一个重要的原因就是深入群众、组织群众、动员群众、依靠群众，并在人民群众中建立强大的革命队伍。1943 年 6 月，毛泽东总结抗战时期群众路线方面的丰富经验时讲道："在我党的一切实际工作中，凡属正确的领导，必须是从群众中来，到群众中去。这就是说，将群众的意见（分散的无系统的意见）集中起来（经过研究，化为集中的系统的意见），又到群众中去做宣传解释，化为群众的意见，使群众坚持下去，见之于行动，并在群众行动中考验这些意见是否正确。然后再从群众中集中起来，再到群众中坚持下去。如此无限循环，一次比一次更正确、更生动、更丰富。"① 可见，中国革命文化就是人民大众的文化，是人民群众共同的精神信仰和价值共识。在中共七大上，毛泽东对群众路线作了深刻阐述："我们共产党人区别于其他任何政党的又一个显著的标志，就是和最广大的人民群众取得最密切的联系。全心全意地为人民服务，一刻也不脱离群众；一切从人民的利益出发，而不是从个人或小集团的利益出发；向人民负责和向党的领导机关负责的一致性；这些就是我们的出发点。"②

中国共产党成为执政党后，仍然需要坚持群众路线，依靠群众路线，发展群众路线，因为"群众路线是我们党的生命线和根本工作路线"（习近平语）。只有这样，我们党才能具有坚实的群众基础，永葆青春活力，立于不败之地。改革开放和现代化建设新时期，中共中央在新的实践中对群众路线不断进行新的丰富和新的发展，深化政府与人民群众的互动互融关系，建立起政府和人民群众互通的桥梁，致力于塑造良好的执政为民形象，不断提升政府行政机关的社会服务能力，提升行政决策的效能，展示良好的"服务型"政府形象。习近平总书记指出："中国革命历史是最好的营养剂。多重温这些伟大历史，心中就会增加很多正能量。"③ 进入新时代，必须更加坚持党的领导，走群众路线，一切从群众利益出发，充分相信群众，放手发动群众，善于组织群众，才能进一步夯实党的群众基础。

---

① 毛泽东选集（第三卷）［M］. 北京：人民出版社，1991：899.
② 毛泽东选集（第三卷）［M］. 北京：人民出版社，1991：1094-1095.
③ 党面临的"赶考"远未结束——习近平总书记再访西柏坡侧记［N］. 光明日报，2013-07-14.

3. 巩固社会主义核心价值观

中国革命文化是中国共产党带领全国各族人民为实现革命理想和目标过程中产生的具有独特价值的优秀文化，它是马克思主义中国化的重要文化成果，是构筑社会主义核心价值观建设的重要文化资源，在当代中国社会主义核心价值观的塑造与具体化过程中，可从中国革命文化中吸取养分，吸取精神力量。中国革命文化作为一种先进的文化形态，承载着社会主义核心价值观基本理念，孕育着社会主义核心价值观的中国特质，彰显了社会主义核心价值观的精神引领，丰富了社会主义核心价值观的文化滋养，蕴含了践行社会主义核心价值观所需的精神品格，展示了社会主义核心价值观的时代魅力，是培养社会主义价值观，培育社会主义新人的沃土，对新时代培育和践行社会主义核心价值观，实现其入耳入脑入心具有重要的作用和价值，它能够影响和塑造人们的价值观念、道德素养、审美情趣，使人们自觉追求国家富强、人民幸福、社会公正的价值观念，养成良好的行为习惯。

中国革命文化虽然形成发展于中国革命战争时期，但其中的价值理念对于新时代巩固社会主义核心价值观具有重要的意义。中国革命文化在形成发展过程中蕴含着中国人民追求民族独立、国家富强与人民幸福的政治目标，自由、平等、公平、正义的价值追求及爱国、敬业、诚信、友善、锐意进取的精神品质，是培育和践行社会主义核心价值观的有效载体，中国革命文化所凝结的理想信念、所倡导的道德操守、所传承的价值追求、所坚守的坚定信仰，都成了社会主义核心价值观不可或缺的文化根基。因此，用革命文化育人，能进一步彰显社会主义核心价值观的精神引领，使社会主义核心价值观成为全国各族人民思想统一的促进剂，成为全国各族人民价值共识的黏合剂，成为中国文化在全世界传播的润滑剂，最终实现人的全面发展，引领社会全面进步。

（三）文化自信价值

文化自信是一个民族、一个国家以及一个政党对于自身文化价值的充分肯定和积极践行，并对其文化的生命力持有的坚定信心。党的十八大以来，习近平总书记在不同场合多次讲到文化自信，强调指出："文化自信，是更基础、更广泛、更深厚的自信。在 5000 多年文明发展中孕育的中华优秀传统文化，在党和人民伟大斗争中孕育的革命文化和社会主义先进文化，积淀着中华民族最深层的精神追求，代表着中华民族独特的精神标识。"① 中国特色社会主义文化自信中的"文化"，从外延上讲，主要包括中华优秀传统文化、中国革命文化和社会主义先进文化，可见中国革命文化已经蕴含在"文化自信"的"文化"之中，而且处于承前启后、承上启下的重要地位。

1. 马克思主义指导是文化自信的理论之源

中国共产党之所以能够带领全国各族人民取得新民主主义革命胜利，一个重要的原因就是有马克思主义的理论指导。俄国十月革命的炮火，给危亡和迷惘中的中华民族送来了马克思主义。马克思主义是无产阶级认识世界和改造世界的锐利思想武器，是中国共产党推进革命、建设和改革事业的根本指导思想和行动指南。中国共产党自成立之日起，就把马克思主义确立为自己的指导思想写在自己的旗帜上。作为一种先进的马克思主义意识形态，中国革命文化既继承和发展了马克思列宁主义，又兼收并蓄了古今中外的优秀文明成果，已经和中华民族最积极的因素融合在一起，已经把共产主义信仰和中华民族奋发向上的理想主义精神融为一体，对于巩固和加强马克思主义的指导地位，对于民族文化的复兴，有着巨大的促进作用。

马克思主义的科学理论及其内涵的共产主义远大理想首先吸引了陈独秀、李大钊、毛泽东等先进知识分子。新生的中国共产党自诞生之日起，就十分重视运用马克思主义阶级斗争理论，以此指导党的政治斗争和军事斗争实践。毛泽东呼吁全体党员同志要加紧马克思列宁主义的学习，他认为没有这种宣传和学习，不但不能引导中国革命到将来的社会主义阶段上去，而且也不能指导现时的民主革命达到胜利。毛泽东同志的论断准确地揭示了马克思主义对于中国革命实践的指导意义，明确马克思主义是指导中国新民主主义革命走向胜利的指导思想。毛泽东指出："自从中国人学会了马克思列宁主义以后，中国人在精神上就由被动转入主动"，新民主主义革命的胜利，就是马克思主义基本原理同中国实际相结合所取得的伟大胜利。不理解马克思主义的传入对近百年中国奋斗史的重要意义，就不是真正的文化自信。

2. 革命自信精神是文化自信的精神之源

精神是一个民族赖以长久生存的灵魂，唯有精神上达到一定高度，这个民族才能在历史的洪流中屹立不倒、奋勇向前。中国革命文化蕴含着丰富的革命

---

① 习近平. 在庆祝中国共产党成立 95 周年大会上的讲话［N］. 人民日报，2016-07-02.

精神，革命精神中包含着鲜明的革命乐观主义精神。革命乐观主义精神是我们党的光荣传统，在红军长征途中，面对极端恶劣的自然环境，面对艰巨险恶的斗争环境，广大红军战士们始终充满革命乐观主义精神，坚定对马克思主义和共产主义的信仰，坚定对社会发展规律和前途的信心，坚定对革命事业的必胜信念，不畏艰险，充分发挥人的主观能动性，血战湘江、强渡金沙、四渡赤水、激战腊子口，穿越茫茫的草地，跨过皑皑的雪山，纵横大半个中国，在一次次生死存亡的考验中摆脱围追堵截、突出封锁包围、杀出一条血路，最终赢得红军长征的伟大胜利，谱写出中国历史上乃至世界历史上最壮烈的一曲英雄乐章。这种革命乐观主义精神实质是一种革命自信精神，它是"中国共产党的革命领导团队和革命群众所具有的自我坚持、自我激励、不屈不挠的群体心理状态和精神品质"①，它"贯穿于中国革命的精神谱系，也深深地融入中国精神和中国价值之中"②，是促进中华民族文化复兴和新时代增强中国特色社会主义文化自信的根脉和源头活水。

在中国革命和建设的过程中，遇到了无数难以想象的困难和险阻，在这些困难险阻面前，老一辈革命家展现出了无惧无畏的革命乐观主义精神。习近平总书记在纪念陈云同志诞辰 110 周年座谈会上指出："在 20 世纪中国苦难而辉煌的历史进程中，涌现出一大批用特殊材料制成的优秀共产党人。陈云同志身上表现出来的坚定理想信念、坚强党性原则、求真务实作风、朴素公仆情怀、勤奋学习精神，永远值得我们学习。"③ 陈云同志只是中国共产党人的一个代表。中国共产党近百年的历史，从某种程度上讲，就是一部共产党人面对困难险阻所展现出来的为民请命、为民族牺牲的自信和担当史，在艰苦的革命战争年代，面对敌人的严刑拷打、威逼利诱，甚至死亡的威胁，无数革命者始终坚守着心中的信仰，大义凛然、置生死于度外。老一辈无产阶级革命家的这些优良精神品质，正是新时代文化自信的精神之源。

3. 人民群众是文化自信的力量之源

中国革命文化是中国共产党组织和领导人民群众创造的，广大人民群众是

---

① 谢耀南. 从革命自信到复兴自信——闽西革命史上自信精神的历史社会学分析 [J]. 兵团党校学报，2018（10）.

② 谢耀南. 从革命自信到复兴自信——闽西革命史上自信精神的历史社会学分析 [J]. 兵团党校学报，2018（10）.

③ 中共中央举行纪念陈云同志诞辰 110 周年座谈会 [EB/OL]. 新华社，2015-06-12.

文化自信的力量之源。中国共产党结合新民主主义革命不同历史阶段的目标与任务，充分坚持和尊重人民群众的社会历史主体地位，通过组织、教育、动员工农阶级而铸就了势不可挡的革命力量。毛泽东分析中国社会各阶级的状况及其相互力量对比，竭力唤醒工农阶级的阶级意识，通过工会、农会将他们组织起来，通过开办工人夜校、农民运动讲习所来教育和指导他们团结起来，积极展开阶级斗争。抗日战争时期，中国共产党领导建立了广泛的敌后抗日根据地，组织和动员了中国基层社会，进一步扩大了党的工人农民阶级基础，为赢得抗日战争和解放战争胜利奠定了基础。

在中国革命战争年代，中国共产党获得了人民群众的拥护和支持，掌握了民心，是先进政治力量的直接拥护者，焕发出巨大的政治力量，从而成为革命战争胜利的决定性力量。在革命战争中，人民群众也是军力和经济力的重要补给源泉，中国革命战争之所以取得胜利，主要是因为有人民做靠山，能源源不断地得到人民给予的人力物力的支援，而且，人民群众在战争中能够和正规军队配合作战。"中华民族5000多年文明史，中国人民近代以来170多年斗争史，中国共产党90多年奋斗史，中华人民共和国60多年发展史，改革开放30多年探索史"①，都是人民书写的历史。习近平总书记曾动情地说："历史是人民书写的，一切成就归功于人民。只要我们深深扎根人民、紧紧依靠人民，就可以获得无穷的力量，风雨无阻，奋勇向前。"② 正是因为中国革命文化来源于人民群众，扎根于人民群众，依靠和利用人民群众，它才能够最大限度地调动最广泛人民群众的革命积极性、创造性。

4. 中国革命实践是文化自信的实践之源

中国革命文化是建立在伟大的革命实践基础之上的，这一革命实践是文化自信的实践之源。革命实践尤其是革命斗争实践为革命文化的产生提供了肥沃的土壤。中国革命文化以文化的形式展现了中国共产党艰苦卓绝的革命斗争和曲折艰辛的探索历程，展现了中国共产党人和中国人民一百多年来不屈不挠的奋斗历程，展现了中国近现代为摆脱奴役和落后的历史进程。以毛泽东为核心的第一代党中央还活学活用马克思主义，根据中国农村农民力量强大而统治阶级力量薄弱、中国城市工人阶级力量薄弱而统治阶级力量强大的国情，创造了

---

① 习近平. 在布鲁日欧洲学院的演讲 [EB/OL]. 新华网，2015-06-12.
② 习近平. 历史是人民书写的 一切成就归功于人民 [EB/OL]. 新华社，2017-10-25.

"农村包围城市"的革命道路，从而开启了中国化马克思主义的实践之门。

中国革命文化植根于近代中国特殊国情和中国共产党领导革命的历史中，承载了中国人民艰苦卓绝的斗争实践史，凝聚着革命先烈的热血和牺牲。中国共产党早期领导人积极开展社会调查，在社会实践中从群众利益出发，组织、教育、动员群众，如组织工人罢工、发动农民暴动、建立革命根据地、开展游击战、成立苏维埃政权、推行土地改革、建立抗日民族统一战线，这些都是中国革命时期发生在中国大地的生动革命实践。在南昌起义、湘赣边界秋收起义、广州起义、五次反围剿等武装反抗国民党统治的斗争中，在进行土地革命，开展武装斗争、建设根据地的"农村包围城市"革命道路探索等革命实践中，中国共产党人总结出中国革命的三大法宝，即统一战线、武装斗争、党的建设。中国革命的胜利重新确立了中华民族近代以来一度受到损伤的文化自信。

三、中国革命文化的育人功能

中国革命文化作为中国特色社会主义文化不可或缺的重要组成部分，既是历史的，也是当代的，在精神提升、思想教育等方面具有强烈的育人功能。中国革命波澜壮阔的历史进程，革命者感天动地的丰功伟绩，革命旧址、遗物等展现的震撼心魄的场景，永远都是感动和教育后来人的最佳题材，具有强大的育人功能。

（一）思想导向功能

中国革命文化中蕴含着丰富的革命精神、厚重的历史文化，在文化育人中，对于传递正能量、弘扬社会主义核心价值观、坚守意识形态阵地等，都具有重要的思想导向功能。

1. 正能量传递功能

中国革命文化中蕴含的革命精神是革命文化抽象的脉搏和鲜活的灵魂，其对理想信念的追求、对人民的真诚热爱、对牺牲奉献的果敢以及对艰苦奋斗的坚持等，始终体现着为中国人民谋幸福、为中华民族谋复兴的精神标识和价值信念，始终凝聚着中国共产党人最丰富、最持久、最优质的鲜明品格。习近平总书记指出，"对我们共产党人来说，中国革命历史是最好的营养剂和清醒剂，是最好的教科书。当代共产党人只有从革命文化中重温历史、感悟初心、接受洗礼，才能真正明白中国共产党从哪里来、到哪里去，清醒认识我们党与生俱来的精神特质和政治本色。只有用具有丰厚历史底蕴和精神内涵的革命文化熏陶思想、滋养心灵，使红色基因融入党员干部的精神血脉，才能使当代共产党人的理想信念变得深沉而执着，精神品格变得高尚而坚毅。多重温我们党领导人民进行革命的伟大历史，心中就会增添很多正能量"①。中国革命文化是充满正能量的文化。

中国革命文化中革命事件、革命精神、革命遗存、革命文物以及老一辈无产阶级革命家、革命先烈、英模的感人事迹，及其所展现出来的崇高的理想、坚定的信念、不怕牺牲、服务人民、艰苦奋斗和无私奉献等高尚的道德，爱国爱民、无私奉献的优秀品质、人格魅力，敢于创新、实事求是、勤俭朴素、艰苦奋斗的精神，都承载和凝结着丰富的高尚道德资源，具有强大的教化、引导、激励、凝聚和辐射功能，蕴含强大的道德正能量。用中国革命文化育人，必然能使人在革命精神的浸润和熏陶中，接受和认同中国革命文化蕴含的道德正能量，自觉坚定共产主义远大理想，养成热爱祖国、热爱和平、热爱生活的家国情怀和敬业奉献、勤俭节约、廉洁自律的道德品行，科学的理论、伟大的精神、崇高的理念和丰富的经验，能在社会上传递更多的正能量。

2. 价值引领功能

习近平总书记指出："实现两个一百年奋斗目标，需要全社会方方面面同心干，需要全国各族人民心往一处想、劲往一处使。如果一个社会没有共同理想，没有共同目标，没有共同价值观，整天乱哄哄的，那就什么事也办不成。"② 全社会需要共同的价值引领，需要进行正确的价值观教育，中国革命文化就是一种先进的、光明的、公正的、高尚的文化，具有鲜明的价值引领功能。中国革命文化中蕴含的崇高理想信念和价值追求、优秀精神品质和人格魅力与社会主义核心价值观是一致的，其中追求真理、坚定信念、艰苦奋斗、实事求是、依靠群众、勇于拼搏、开拓创新等崇高精神和爱祖国、爱人民、爱社会主义的主流价值观，为全社会提供了价值引领。将中国革命文化的精神实质、核心内涵、价值理念嵌入社会主义核心价值观进行正确的价值观教育，是文化育人的重要内容和目标之一。

习近平总书记指出："一个民族、一个国家的核心价值观必须同自身的历史

---

① 党面临的"赶考"远未结束——习近平总书记再访西柏坡侧记 [N]. 光明日报，2013-07-14.

② 习近平谈治国理政（第二卷）[M]. 北京：外文出版社，2017：335.

文化相契合"①，中国革命文化是中国历史文化的重要组成部分，它为社会主义核心价值观提供精神养分和精神力量，为培育具有正确价值取向和崇高精神境界的时代新人培植肥沃的土壤。用中国革命文化的精神内涵阐释社会主义核心价值观的丰富内涵，用革命英雄人物的鲜活事例宣传社会主义核心价值观的基本内容，对于新时代爱国主义、集体主义、社会主义观念的培育和正确的世界观、人生观、价值观的确立具有重要的引领作用。

3. 意识形态导航功能

在改革开放的条件下，人民的思想观念日益多样化，各种错误思想和不良文化侵蚀着人们的精神世界，扰乱人们的价值观，造成思想混乱，如果不正视这些问题，就可能威胁马克思主义在意识形态领域的指导地位。意识形态的阵地我们不去占领，就会被敌对势力所利用和占领。用中国革命文化中革命传统、革命理想、革命作风、革命信念、革命精神育人，可以从中汲取精神力量和智慧，弘扬社会正气，倡导社会主义核心价值观，旗帜鲜明地抵制一切攻击、解构、戏谑、丑化、抹黑中国革命事件、革命领袖、革命英雄，否定党的革命历史和历史功绩的历史虚无主义错误倾向。习近平总书记强调指出："共产党人不是历史虚无主义者，也不是文化虚无主义者，不能数典忘祖、妄自菲薄。"②"历史虚无主义"贬低马克思主义真理，"从根本上否定历史上的一切革命和进步，否定新中国的一切历史进步和成就"③，企图抽空和销蚀共产党人精神家园，颠覆党的执政道路和中国特色社会主义道路。

中国共产党领导中国人民夺取中国革命胜利的历史，是一部充满曲折的苦难与辉煌的历史，中国革命文化作为这段历史的文化沉淀，记录了中国革命百折不挠的奋斗历程，再现了可歌可泣的英雄伟业，展示了充满神奇的史诗篇章，它立足于历史真相和客观规律，诉诸真理，用历史事实和实践规律阐明了中国共产党革命和执政道路形成、中国特色社会主义道路、理论、制度和文化确立的实践性、特殊性及合理性，充分表明中国共产党人的理想信念不容动摇，精神家园不能迷失，红色基因不可变异，从意识形态上起到了思想领航作用。

① 中共中央宣传部. 习近平新时代中国特色社会主义思想三十讲 [Z]. 北京：学习出版社, 2018：196.
② 习近平. 不能数典忘祖、妄自菲薄 [EB/OL]. 新华网, 2014-10-14.
③ 刘书林, 丁晓丽. 高校践行社会主义核心价值观的基本思路 [J]. 思想理论教育导刊, 2015 (9).

（二）精神涵养功能

中国革命文化传承和升华了中华民族优秀传统文化，并积淀了社会主义先进文化的底蕴，凝结着革命英烈对中华民族伟大复兴的奋斗历史，构成了中国共产党独特的精神传统和精神标识，是新时代文化育人的重要思想资源和宝贵的精神营养，具有强大的育人功能。

1. 强化理想信念

理想信念是中国共产党的政治灵魂和精神支柱，是共产党人安身立命的根本和动力源泉。习近平总书记强调指出："理想信念是共产党人精神上的'钙'，理想信念坚定，骨头就硬，没有理想信念，理想信念不坚定，精神上就会'缺钙'，就会得'软骨病'"①，"革命理想高于天"，中国共产党始终以马克思主义为指导，带领人民以理想信念指引伟大的革命实践，更在伟大的革命实践中将理想信念贯穿始终，正如习近平总书记所言："中国共产党是用马克思主义武装起来的政党，马克思主义是中国共产党人理想信念的灵魂"②，正是以理想信念为灵魂，体现出革命文化的独特魅力。

对马克思主义的信仰，对社会主义、共产主义的理想和信念，成为中国革命胜利的一种精神动力，夏明翰在《就义诗》中写下"砍头不要紧，只要主义真。杀了夏明翰，还有后来人"③ 这样的豪言壮语，方志敏在《可爱的中国》中发出"敌人只能砍下我们的头颅，决不能动摇我们的信仰"的坚定誓言，周文雍拥有的"头可断，肢可折，革命精神不可灭。壮士头颅为党落，好汉身躯为群裂"④ 的豪迈气概。他们用行动诠释共产党人不惜流血牺牲，为中国人民谋幸福、为中华民族谋复兴的崇高理想和信仰力量。中国革命文化对于加强和巩固社会主义和共产主义的理想信念具有重要作用，列宁指出："为巩固和完成共产主义事业而斗争，这就是共产主义道德的基础。"⑤ 理想信念既是新时代实现中华民族伟大复兴的精神指引和精神支撑，也是铸就承担时代大任的新人的精神支柱。"中国革命历史是最好的营养剂"，以中国革命文化培养时代新人，

---

① 中共中央宣传部. 习近平新时代中国特色社会主义思想三十讲［Z］. 北京：学习出版社，2018：313.
② 习近平. 在纪念马克思诞辰 200 周年大会上的讲话［EB/OL］. 新华网，2018-05-04.
③ 萧三. 革命烈士诗抄［M］. 北京：中国青年出版社，1959：16.
④ 萧三. 革命烈士诗抄［M］. 北京：中国青年出版社，2004：12.
⑤ 列宁选集（第四卷）［M］. 北京：人民出版社，2012：355.

从中国共产党带领中国人民不畏艰难、不惧牺牲、坚定信念、坚持奋战的革命历史中汲取"营养剂"，这是补足时代新人精神之"钙"，引领时代新人始终坚守梦想、奋力向前、努力实现中华民族伟大复兴中国梦的必然选择。

2. 提升精神境界

中国革命文化作为一种社会主义的先进文化，每一处革命遗迹、每一块奋斗土地、每一件珍贵文物都体现出高尚的道德情操，都折射出革命群众爱国主义情感、集体主义精神和艰苦奋斗的优良作风等高尚道德品质，这些潜移默化地渗入人的内心世界，能大大提升人们的思想观念和精神境界。中国革命文化在不同历史时期培育不同表现形式的革命精神，精忠报国赤诚奉献的爱国情怀，不畏强敌敢打必胜的坚定信心，排山倒海决战决胜的英雄气概，视死如归勇于斗争的牺牲精神，忠贞不渝威武不屈的革命气节，处变不惊沉着果敢的心理定力，军令如山军纪如铁的纪律观念，等等，都是中国革命文化中所蕴含的高尚道德精神的内在呈现。

中国革命文化与新时代中国特色社会主义文化所强调的以爱国主义为核心的民族精神，有着一脉相承的价值追求和价值目标。在革命战争年代，中国共产党从上海出发，在领导中国革命的征程中形成了红船精神、井冈山精神、长征精神、延安精神、西柏坡精神等，这些都是中国革命文化的精髓，是激励人们开拓进取、矢志不渝的强大精神支柱；在社会主义改造和社会主义建设时期，中国共产党形成了雷锋精神、大庆精神、"两弹一星"精神、载人航天精神、抗洪精神、奥运精神、抗震救灾精神等，这些都是革命精神得以传承的体现；改革开放以来，中国共产党以革命的勇气和信心，牢记"改革也是一场革命"的嘱托，不断探索国家发展道路，不断加强党的自身建设，不断推进社会变革，取得了举世瞩目的成就，形成了以爱国主义为核心的民族精神和以改革创新为核心的时代精神；进入新时代，中国共产党坚守初心、不负使命，牢记人民和民族重托，在进行伟大斗争、建设伟大工程、推进伟大事业、实现伟大梦想的实践中，形成了伟大创造精神、伟大奋斗精神、伟大团结精神、伟大梦想精神，成为激励中国人民接续奋斗、开拓进取的强大精神支柱。革命精神的一代代传承，对于提升人们的精神境界具有极大的催化作用。

四、新时代中国革命文化育人路径探索

中国革命文化是社会主义先进文化的重要组成部分，凝聚着中国共产党的光荣革命传统和中华民族宝贵的精神品质。新时代落实立德树人根本任务和文化育人终极目标，必须继承和弘扬中国革命文化，充分发挥中国革命文化的时代价值，推动以中国革命文化育人工作的开展。

（一）传承创新发展中国革命文化

中国革命文化上承中华优秀传统文化，下启社会主义先进文化，中华优秀传统文化、中国革命文化、社会主义先进文化是一脉相承的，随着时代的发展，中国革命文化也应该被注入时代元素，与时俱进，创新发展。

1. 以深入的研究促进中国革命文化的传承

中国革命文化的核心是革命精神，从中国共产党的诞生起，历经了"开天辟地""惊天动地""改天换地"的历程，其精神实质充分体现在中国化的马克思主义、实事求是的理想品格和中华民族精神的升华，既具时代性，又有创新性。习近平总书记在党的十九大报告中明确指出："继承革命文化，发展社会主义先进文化，不忘本来、吸收外来、面向未来，更好构筑中国精神、中国价值、中国力量，为人民提供精神指引。"① 中国革命文化是优质育人资源，要加强对中国革命文化的研究，实现中国革命文化的有效传承。

对中国革命文化开展研究，首先，必须研究革命斗争，包括军事斗争、政治斗争、经济斗争等，这些革命斗争实践为中国革命文化的产生提供了土壤，其蕴含的坚忍不拔、勇往直前的奋斗精神，自力更生、艰苦奋斗的创业精神，不畏牺牲、乐于奉献的奉献精神，都为中国革命文化提供了营养；其次，要结合中国共产党的历史发展，把中国革命文化与中华优秀传统文化、社会主义先进文化和世界优秀文明成果的研究相结合，坚持论从史出、史论结合，加强学术研究，强化学理支撑；最后，要努力构建多学科的协同研究，马克思主义理论、哲学、中共党史、政治学、历史学、社会学、教育学等多学科、多角度开展研究，形成中国革命文化研究的合力，促进革命文化的传承发展。

2. 创新发展中国革命文化内容

中国革命文化内容丰富多样，它是无数英雄烈士前赴后继表现出来的革命精神，它是中国共产党人带领全国各族人民，为了实现民族独立和人民解放创造的光辉历史和胜利奇迹。一种先进的与时俱进的文化，其内容应当具有普适

---

① 习近平. 决胜全面建成小康社会夺取新时代中国特色社会主义伟大胜利——在中国共产党第十九次全国代表大会上的报告［EB/OL］. 新华网，2017-10-18.

性，其传承与发展形势应当具有创新性。在新时代，必须对中国革命文化内容在尊重历史事实的基础上进行创造性转化和创新性发展，赋予中国革命文化以时代意义和时代价值，结合新的时代背景，不断为其增添新的内涵、意蕴，使其更加具有时代性、创新性，突出时代主题。

创新发展中国革命文化内容，必须深入挖掘中国革命文化中与当代的精神追求与价值观念相契合的内容，充分展现其当代价值。中国革命文化与新时代中国特色社会主义文化之间的联系密不可分，中国革命文化是马克思主义中国化初始化阶段形成的文化样态，对马克思主义中国化的理论贡献是巨大的，习近平新时代中国特色社会主义思想作为马克思主义中国化最新理论成果，是中国特色社会主义理论体系的重要组成部分，是全党全国人民为实践中华民族伟大复兴的奋斗行动指南，两者在理论上一脉相承。中国革命文化持续推进马克思主义中国化、时代化、大众化，为建设具有强大凝聚力和引领力的社会主义意识形态，为全体人民在理想信念、价值理念、道德观念上紧紧团结在一起奠定了重要的思想文化基础，为加强理论武装，推动习近平新时代中国特色社会主义思想深入人心提供了有力支撑。

3. 创新发展中国革命文化育人方式

中国革命文化是通过各种各样的形式表现出来的，以怎样的形式展现中国革命文化，直接关系到中国革命文化育人的作用和效果。2016 年 4 月，习近平总书记在安徽省金寨县考察时说，革命传统教育要从娃娃抓起，既注重知识灌输，又加强情感培育，使红色基因渗进血液、浸入心扉，引导广大青少年树立正确的世界观、人生观、价值观，要以启蒙式、启迪式的教育方式，将红色文化资源转化为喜闻乐见的教材，让青年一代的心灵受到革命文化的熏陶，让青年一代的思想和品德受到锤炼。在新时代，中国革命文化呈现出许多新的形态，不仅是中老年人对过去的回忆，而且逐渐成为当代年轻人崇尚的文化。例如：重走长征路、寻访抗战老兵等活动吸引越来越多年轻人参与，红军形象、军用水壶等革命文化元素在被添加进时尚元素后，成为年轻人所青睐的文化产品。

创新发展中国革命文化育人方式，必须注意内容与形式的统一，在中国革命文化育人过程中，往往存在重形式、轻内容的倾向，忽视了中国革命文化的核心精神因素对人思想的渗透，导致育人效果大打折扣，为此，在中国革命文化育人中必须运用恰到好处的方式，将中国革命文化蕴涵的实质内容和精神气质植入育人方式之中。比如，邀请老红军、老战士等革命先辈进行英雄事迹报告或邀请中国革命文化研究专家进行学术讲座，让听众接受心灵洗礼；还可以举办大型的图文并茂的革命文物展览活动，供人们免费参观，使人深受感悟和启迪；还可以利用互联网的新颖性、创新性、快捷性、时代性，结合时代元素，加强中国革命文化网络资源整合，建好革命文化网站，把革命文化中最深刻、最感人、最富有教育意义的内容通过文字、图片、音频、视频、直播、论坛、微博、微信等手段呈现出来；或者利用高科技的声光电技术，重现当年的革命情景，以震撼的力量发挥影响作用，提升中国革命文化育人的效果。

（二）大力宣传中国革命文化

大力宣传中国革命文化，既要讲好革命故事，还要大力宣扬革命精神。

1. 讲好革命故事，增强中国革命文化的吸引力

在革命战争时期，涌现出许许多多感人的革命故事，传承和发展中国革命文化，增强中国革命文化育人实效，就必须以多样的形式讲好革命故事，增强中国革命文化的吸引力。习近平总书记在河南考察调研时强调："要讲好党的故事、革命的故事、根据地的故事、英雄和烈士的故事，加强革命传统教育、爱国主义教育、青少年思想道德教育，把红色基因传承好，确保红色江山永不变色。"① 中国革命文化是革命实践的伟大创造，是中国革命事业的精神遗产和文化传承，在中国革命文化史上，有刘胡兰、董存瑞、赵一曼、张思德、黄继光、雷锋等一大批革命英雄人物的感人故事；有飞夺泸定桥、四渡赤水、巧渡金沙江、长征、三大战役等革命英雄事迹；有《闪闪的红星》《铁道游击队》《地雷战》《地道战》《渡江侦察记》《鸡毛信》等来源于人民革命斗争的经典影片；也有外国记者讲述中国革命故事的著作，如美国记者斯诺的《西行漫记》（又名《红星照耀中国》）、美国著名作家和记者哈里森·索尔兹伯里《长征：闻所未闻的故事》、英国记者林迈可《抗战中的红色根据地》、美国学者白修德《中国的惊雷》等等。为此，需要讲好一个个具体鲜活的革命故事，通过革命英雄事迹和革命故事影响教育全体社会成员，帮助他们了解中国革命文化的独特创造、中国革命文化的独特贡献和中国社会制度的独特优势。

讲好革命故事，必须组织相关研究力量，积极挖掘革命斗争中产生的先进人物和先进事迹，通过查证史料、寻访革命遗址、访谈老红军、老战士等方式，大力宣传中国革命文化，在寻访过程中，必须保护、管理和利用好革命文物，

---

① 习近平. 新时代要讲好红色故事［N］. 河南日报，2019-09-26.

充分利用好革命博物馆、纪念馆，为中国革命文化可持续利用提供保证。革命文物和革命纪念馆是革命故事的物质载体，集中反映了中华民族和中国共产党人的光荣传统和优良作风，能够在强化主流意识形态、加强精神文化建设、传承红色基因中发挥独到作用。在借助革命文物和通过革命纪念馆讲解中国革命故事时，不能过分夸大某一历史人物、某一历史事件、某一段革命历史，要尽量原汁原味、原原本本地讲述复原历史原貌。

2. 宣扬革命精神，彰显中国革命文化的独特魅力

中国共产党在长期的革命斗争中形成的优良传统和革命精神，体现了人性的升华，是人性中崇高精神的集中体现，是一笔宝贵的精神财富和丰厚的育人资源，习近平总书记一再强调要坚持用革命文化铸魂育人，大力弘扬红船精神、井冈山精神、苏区精神、照金精神、长征精神、遵义会议精神、延安精神、抗战精神、吕梁精神、沂蒙精神、西柏坡精神、老区精神等革命精神[1]。中国共产党在近百年的光辉历程中形成了一系列革命精神，集中体现了中国共产党的性质、宗旨和品格、气质，是我们党的宝贵精神财富，宣扬革命精神，充分发挥革命精神的引领、凝聚、激励和教育功能，对于新时代传播中国声音、讲好中国故事，用中国革命文化提升人们的精神境界具有重要意义。

中国革命文化是一代又一代中华儿女为实现民族独立和人民解放不懈奋斗的真实映照，如红船精神所孕育的开天辟地、敢为人先的首创精神，坚定理想、百折不挠的奋斗精神，立党为公、忠诚为民的奉献精神；井冈山精神中展现出来的坚定执着追理想、实事求是闯新路、艰苦奋斗攻难关、依靠群众求胜利的精神；苏区精神中蕴含的坚定信念、求真务实、一心为民、清正廉洁、艰苦奋斗、争创一流、无私奉献的精神；照金精神中所表现出的密切联系群众的精神；长征精神中展现出的乐于吃苦、不惧艰难、艰苦奋斗的革命乐观主义精神，勇于战斗、无坚不摧、坚信正义事业必胜的革命英雄主义精神，顾全大局、严守纪律、紧密团结的集体主义精神；遵义会议精神展现出的把马克思主义基本原理同中国具体实际相结合、坚持走独立自主道路、坚定正确的政治路线和政策策略、建设坚强成熟的中央领导集体等实事求是精神；延安精神中展现出的坚定正确的政治方向、保持党同人民群众的血肉联系，始终为党和人民事业不懈努力、艰苦奋斗、理论联系实际、不断开拓进取的精神；抗战精神中展示的天

---

① 习近平. 必须保持革命精神［EB/OL］，共产党员网，2018-01-18.

下兴亡、匹夫有责的爱国情怀，视死如归、宁死不屈的民族气节，不畏强暴、血战到底的英雄气概，百折不挠、坚忍不拔的必胜信念；西柏坡精神中的"两个务必"、谦虚谨慎、艰苦奋斗、实事求是、一心为民的精神；等等。这些革命精神和人格气质，都展现了中国革命精神的独特魅力。

（三）大力发展红色文化

红色文化蕴涵了中国共产党在长期领导中国革命与建设的伟大实践中所创造和积累的丰富历史经验，包括重要革命纪念地、纪念物、标志物及其所承载的革命历史、革命精神等。红色文化对于增进人们的爱国主义情怀、培育人们高尚的道德情操，具有重要的育人价值，新时代文化育人，必须大力开展红色文化教育。

1. 充分挖掘当地革命文化的红色精神，展现中国革命文化精神内核

红色文化凝结着共产党员的信仰、精神和价值，发展红色文化可以结合当地的红色文化资源，从红色文化发源地精心选材、取材，尤其是革命老区、苏区，通过编印革命斗争史教材、编排革命文化戏剧、设置革命文化史讲座、拍摄革命文化史宣传片、祭奠革命烈士、重温入党誓词等，展现中国革命文化精神内核，增强人民群众对革命精神的深层次认知。党的十八大以来，习近平总书记先后到河北阜平和西柏坡，以及山东临沂、福建古田、陕西延安、贵州遵义、江西井冈山等革命老区考察并发表重要讲话，反复强调要让红色精神放射出新的时代光芒，多次指出要把红色资源利用好、把红色传统发扬好、把红色基因传承好。

传承发展红色文化，可以利用红色文化具有地域性的特点，多角度、多层面、多形式地与当地人文文化相融合，如延安红色文化中凝练出的如抗大精神、南泥湾精神、延安整风精神、白求恩精神、张思德精神等，是以"自力更生、艰苦奋斗、实事求是、全心全意为人民服务"为中心的延安精神的集中体现；再如，作为"伟人故里、将帅之乡、革命圣地"的湖南，红色历史文化资源丰富，湖南省立第一师范学校、中共湘区委员会旧址、湖南自修大学旧址，韶山毛氏宗祠、毛泽东故居等，见证了中国共产党人开天辟地、敢为人先的万丈豪情；秋收起义文家市会师旧址、平江起义旧址等，是共产党人星火燎原、开展武装斗争的丰碑。这些红色文化资源都需要深入挖掘，大力弘扬其中蕴含的伟大精神。

2. 大力开展红色文化活动，发挥红色文化的育人功能

发挥红色文化的育人功能，可以利用重大节庆日有针对性地大力开展红色

文化活动。如在庆祝建党、建军、新中国成立纪念日等重要时间节点上，利用国家公祭仪式、烈士纪念日、重大革命历史事件纪念日、各类爱国主义教育基地、历史遗迹等，组织党员干部、群众到革命纪念地开展形式多样的具有纪念意义的庆祝活动，充分挖掘革命纪念地所蕴藏的优秀传统文化、革命事迹和本土英雄人物，将红色教育以本土化、大众化的方式呈现出来，让广大党员和人民群众学习革命先烈功高不自居、位高不自显的优秀品格，学习他们先人后己、舍身忘我、淡泊名利的高尚情操，学习他们践行党的宗旨、发扬优良作风，始终保持谦虚谨慎、艰苦奋斗的伟大精神，学习他们在处理矛盾时的昂扬斗志和革命激情，在应对复杂环境和风险挑战时的机智与坚韧。通过这些丰富多彩的活动，展示红色文化深刻内涵，充分发挥红色文化的育人功能。

红色文化的内容极其丰富，在不同的时代，红色文化产品都有其独特印记，可以邀请参加过革命斗争和建设的老干部、老战士、老模范做革命优良传统报告，开展"红色文化进校园""红色文化进社区""红色文化进企业""红色文化进基层"等活动，加强中共党史、革命历史的知识普及，革命故事、革命精神的宣讲，红色政权的建立等红色文化的宣传和教育，让人们的思想受到深刻教育，心灵受到洗礼，增强他们对革命理想信念的认同，帮助人们树立正确的世界观、人生观、价值观，坚定正确的理想信念和政治方向，提高明辨是非的能力，筑牢抵御拜金主义、享乐主义、极端个人主义等腐朽思想侵蚀的思想道德防线，增强红色文化育人的实效。

3. 大力打造红色文化旅游，传播红色文化正能量

红色文化旅游是以革命纪念地、纪念物以及所承载的革命精神为内涵，以现代旅游为手段，组织接待游客参观游览，在此过程中聆听革命英雄人物的感人故事，学习革命历史文化知识，接受革命精神教育，愉悦身心、增长阅历的旅游活动，也是一种有着极强的现实意义和历史意义的体验式育人模式。红色文化在革命战争年代的发生地多是经济相对落后而自然环境优美的地域，如沂蒙山区、广西百色、江西井冈山、陕西延安、贵州遵义、福建古田、河北西柏坡等，可以将优良的革命传统、革命文化、革命精神，融入这些红色文化发源地优美的自然景观之中，形成新的红色文化样态。

打造红色文化旅游，可以通过深入革命老区和红色文化教育基地，寻找红色文化遗迹，感受红色文化魅力，身临其境地感受革命先烈的英雄事迹，从中受到熏陶和教育，发挥寓教于游、寓教于乐、引导和传播红色文化正能量的作

用，增强红色文化育人效果。在红色旅游中，一是要营造浓厚的红色文化育人氛围，如穿红军服、唱红军歌、走红军路等活动，可以让参观者在红色旅游过程中，体会到革命先烈在战场上的英勇不屈，感受到英雄们为祖国不惜牺牲一切的伟大情怀，潜移默化地接受爱国主义和革命传统教育的熏陶，接受革命传统的洗礼，增强参观者对红色历史、红色精神的体验和认同，坚定理想信念，凝聚价值共识。二是要将红色文化与旅游文化、传统文化充分结合起来，找准红色旅游的科学定位，着力打造红色旅游精品线路，鼓励旅游行业从业者自觉承担起弘扬红色文化的社会责任，有意识地对游客进行红色文化与旅游文化、传统文化的宣讲。

4. 拓展红色文化传播途径，推动红色文化普及化

实现红色文化育人，必须拓宽和创新红色文化传播途径，采用能够生动体现红色文化精神与内涵的、喜闻乐见的艺术表现手段，利用各种工具、各种时机，"润物细无声"地把红色文化广泛渗透到人们日常生活和学习中，渗透到企业文化、社区文化和校园文化之中。如在社区建立免费对外开放的革命博物馆、在校园成立红色文化研讨会、在企业建立革命精神与企业家精神相关的研究宣传机构等形式，把红色文化传播同生产、生活、学习实践紧密相联，互相促进，既充分挖掘和利用了红色文化资源，又达到红色文化育人的目的和效果。

红色文化传播，既可以利用传统的方式，也可以拆分利用新媒体技术。具体而言，主要要把握以下途径和方式：一是充分挖掘研究当地的红色文化资源，建立爱国主义教育基地和文化主题公园，建立红色文化博物馆、纪念馆等；二是努力打造红色文化精品，通过打造一批高质量、高品位、高水平的主题鲜明、形式新颖多样、内容丰富的文学作品、歌曲、舞蹈、影视、戏剧作品、网络作品等红色文化艺术精品，使人们对红色文化产生浓厚兴趣，增强红色文化传播的实效性；三是利用各类报刊、广播电台、影视等渠道，加强对红色文化的广泛宣传，为人们开辟感受红色文化的渠道；四是积极利用现代化媒介手段宣传红色文化，紧跟网络信息时代发展步伐，积极引进新的网络媒体、自媒体传播方式传播弘扬红色文化，建立红色文化主页网站，增强红色文化育人效果。

（四）将中国革命文化融入高校文化育人体系

作为意识形态前沿主阵地的高校，实施中国革命文化育人工作，既是贯彻落实习近平新时代中国特色社会主义思想的时代要求，又是发挥中国革命文化的育人作用的内在需求。中国革命文化涵养着中国共产党人的政治韬略和理论智慧，凝聚着中国共产党人的先进思想和革命精神，体现了中国共产党人独特而崇高的价值观，既有深刻的历史感，又有强烈的时代性，是宝贵的育人资源，能够激励当代大学生，塑造健全人格，增强社会实践能力。新时代高校文化育人，不是单方面的工作，而是系统的育人体系，将中国革命文化融入高校文化育人体系，能增强大学生对中国特色社会主义的理论认同、政治认同和情感认同，增强文化育人实效。

1. 将中国革命文化融入校园文化建设

中国革命文化具有重要的育人价值，高校可以把中国革命文化教育作为大学生思想政治教育的重要内容，将中国革命文化融入高校校园文化建设，这是中国革命文化育人的重要途径。高校可以通过校园景观、文化走廊、宣传橱窗、校园广播、学生社团、校园网、学校贴吧、宣传栏、校报、校刊或其他内部刊物或媒介开辟固定专栏，介绍学校属地的革命文化，也可以在校园内建立介绍革命英烈的展馆或革命文化长廊等，在校园文化活动中充实中国革命文化，以红色元素打造精品校园文化活动，用中国革命文化的思想内涵为校园文化建设提供理论支撑和价值导向，将校园文化活动场所建设成为传播中国革命文化的平台，增强中国革命文化育人的效果。

中国革命文化是人们穿越时空、感受革命历史和革命精神的载体，形象地还原了波澜壮阔的革命过程，鲜活地展示了风起云涌的革命战争事件，如实地再现了可歌可泣的革命先烈事迹，生动地阐释了英雄壮烈的革命精神。学校工会、团委、学工处、宣传部等部门，还可以联合举办革命歌曲演唱比赛、组织阅读革命书籍等活动，设置革命电影放映周，举办中国革命文化专题讲座、演讲或辩论赛等，通过这些丰富多彩的校园文化活动形式，将中国革命文化成果转化为贴近学生、贴近实际、贴近生活、贴近时代的内容，增强中国革命文化的传播力、吸引力、感染力，让大学生在参与校园文化活动中体验中国革命文化的魅力，在体验中触动灵魂，升华境界。将中国革命文化融入高校校园文化建设，可以让学生在潜移默化中把红色文化基因内化于心、外化于行，使红色文化基因成为优良品质和健康人格的重要文化标识。

2. 将中国革命文化融入高校思想政治理论课堂

中国革命文化丰富的精神内涵和独特的育人价值是高校思想政治理论课教学的重要素材，为高校思想政治理论课提供了丰富的教育资源和深厚的育人力量。在坚持高校思想政治理论课教学总体性目标不变的前提下，在高校思想政治理论课教学过程中，充分开发利用地域革命文化资源，将教材内容与中国革命文化内容巧妙衔接、科学融合、精准渗透，能够有效化解高校思想政治理论课教学中素材匮乏的困境，大大丰富高校思想政治理论课教学的内涵，既保持了高校思想政治理论课教学的红色底蕴，增强思想政治理论课课堂教学的趣味性、实效性和针对性，又为实现铸魂育人的目标注入了强大的精神动力。2019年3月18日，习近平总书记在学校思想政治理论课教师座谈会上指出："中华民族几千年来形成了博大精深的优秀传统文化，我们党带领人民在革命、建设、改革过程中锻造的革命文化和社会主义先进文化，为思政课建设提供了深厚力量"①，在中华民族一脉相承的三种文化形态中，中国革命文化构成了其中重要的一环。中国革命文化融入思想政治理论课，就必须把中国革命文化中有关革命理论、革命道路、革命精神等内容，融入思想政治理论课教材，融入思想政治理论课教学。同时必须注意，挖掘中国革命文化中所蕴含的精神内涵、历史意义，要"防止教条主义照搬过去的革命话语，妥善处理革命文化和话语在当今社会生活和政治生活中的价值指向"②。只有正确把握中国革命文化的科学内涵和时代价值，才能推进中国革命文化有效地融入高校思想政治理论课中。

为了提高中国革命文化育人效果，高校必须不断提高教师的革命文化素养，发挥思想政治理论课教师的价值引领作用，通过对中国革命文化资源的有效凝练和合理选择，形成对大学生进行思想政治教育的特有素材。"高校教师要坚持教育者先受教育，努力成为先进思想文化的传播者、党执政的坚定支持者，更好担起学生健康成长指导者和引路人的责任，"③ 教师应熟知党领导人民革命斗争的基本史实、历史发展的主要脉络、基本走向及重要关节点，中国革命文化蕴含的心系群众、众志成城、艰苦奋斗、锐意进取、百折不挠、创新发展、敢于胜利的精神的内涵和价值，做到真学、真懂、真信、真用。为帮助思想政治理论课教师准确把握中国革命文化的科学内涵和时代价值，要"依托高校和相关科研机构，建立一批革命精神研究中心，构建革命文化资源学科体系"④，开

① 张烁. 习近平主持召开学校思想政治理论课教师座谈会 强调用新时代中国特色社会主义思想铸魂育人 贯彻党的教育方针落实立德树人根本任务 [N]. 人民日报，2019-03-19.
② 许慎. 革命文化的出场、演进和生命力的内在逻辑 [J]. 贵州社会科学，2018 (4).
③ 习近平. 把思想政治工作贯穿教育教学全过程 [N]. 人民日报，2016-12-09.
④ 徐美英，田小伟. 革命文化资源应用于思想政治理论课教学的思考 [J]. 学校党建与思想教育，2017 (14).

展中国革命文化传承与思想政治理论课教学相关研究，不断提升思想政治理论课教师的理论功底和革命文化素养。

3. 将中国革命文化融入校外课堂

中国革命文化是人们穿越时空感受革命历史和革命精神的载体，具有强烈的吸引力和感染力。用好用活丰富的革命文化资源，还应发挥好校外课堂教学的延伸拓展作用，将高校属地的中国革命文化资源开辟为校外课堂，以实现课堂理论教学和课外实践的有机融合。中共中央国务院印发的《新时代爱国主义教育实施纲要》中明确要求"要了解中国共产党领导全国人民为建立新中国而英勇奋斗的崇高精神和光辉业绩"，明确指出"各类博物馆、纪念馆、烈士纪念建筑物、革命战争中重要战役、战斗纪念设施、文物保护单位、历史遗迹、风景胜地和展示我国两个文明建设成果的重大建设工程、城乡先进单位，是进行爱国主义教育的重要场所……学校应将这类教育活动列入德育工作计划"①。为更好落实"纲要"要求，高校可以组织中国革命文化基地参观调研活动，将大学生带出课堂，亲自参与和体会革命先烈当年生活、战斗甚至牺牲的地方，借助参观瞻仰革命战役纪念馆、烈士陵园、纪念碑和举办党的纪念活动等物质和仪式载体，引导大学生回忆和总结革命历史，缅怀先烈，追思革命情怀和革命精神，重温中国共产党在高校属地的革命历史，进行革命精神教育和集体记忆重唤。

不同地区高校可以结合自身实际建立嵌入红色文化元素的实践教学基地，以革命历史人物、革命遗存和革命纪念场馆为实践载体，组织学生专题学习革命历史、革命精神、革命文学艺术以及人民领袖、将军、烈士及老区广大人民群众的革命事迹等非物质红色文化资源，让大学生真正感受到红色文化的魅力和价值，让他们走进融知识、文化与教育为一体的第二课堂，现场追溯历史、反思现实，补充红色文化营养。高校用中国革命文化育人，可以从情感上缩短大学生与教育内容之间的时空距离，激发大学生对中国革命文化的兴趣，增强对中国共产党的感情、对社会主义制度的热爱，厚植爱国主义情怀，有助于大学生树立正确的世界观、人生观和价值观。

4. 将中国革命文化融入实践活动

理论与实践的统一，是马克思主义的基本原则和方法。习近平总书记反复

---

① 中共中央国务院. 新时代爱国主义教育实施纲要［EB/OL］. 新华网，2019-11-12.

强调，知行合一、贵在行动，要尊重实践、不断实践、坚持实践。要提升中国革命文化育人效果，就必须开展丰富多彩的中国革命文化相关实践活动。高校可以利用寒暑假社会实践活动的契机，依托大学各自的专业优势，充分发动和组织大学生分赴革命教育基地、红色老区、红色教育基地等地方，寻找中国革命文化遗迹，通过参观革命遗址、遗物、珍贵图片、纪念馆、纪念物、纪念碑等物质形式的革命文化资源，深切感受到中国革命文化的魅力、历史的厚重感，深刻体会到无数仁人志士的那种伟大精神。这些身临其境的实践活动，可以营造出庄严、神圣、典雅、凝重、深沉的场景和氛围，真实地再现当时的革命场景，加深大学生对红色文化的感性认知。同时，通过切实的实践体会，学生可以感受到革命精神的伟大和革命成果的来之不易，并与革命人物在心灵上产生默契，从而唤起他们的革命历史记忆，让大学生在实践中增知识、长才干。

高校在文化育人中，通过极具感染力、凝聚力和亲和力的中国革命文化实践活动，塑造积极健康、内容丰富的校园文化体系的红色基调，将历史与现实有机地统一起来，将革命的激情与奋发学习的动力有机地统一起来，可以使大学生在耳濡目染和潜移默化的学习过程中，在心理和情感上对革命信念和革命精神产生震撼与共鸣，并在春风化雨中将这些崇高精神和高尚品行融入潜意识中，实现人格和思想觉悟的升华，清醒地认识到自己在新时代应该肩负的责任使命和付出的努力，从而大大增强新时代中国革命文化育人的实效。

第七章

社会主义先进文化：新时代文化育人的"定盘星"

社会主义先进文化是指新中国成立后，中国共产党带领全国各族人民在社会主义革命、建设、改革开放新时期和中国特色社会主义新时代创立和发展起来的，在马克思主义指导下形成的面向现代化、面向世界、面向未来的，民族的、科学的、大众的中国特色社会主义文化。"始终坚持以马克思主义为指导、始终坚持加强和改善党对文化建设的领导，始终坚守中华文化立场、坚持以人民为中心，始终坚持为人民服务、为社会主义服务，坚持百花齐放、百家争鸣，始终坚持推动中华优秀传统文化创造性转化、创新性发展"①，体现了社会主义先进文化的基本要义。社会主义先进文化以坚守中华优秀传统文化的立场，标注自己的来路；以坚持马克思主义的指导地位，标明自己的文化性质和方向；以立足当代中国现实，彰显自己的历史方位和时代内涵；以发展面向现代化、面向世界、面向未来的，民族的、科学的、大众的社会主义文化，表明自己的奋斗目标。社会主义先进文化的"社会主义"属性和"先进"性，都决定了它在新时代文化育人中的"定盘星"作用，新时代文化育人必须把牢社会主义先进文化这颗"定盘星"，确保文化育人的正确方向。

一、社会主义先进文化的内涵

社会主义先进文化，是指以马克思主义为指导，以为人民服务、为社会主义服务为方向，以满足人民精神文化需要为根本，以改革创新为动力，以提升文化软实力为指向，以实现中华民族文化复兴为目标，以培养有理想、有道德、有文化、有纪律的"四有"公民为目标的面向现代化、面向世界、面向未来的，民族的、科学的、大众的积极向上的文化样态。社会主义先进文化萃取了中华

---

① 沈壮海. 新中国 70 年与中华民族文化自信的重建 [J]. 思想理论教育导刊, 2019 (09).

优秀传统文化和中国革命文化的精华，是对中华民族优秀传统文化和中国革命文化的深度融合，也是中华文化在当代中国的最新发展。中国特色社会主义共同理想和共产主义远大理想、马克思主义中国化的制度和理论成果、社会主义核心价值观、以爱国主义为核心的民族精神和以改革创新为核心的时代精神等，共同铸就了社会主义先进文化。

（一）社会主义属性

社会主义先进文化，顾名思义，必定具有社会主义性质，坚持科学社会主义的基本原则。从社会主义的文学艺术、科学技术到社会主义的伦理道德、法律宗教等等，都是社会主义性质的，都要为社会主义制度服务，而不是反对社会主义制度。

1. 社会主义先进文化以社会主义经济基础和社会主义制度为思想基础

任何一种文化都是一定时代的产物，都是一定经济基础在意识形态上的反映。毛泽东在抗日战争初期就指出："一定的文化是一定社会的政治和经济在观念形态上的反映"，文化作为社会的上层建筑，其本质是由其赖以产生的经济基础和政治制度决定的，并为其经济基础和政治制度服务。新中国成立后，经过社会主义改造，在解放和发展生产力的基础上，消灭了几千年来的剥削压迫制度，最终实现了人类的彻底解放，我国进入了以公有制为基础的社会主义社会。1992年初，邓小平在南方谈话中指出："社会主义的本质，是解放生产力，发展生产力，消灭剥削，消除两极分化，最终达到共同富裕。"在社会主义经济基础和社会主义制度的客观基础上所形成的文化，反映了社会主义社会的根本要求，是与我国的社会性质和发展道路高度契合、与我国的经济社会发展状况相适应的，能够有力推动我国经济社会发展，为改革开放和社会主义现代化建设提供精神动力，反映广大人民利益，反映社会主义经济基础和政治制度的社会主义文化。总之，社会主义先进文化反映社会主义先进生产力发展需要，反映社会主义经济基础和政治制度本质要求，反映最广大人民群众根本利益，反映社会生活本质和时代发展特征，反映时代进步潮流和发展要求，是社会主义性质的文化。

2. 社会主义先进文化以维护广大人民根本利益为价值取向

人民的立场，是马克思主义的根本立场；人民性，是社会主义文化的本质特性。从社会制度来看，以实现人民当家作主为要素的社会主义制度是我国根本制度，在社会主义制度下发展起来的文化必然服务于人民当家作主。党的十八大以来，我们党明确地提出了以人民为中心的发展思想，这一思想也贯穿于对文化各相关领域建设的要求之中，反复出现在习近平同志关于文化建设问题的论述之中。他强调宣传思想工作、新闻舆论工作要坚持党性和人民性的统一，树立以人民为中心的工作导向，把实现好、维护好、发展好最广大人民根本利益作为出发点和落脚点，坚持以民为本，以人为本。"不忘初心，牢记使命"是党的十九大报告关于大会主题表述的开篇之语，也是贯穿全篇的灵魂。党的十九大对新时代社会主要矛盾变化的表述，将"人民日益增长的物质文化需要"转变为"人民日益增长的美好生活需要"。人民日益增长的美好生活需要，在基础层次上是物质性需要，在深层次上是精神文化需要。随着社会生产力不断提高，人民群众的物质性需要得到很大程度的满足，开始追求更高层次的精神文化需要，对新时代中国特色社会主义文化建设提出了新的更高的要求。

新时代这一社会主要矛盾的变化，是一个由量到质的变化，就是要在更高水平上不断满足人民群众日益增长的美好生活需要，这从根本上回答了"为了谁"的问题。中国共产党人的初心和使命，就是永远把人民对美好生活的向往作为奋斗目标，始终坚持为中国人民谋幸福，为中华民族谋复兴，在一切领域，包括文化领域，"要始终以实现好、维护好、发展好最广大人民根本利益为最高标准，抓住人民最关心最直接最现实的利益问题，坚持把人民群众的小事当作自己的大事，让改革发展成果更多更公平惠及全体人民，使人民获得感、幸福感、安全感更加充实、更有保障、更可持续，不断促进社会公平正义，不断促进人的全面发展"①。文化以其丰富多彩而又鲜活醇厚的形态无处不存在于人民之中，社会主义文化从本质上讲就是人民的文化。贴近实际、贴近生活、贴近人民，讴歌人民群众的伟大创造，表达人民群众的内在心声，塑造新时代的人民英雄，满足人民群众不断增长的精神文化需求，始终是社会主义先进文化建设的主旨和依据。

习近平总书记在文艺座谈会上也强调："人民既是历史的创造者、也是历史的见证者，既是历史的'剧中人'、也是历史的'剧作者'。文艺要反映好人民心声，就要坚持为人民服务、为社会主义服务这个根本方向。"② 文艺如此，文化更是如此。文化的主体是人，服务对象也是人，是为人的利益和需要服务的，

① 中共中央宣传部. 习近平新时代中国特色社会主义思想三十讲［Z］. 北京：学习出版社，2018：30-31.
② 习近平. 在文艺工作座谈会上的讲话［N］. 人民日报，2014-10-15.

社会主义文化以维护广大人民根本利益为价值取向，人民的需求是多方面的，满足人民日益增长的精神文化需求，必须抓好文化建设，增加社会的精神文化财富，深切体会人民的呼声，反映人类社会发展的客观要求和人类自由全面发展的理想向度，反映人民群众的理想愿望和审美要求，代表人民群众的根本利益，满足广大人民群众的不断增长的精神生活需求，促进社会主义社会不断发展和进步。

（二）先进性

文化，是一定社会的经济和政治在观念形态上的反映，是人类社会历史发展的积淀和产物，它既是一种社会生活方式，又是一种精神价值体系。文化并不都是先进的，既有先进的文化，也有落后的文化，还有腐朽反动的文化。先进文化主要是指科学的、积极的、健康的、充满正能量的，符合广大人民根本利益、代表社会发展方向和有利于社会进步的文化。新时代中国特色社会主义文化之所以先进，就在于它符合人类社会发展方向，体现社会生产力发展新要求，符合历史潮流和趋势，代表人民群众根本利益。社会主义先进文化的"先进性"主要表现在科学性、时代性、实践性等方面。

1. 社会主义先进文化的科学性

先进文化是人类文明进步的结晶，是能够顺应人类社会发展规律，揭示人类社会未来发展方向，为人类社会文明进步提供强有力的思想保证、精神动力和智力支持的文化。

社会主义先进文化的科学性首先体现在指导思想的科学性。马克思主义（包括马克思列宁主义、毛泽东思想和中国特色社会主义理论体系）是社会主义先进文化的根本指导思想，马克思主义是人类优秀文化成果的精华，深刻揭示了人类社会发展的一般规律。历史和现实一再证明，马克思主义是科学的理论，它能够转化为清醒的理论自觉、坚定的政治信念、科学的思维方法，迄今仍然有着强大的生命力，仍然占据着真理和道义的制高点，没有马克思主义的指导，社会主义先进文化就会失去灵魂、迷失方向，最终也不能发挥其育人作用。指导思想的科学性为社会主义文化永葆先进性提供精神引领。

社会主义先进文化的科学性还体现在内容的科学性，即文化的内容要立足于满足和保障人民群众正当的、积极向上的、健康的文化需求，表现中华民族伟大的民族精神和时代的主旋律，文化服务、文化产品、文化政策环境等要符合社会生产力发展趋势，通过满足文化需求，促进人的全面发展。作为当代中国的先进文化，社会主义先进文化是能够提升人的精神生活、提高人的伦理道德、促进人的自我完善和发展的文化。

2. 社会主义先进文化的时代性

在人类社会发展的每一个重大历史关头，文化都能成为时代变迁、社会变革的先导。一个国家和社会的文化必须与其奋斗的时代目标相结合，与其需要解决的时代问题相适应，文化是时代精神的体现，也随着时代的发展而发展。马克思主义认为，社会存在决定社会意识，有什么样的社会存在，就有什么样的社会意识。社会主义先进文化具有反映时代特征、体现时代精神、引领时代潮流、履行时代使命等时代性。

社会主义先进文化的时代性首先体现在它适应当代社会生产力发展要求。文化作为一定社会经济和政治在观念形态上的反映，必然随着不断发展的社会经济和政治而不断发展。先进文化是人类文明进步的结晶，是推动人类社会前进的精神动力，它在本质上是社会先进的经济和政治在观念形态上的反映，又对先进的经济和政治的发展起着巨大的促进作用。社会主义先进文化是同社会主义先进制度和先进生产力联系在一起的，是蕴涵在先进的社会主义制度和生产力之中的，体现社会主义社会在经济、政治、文化诸领域的全面发展和全面进步，反映社会主义经济和政治制度的文化，能够促进社会生产力的发展和人的全面发展，能够体现社会生产力的发展要求。

社会主义先进文化的时代性还体现在它代表时代前进方向、体现时代精神、符合时代要求和反映时代发展潮流。"判断文化是否先进，除了科学性外，还需要符合价值合理性，即符合大多数人的现实需求与利益。以工具理性与价值理性双重标准来看，中国要建设的先进文化，既是继承新民主主义文化民族性、科学性、民主性、包容性与开放性的要求，又是与时俱进符合时代精神、人民精神需求的中华民族的新文化"①，文化发展与时代进步相伴相生，中国特色社会主义文化与中国特色社会主义的时代发展形势紧密相关，与社会主义经济建设、政治建设、社会建设和生态文明建设协调发展，与时俱进，反映了当今中国的时代精神，体现了时代的活力，注入了时代的内容，符合时代的审美要求和审美情趣，这些都体现了其鲜明的时代特征。

---

① 王中汝. 社会主义核心价值观与当代中国的文化发展 [J]. 科学社会主义, 2010 (6).

3. 社会主义先进文化的实践性

文化的基础在于社会实践，文化的生命力在于与社会实践紧密结合。中国特色社会主义先进文化始终与中国特色社会主义建设实践紧密结合在一起。社会主义先进文化植根于中国特色社会主义伟大实践之中，中国特色社会主义实践，是社会主义先进文化建设的源头活水，是检验社会主义先进文化的唯一标准，是推进社会主义先进文化建设的根本动力。中国共产党在领导中国革命、建设和改革的实践进程中，使我们伟大的国家经历了从站起来、富起来到强起来的历史性飞跃。改革开放特别是党的十八大以来，我国经济建设、政治建设、社会建设、生态文明建设取得的重大成就，都与中国特色社会主义文化建设息息相关。可以说，中国特色社会主义伟大实践为发展中国特色社会主义文化、增强文化自觉和文化自信提供了坚实基础和丰厚土壤；中国特色社会主义文化发展繁荣为坚持和发展中国特色社会主义提供了有力保障和精神支撑。

党的十九大报告明确提出："中国特色社会主义文化，源自中华民族五千多年文明历史所孕育的中华优秀传统文化，熔铸于党领导人民在革命、建设、改革中创造的革命文化和社会主义先进文化"[①]，社会主义先进文化是中国共产党带领人民在长期的实践探索中，坚持把马克思主义基本原理与中国具体实践相结合而形成的文化样态，是我们党和人民经过长期革命和建设的实践经验的总结。社会主义先进文化的实践性源自社会主义制度的优越性，党的十九届四中全会将我国国家制度和国家治理体系总结概括为 13 个方面的显著优势，使得文化生产力得到充分解放和发展，为社会主义文化永葆先进性提供无坚不摧的强大力量。历史和实践表明，中国特色社会主义实践创造了中国历史乃至世界历史上的发展奇迹，孕育出具有中国特色、时代特色的思想和精神，决定着中国特色社会主义文化的实践性。

二、社会主义先进文化的主要内容

中国特色社会主义先进文化是以马克思主义为指导，坚守中华文化立场，立足当代中国现实，结合当今时代条件，面向现代化、面向世界、面向未来的，民族的、科学的、大众的社会主义文化。社会主义先进文化以马克思主义为指

---

① 习近平. 决胜全面建成小康社会 夺取新时代中国特色社会主义伟大胜利——在中国共产党第十九次全国代表大会上的报告 [EB/OL]. 新华网，2017-10-18.

导，以"三个面向"为发展方向，以"民族的、科学的、大众的"为基本特征，以培养"四有"公民为建设目标。

（一）三个"面向"的发展方向

从发展方向上看，中国特色的社会主义先进文化是"面向现代化、面向世界、面向未来"的文化。"三个面向"，标明了社会主义先进文化所处的历史方位，阐释了社会主义先进文化的发展视野。

1. 面向现代化

社会主义先进文化面向现代化，就是将社会主义先进文化建设融入现代化进程中，要求社会主义先进文化建设要为"经济建设"这个中心服务，抓住那些对我国经济、科技、国防和社会发展具有战略性、基础性、关键性作用的重大科技课题，抓紧攻关，自主创新，力争在有条件的领域里实现突破，为社会全面现代化服务，为实现我国经济和社会的全面发展提供更丰富的智力资源，促进整个国民经济持续、健康、快速发展，同国家走向现代化的历程同步。文化的发展既要为现代化建设事业提供智力支撑、人才支持、道德支持，也要适应现代化的历史潮流，不断实现自身的现代化。现代化的发展开启了人们日新月异的美好生活新篇章，使得社会生产力水平大幅度提高，物质资料日渐丰富，人们得以有了更高层次的价值追求。经济基础是上层建筑的支撑，只有不断面向现代化，通过现代化的助力开阔视野，才能建设社会主义先进文化。"面向现代化"是"三个面向"中的核心，实现现代化是中国共产党的一个重要使命，中国共产党早在新中国成立伊始就提出了建设社会主义现代化的目标。党的十九大报告又指出："新时代的总任务是实现社会主义现代化和中华民族伟大复兴，要在本世纪中叶建成富强民主文明和谐美丽的社会主义现代化强国。"① 可见，"面向现代化"将继续成为中国特色社会主义先进文化的发展方向。

2. 面向世界

社会主义先进文化面向世界，是指社会主义先进文化必须在世界范围内与其他文化加强交流、互相促进，在民族自尊、自信、自豪的基础上，瞄准世界文化发展的前沿，积极融入世界发展的大潮流并从中汲取营养，实现"洋为中用"。社会主义先进文化的发展需要借鉴吸收其他优秀文化、取长补短，同时也

---

① 习近平. 决胜全面建成小康社会 夺取新时代中国特色社会主义伟大胜利——在中国共产党第十九次全国代表大会上的报告 [EB/OL]. 新华网，2017-10-18.

要面对世界文化之间的相互竞争，打造自己文化的核心竞争力，这就要求社会主义先进文化建设要着眼于世界科学文化发展的前沿，具有世界眼光，要在与世界其他民族文化的交流、交锋、交融中学习、借鉴、扬弃，吸收世界文化的精华，同时，必须体现时代精神，在广泛汲取国外一切优秀文化成果的同时，也向世界展示我国文化建设的突出成就。社会主义先进文化建设，既要继承中华优秀传统文化，又要面向世界，实行对外开放，在此基础上发展社会主义先进文化。在兼收并蓄中博采众长，做到以我为主、洋为中用，在实践中建设具有创造性和开放性的社会主义先进文化。

3. 面向未来

社会主义先进文化面向未来，要求社会主义先进文化建设要深刻把握历史发展规律，深刻把握社会主义建设规律，深刻把握社会主义初级阶段文化发展规律，要以长远的眼光、发展的眼光，着眼于可持续发展和未来目标，把握现代科技文化发展的趋势，勇于站在时代前进的潮流中发展中华文化，勇于开拓、勇于创新、勇于用先进的科技文化知识更新和取代自己已经落伍的、过时的科技文化知识。"面向未来"说明社会主义先进文化的着眼点是基于长远发展趋势的考虑，需要选择一种更能支撑社会主义先进文化走得长久的模式，提前预测会面临的挑战，永远保持警惕的发展目光。党的十九大报告提出要"坚持推动构建人类命运共同体""促进全球治理体系变革""共同创造人类的美好未来"，在这种形势下，坚持社会主义先进文化"不忘本来、吸收外来、面向未来"，才能使社会主义先进文化更好地为"构筑中国精神、中国价值、中国力量"服务。

（二）"民族的、科学的、大众的"三个基本特征

从基本特征上看，中国特色的社会主义先进文化是"民族的、科学的、大众的"文化，三个定语分别表达了社会主义先进文化的中国特色和民族特色、科学的理性精神和内容要求、深刻的人文精神和群众基础。只有建设"民族的、科学的、大众的"社会主义先进文化，才能真正使中国文化符合当代中国国情，具有对经济社会发展的精神动力和智力支持作用，满足人民群众的精神文化需求，从而增强中华文化的适用性，增强人们的思想道德水平和科学文化水平。

1. 社会主义先进文化是"民族的"文化

所谓"民族的"，是指社会主义先进文化是带有中华民族的特色，并以民族的形式表现出来的文化形态，是对社会主义先进文化总体地位、基本风格的定位。文化割舍不断的精神命脉，只有基于民族的凝聚力量、把握根本，才能走

上社会主义先进文化的独特发展道路,坚持文化的民族性,是一个民族文化发展的根基,是一个民族赖以生存和发展的支柱,民族文化作为人们在改造客观世界的实践活动中形成的一种文化成果,在一定条件下可以转化为强大的物质力量,具有强大的社会凝聚力和社会整合功能。一个民族、一个国家,如果没有自己的文化,就会失去凝聚力和生命力,就不可能自立于世界民族之林,有没有丰富的民族文化,是衡量一个国家综合国力强弱的重要尺度。中国是一个统一的、多民族国家,应当尊重、保护、发展各民族文化,将其作为中华民族文化的重要组成部分,共同形成丰富、完整的中华民族文化。社会主义先进文化的民族性要求既要继承和发扬民族优秀的文化传统,又要植根于中国特色社会主义建设的伟大实践,同时,也并不排斥世界其他民族的先进文化。印度国父甘地有一句名言:"我希望世界各地的文化之风都能尽情地吹到我的家园,但是我不能让它把我连根带走。"社会主义先进文化建设既要广泛吸取外国的一切优秀文化成果"为我所用",又要充分显示鲜明的中国风格、中国气派和中国特色。

2. 社会主义先进文化是"科学的"文化

"科学的"三个字,是对社会主义先进文化总体内容和精神实质的定位。所谓"科学的",是指社会主义先进文化要以科学的态度和科学的精神对待一切事物,社会主义先进文化的内容也应该是科学的,要将科学性贯穿于社会主义先进文化建设的方方面面,反对一切封建迷信思想和僵化思想。一种文化是先进还是落后、是健康还是颓废、是革命还是反动,要看它是否适应时代潮流,是否顺应历史大势,是否具有科学性。在社会主义先进文化发展中,对于中国传统文化,要剔除其糟粕,吸取其精华,科学地扬弃,要用科学的精神驱散愚昧和迷信的阴霾,用理性的火炬照亮人们的精神世界,剔除固有文化和传统文化中影响社会主义先进文化前进和发展的障碍,并对其中的优秀成果进行创造性转化和创新性发展。

3. 社会主义先进文化是"大众的"文化

所谓"大众的",是指社会主义先进文化要面向人民群众、依靠人民群众、服务人民群众,植根于人民群众的生活实践,并逐渐成为人民群众自己的文化。"大众的"三个字,是对社会主义先进文化总体价值取向的基本定位。社会主义先进文化只有植根于中国人民大众的生活实践,成为人民群众的生活方式,才能具有创造源泉和生命活力。人民性(大众性)是马克思主义最鲜明的品格,也是无产阶级政党一切实践活动的原则和依据。以人为本、执政为民是我们党的性质和全心全意为人民服务根本宗旨的集中体现，是指引、评价、检验我们党一切执政活动的最高标准。坚持"以人民为中心"的发展思想，遵循"人民至上"的价值追求，牢固树立"以人为本"的理念，这是社会主义先进文化的前进方向和价值取向，社会主义先进文化建设的目的就是为了满足人民群众日益增长的美好生活需要，美好生活需要中，理所当然包含更高质量的文化消费需求和更高质量的文化生活需求。社会主义先进文化是为了人民、服务人民的文化，表现在它来自人民群众，服务于人民群众，反映人民群众的意愿，代表人民群众的根本利益，受到人民群众的喜爱和欢迎，具有深厚的群众根基。离开了"大众"的，脱离了人民群众，社会主义先进文化就会成为无源之水、无本之木，也必将失去其生命力。

三、社会主义先进文化的本质特征

党的十九大报告中指出："必须坚持马克思主义，牢固树立共产主义远大理想和中国特色社会主义共同理想，培育和践行社会主义核心价值观，不断增强意识形态领域主导权和话语权，推动中华优秀传统文化创造性转化、创新性发展，继承革命文化，发展社会主义先进文化。"① 在当代中国，发展社会主义先进文化就是建设以马克思主义为指导，坚守中华文化立场，立足当代中国现实，发展面向现代化、面向世界、面向未来的，民族的、科学的、大众的社会主义文化。

（一）以马克思主义为指导

文化的发展需要一定的思想作指导，凡是能成为先进文化者，都必然以先进的理论或思想作为指导，坚持马克思主义的指导地位，是社会主义先进文化的首要之义。坚持马克思主义的指导地位不动摇，是方向性、根本性、全局性问题。"马克思主义是社会主义制度和社会主义文化的内在灵魂，从一定意义上讲，马克思主义与社会主义是不容拆开理解的同义语。"② 马克思主义之所以对中国先进文化具有指导作用，是多方面的因素所决定的。

---

① 习近平. 决胜全面建成小康社会 夺取新时代中国特色社会主义伟大胜利——在中国共产党第十九次全国代表大会上的报告［EB/OL］. 新华网, 2017-10-18.
② 沈壮海. 担负起新的文化使命［J］. 思想理论教育导刊, 2017（11）.

1. 马克思主义本身的特性所决定

马克思主义之所以对中国先进文化具有指导作用，是马克思主义本身所具有的科学性、革命性和实践性所决定的。一方面，马克思主义本身就是人类优秀文化成果的精华，它既以人类先进文化为基础，又代表着人类先进文化前进的方向；另一方面，马克思主义揭示了人类社会发展的一般规律，为社会发展指明了正确方向，坚持维护和发展最广大人民的根本利益，是指引人民推动社会进步、创造美好生活的科学理论；同时，马克思主义立足于人类解放的价值追求，致力于以其科学的世界观和方法论改造世界，最终实现人的全面发展，完成了科学性、人民性、实践性及时代性的有机统一。正如习近平总书记指出："在人类思想史上，就科学性、真理性、影响力、传播面而言，没有一种思想理论能达到马克思主义的高度，也没有一种学说能像马克思主义那样对世界产生了如此巨大的影响"①，正是因为马克思主义是当代最科学、最先进、最革命的理论，决定了它对社会主义先进文化的指导作用。

2. 社会主义先进文化建立的基础所决定

马克思主义唯物史观认为人类社会的基础是经济，而文化又是建立在经济和政治基础之上的，中国共产党的第一代领导核心毛泽东同志正是根据唯物史观的基本观点，在《新民主主义论》中系统地论证了经济、政治和文化的关系，确认了文化的重要地位。新时代，中国特色的社会主义经济和政治的发展程度和发展水平决定了在其基础上建立的文化只能是社会主义的，亦即以马克思主义为指导的。马克思主义作为科学的理论体系，不仅对经济、政治、社会发展具有重要指导作用，而且对作为经济关系和政治关系在观念形态上反映的文化的发展具有导向性作用。

3. 社会主义先进文化发展历程所决定

在新民主主义革命时期，中国共产党创造性地把马克思主义的基本原理与中国实践、中国历史和中国文化紧密结合，大力倡导和发展民族的、科学的、大众的新民主主义文化；新中国成立以来，在中国社会主义革命和建设时期，中国共产党以马克思主义理论为指导，制定了一系列大力发展文化、教育、科学事业的正确路线、方针、政策，当然，其中也发生过偏离马克思主义的"文

---

① 习近平在中共中央政治局第四十三次集体学习时强调，深刻认识马克思主义时代意义和现实意义 继续推进马克思主义中国化时代化大众化 [EB/OL]. 新华社，2017-09-29.

化大革命";改革开放以来，中国共产党始终坚持马克思主义在思想文化领域的指导地位，在社会主义建设和改革开放的时代进程中，不断推进马克思主义中国化、时代化、大众化，形成和发展了中国特色社会主义理论体系，坚决抵制资本主义腐朽思想文化的侵蚀，积极倡导社会主义精神文明建设，大力发展中国特色社会主义先进文化；进入新时代，以习近平同志为核心的党中央以高度的文化自觉和文化自信，坚持马克思主义的指导地位，牢牢把握社会主义先进文化的前进方向，继续大力发展面向世界、面向现代化、面向未来的，民族的、科学的、大众的中国特色社会主义先进文化。

4. 中国先进文化建设的经验所决定

马克思主义是社会主义先进文化的重要思想来源和基础，是被实践检验过的真理。习近平总书记在纪念马克思诞辰 200 周年大会上指出："两个世纪过去了，人类社会发生了巨大而深刻的变化，但马克思的名字依然在世界各地受到人们的尊敬，马克思的学说依然闪烁着耀眼的真理光芒。"在马克思主义的指导下，短短百年间，中华民族实现了从站起来、富起来到强起来的伟大飞跃，创造出经济快速发展和社会长期稳定"两大奇迹"。中国已经在马克思主义指导下成功地进行了长期的革命和建设，其中包括文化建设，积累了丰富的经验。我们党在革命、建设和改革的历史进程中，坚持把马克思主义基本原理同中国具体实际相结合，继承中华优秀传统文化，吸取外国文化有益成果，创造了崭新的社会主义先进文化。马克思主义从开始传播到成为中国社会占主导地位的意识形态，它对包括精神文明在内的整个中国社会发展所起的巨大推动作用，是任何西方思潮所不能比拟的，也是中国传统文化所不能比拟的。新中国成立以来，中国文化走过的历程表明，什么时候坚持马克思主义的指导，我们的文化就沿着正确的方向和道路发展和前进，反之，就会滑向错误的深渊。进入新时代，在一个高度开放的全球社会体系中各种文化交锋在所难免，社会主义先进文化要在世界各种文明和社会制度长期共存、多种思想文化相互激荡的环境中，保证持续发展和繁荣，始终保持社会主义文化的先进性，既要坚持以其原生态的表现形式发挥指导作用的马克思主义，更要坚持通过其中国化的形态，即毛泽东思想以及包括邓小平理论、"三个代表"重要思想、科学发展观、习近平新时代中国特色社会主义思想在内的中国特色社会主义理论体系，来发挥它对中国先进文化的指导作用。

（二）坚守中华文化立场

文化立场决定文化发展方向和道路，在多样文化交流碰撞和激荡下，文化立场和文化倾向至关重要。中华民族生生不息绵延发展、饱受挫折又不断浴火重生，都离不开中华文化的有力支撑。党的十九大报告明确提出："发展中国特色社会主义文化，就要以马克思主义为指导，坚守中华文化立场，立足当代中国现实，结合当今时代条件，发展面向现代化、面向世界、面向未来的，民族的、科学的、大众的社会主义文化。"① 中华文化既是历史的、也是当代的，新时代社会主义先进文化同样必须立足中华文化，坚守中华文化立场。

1. 坚守中华文化立场，才能彰显社会主义先进文化的中国特色

"中华文化是吸纳了国内各民族文化的精华而形成的极富包容性、极具生命活力的大文化。"② "中国特色社会主义文化"是从中国文化的性质上来讲的，"中国先进文化"是从中国文化的品质上来讲的，"中华文化"是从中国文化的外延上来讲的。"坚守中华文化立场"实质是坚持中国特色社会主义文化发展方向，在指导思想、学术体系、话语体系等方面充分体现中国特色、中国风格、中国气派，这也是坚持中国先进文化的本土性和民族性、科学性和人民性，彰显社会主义先进文化的中国特色。中华文化是中华民族独特的精神标识，是中国人的文化基因，是中国人之所以成为中国人的内在原因。社会主义先进文化是"民族的"文化，这表明了它的民族性和中国特性，要体现社会主义先进文化的继承性、民族性，必须坚持古为今用、洋为中用的原则，善于融通马克思主义、中华优秀传统文化和国外哲学社会科学的资源，为此，必须坚持从我国实际出发，着力提出立足中国立场、具有中国智慧、反映中国价值的理念、主张、方案，在此过程中，它的立足点或者说土壤"应该是"也"只能是"中华文化，如此，才能彰显社会主义先进文化的民族特色、中国风格、中国特色和中国气派。

2. 坚守中华文化立场，体现了中国共产党对中华文化的认识

中国共产党在领导中国人民进行革命和建设的过程中，对中华文化的认识

---

① 习近平. 决胜全面建成小康 社会夺取新时代中国特色社会主义伟大胜利——在中国共产党第十九次全国代表大会上的报告 [EB/OL]. 新华网，2017-10-18.

② 冯刚. 加强高校文化建设，提升国家文化软实力 [J]. 湖南社会科学，2011（09）.

是与致力于解决"马克思主义中国化"这一重要问题紧密联系起来的，既以马克思主义为指导全面辩证地认识中华文化，又在借鉴中华优秀传统文化的过程中使马克思主义更易于被广大人民群众所接受，真正做到了文化的传承和创新。改革开放以来，我们党继承和发展长期以来在文化建设工程中形成的优良传统，不断深化对中华文化的认识，推动中华文化创新发展。党的十八大以来，以习近平同志为核心的党中央进一步加深了中华文化在中国先进文化中重要作用的认识，指出："中华文化既坚守本根又不断与时俱进，使中华民族保持了坚定的民族自信和强大的修复能力，培育了共同的情感和价值、共同的理想和精神"。在推进新时代中国特色社会主义伟大事业的过程中，面对"在时间上是现代文化与传统文化并存，在空间上是民族文化与域外文化并存，在受众上是精英文化与大众文化并存，在价值观上是主流文化与亚文化并存。这些文化相互交融、互通互构，共同铸就了当代中国的社会文化生态"① 复杂多元的文化现象，我们党再次强调发展中国特色社会主义文化，要坚持为人民服务、为社会主义服务，坚持百花齐放、百家争鸣，坚持创造性转化和创新性发展，不断铸就中华文化新辉煌。

3. 坚守中华文化立场，必须增强文化的自主性和原创性

坚守中华文化立场事关文运兴衰乃至国运兴衰，事关中华民族的精神独立性和文化自主性。2016 年，习近平总书记在中国文联十大和中国作协九大开幕式上的讲话中指出："文化是一个国家、一个民族的灵魂。历史和现实都表明，一个抛弃了或背叛了自己历史文化的民族，不仅不可能发展起来，而且很可能上演一幕幕历史悲剧。"② 社会主义先进文化坚守中华文化立场，就要用中国智慧创造出表达中国思想文化的话语体系，要以我们正在做的事情为中心，从中国改革发展的实践中挖掘新材料、发现新问题、提出新观点、提炼中国理论，并用中国理论进一步阐释中国实践，展示中华文化的理论和实践魅力。具体而言，坚守中华文化立场，从纵向的时间轴上讲，就是要立足传统，即认真对待中华优秀传统文化，推动中华优秀传统文化的创造性转化和创新性发展，赋予其时代性、现实性的内容，使之与时偕行，不断吸纳时代精华，激发其在新时代的生机和活力；从横向的空间轴上讲，就是要在文化传播中弘扬中国精神，

---

① 任志锋. 当代中国社会主义意识形态主导性问题研究 [D]. 东北师范大学，2014：86.

② 习近平. 在中国文联十大、中国作协九大开幕式上的讲话 [EB/OL]. 新华社，2016-11-30.

传播中国价值、讲好中国故事、凝聚中国力量，为人类文明提供中国方案。在时间轴和空间轴交汇的当下，坚守中华文化立场，就是要坚持"双创""二为""双百"方针，繁荣发展社会主义文艺，推动文化事业和文化产业健康发展，以习近平新时代中国特色社会主义文化思想引领新时代，在实践创造中进行文化创造，在历史进步中实现文化进步。

四、社会主义先进文化的育人功能

"文化有正确的和错误的、先进的和落后的之分。如果用正确的、先进的文化育人，对青年学生成长成才具有积极的甚至决定性的意义；反之，如果用错误的、落后的文化育人，则会使人误入歧途、贻误终身。因此，文化育人要牢牢把握住文化的先进性这一根本"①，社会主义先进文化通过知识体系、价值观念、思想信仰和行为规范，通过评价、交往等方式，实现其强大的育人功能。

（一）构筑精神家园

社会主义先进文化代表着中国文化的前进方向，作为一种精神支撑，为构筑精神家园提供强大的精神动力。鲁迅先生说过："文艺是国民精神所发的火光，同时也是引导国民精神的前途的灯火。"这句话同样适用于"文化"。

1. 提供精神指引

文化作为一种精神符号，是力量之源，用社会主义先进文化育人，就是要以社会主义先进文化为精神指引，努力培养担当民族复兴大任的时代新人，培养德智体美劳全面发展的社会主义建设者和接班人。邓小平曾强调，要大力发扬党和人民在长期实践中形成的崇高精神，"大声呼吁和以身作则地把这些精神推广到全体人民、全体青少年中间去，使之成为中华人民共和国的精神文明的主要支柱，为世界上一切要求革命、要求进步的人们所向往，也为世界上许多精神空虚、思想苦闷的人们所羡慕"②，这段话强调的就是要充分发挥先进文化的精神引领作用。社会主义先进文化代表着中国文化的前进方向，本身具有以文化人、以文育人的显著特点，即在教化中为人们提供精神指引和价值遵循，是社会主义先进文化最根本的功能。习近平同志强调，"坚守我们的价值体系，

① 冯刚. 思想政治教育创新发展的四个着力点 [J]. 教学与研究，2017（1）.
② 邓小平文选（第三卷）[M]. 北京：人民出版社，2001：189.

坚守我们的核心价值观，必须发挥文化的作用"①，而当前培育和践行社会主义核心价值观是文化建设的重点，是"以文化人、以文育人"的核心内容和基本抓手。社会主义先进文化作为人类文化的重要组成部分，它关注的是人类的精神文化现象，致力于探索和把握人类的价值、理想和追求，能够提高人们的思想道德素质，使人们在共同利益的基础上形成共同理想和道德准则，为培育担当民族复兴大任的时代新人提供精神指引。

2. 提升精神境界

社会主义先进文化坚持以马克思主义为指导，与社会主义先进生产力相匹配，体现了时代精神，具有时代特征，有正能量、有感染力，其基本功能是以文化人、以文育人，这种教化方式不同于法律规章的硬性约束，它更注重人文教育和隐形教育，在潜移默化、春风化雨中实现感染人、塑造人的目的。以社会主义先进文化育人，能够温润人的心灵、启迪人的心智、陶冶人的情操，为人们正确地认识和改造世界、执着地信仰和追求真善美提供了科学的思想理论和高尚的人文精神，从而不断提高人的思想觉悟、道德水准、文明素养和精神境界。党的十八大以来，我们党高度重视以科学文化、精神财富来化人、育人，立足于中华优秀传统文化、中国革命文化和社会主义先进文化的创造、转化和发展，为培养担当民族复兴大任的时代新人营造良好的文化氛围和坚实根基。社会主义先进文化以科学的理论武装人、以正确的舆论引导人、以高尚的精神塑造人、以优秀的作品鼓舞人，帮助人们树立正确的世界观、人生观、价值观，培养高尚的理想和道德情操，不断提升精神境界。

（二）提升道德力量

以社会主义先进文化育人，就是要教育引导人们树立正确的世界观、人生观、价值观，在坚定理想信念、厚植爱国主义情怀、加强品德修养、增长知识见识、培养奋斗精神、增强综合素质上下功夫。

1. 科学文化的发展促进道德的进步

马克思主义认为，从总体上说，科学文化是人类道德进步的一种促进力；从最终的意义上说，科学文化的发展进步必将推动人类道德的进步。科学文化中所包含的科学技术部分本身就是一种社会生产力，它的发展最终必将和其他

①　习近平. 完善和发展中国特色社会主义制度 推进国家治理体系和治理能力现代化［N］. 人民日报，2014-02-18.

社会生产力的因素一起，促进社会经济基础的发展变化，从而引起道德的发展进步。道德的发展与人们的知识程度和认识水平有密切的联系，道德上的文明总要依赖于科学文化知识的一定发展，而道德上的愚昧落后则总是与科学文化知识上的落后相关联的。一个人的道德自觉性、道德修养程度以及道德评价能力，与他的科学文化知识上的修养，特别是社会科学方面的知识水平是分不开的。要具备高度的共产主义道德自觉性，就必须具备科学共产主义的知识和其他方面的科学文化素养。而共产主义道德的科学体系，是建立在人类科学文化知识长期发展的基础之上的，是人类文明发展的必然结果。

2. 先进文化是道德的牵引力

从人们的道德实践来看，道德选择和道德评价是涉及各方面知识的理性思维活动，没有丰富的科学文化知识和判断、推理的逻辑思维能力，是不能保证在复杂的境况下进行正确的道德选择和道德评价的。同时，先进的人文文化是道德提升的牵引动力。党的十九大报告提出："要提高人民思想觉悟、道德水准、文明素养，提高全社会文明程度。广泛开展理想信念教育，深化中国特色社会主义和中国梦宣传教育，弘扬民族精神和时代精神，加强爱国主义、集体主义、社会主义教育，引导人们树立正确的历史观、民族观、国家观、文化观。深入实施公民道德建设工程，推进社会公德、职业道德、家庭美德、个人品德建设，激励人们向上向善、孝老爱亲，忠于祖国、忠于人民。"① 新时代，要提高思想道德的水平，必须发挥社会主义先进文化的牵引和带动作用。社会主义先进文化充满温暖人、教育人、启迪人的正能量，引导人们提升思想认识、文化修养、审美水准、道德水平，激励人们永葆积极向上的乐观心态和进取精神。社会主义先进文化以其先进的道德知识体系为人类提供了科学的价值理性，文艺作品把哲学、政治、法律、道德的观念形象化，把社会提倡的道德规范、行为方式和理想目标蕴含其中，使读者、观众在欣赏中受到启发和教育，引导人们去思考人生的目的、意义和价值，去追求人的完美，发展人性，完美人格，陶冶情操。文化艺术活动是一个民族心智的最高体现，人类对真善美的孜孜追求，相当部分是通过音乐、文学、美术等审美体验来完成的。人的社会道德感、责任感的提高，主要是依靠文化的积淀，高层次的社会责任感和道德感是建立

① 习近平. 决胜全面建成小康社会 夺取新时代中国特色社会主义伟大胜利——在中国共产党第十九次全国代表大会上的报告［EB/OL］. 新华网，2017-10-18.

在深厚的人文文化基础上的。

（三）提供价值目标

用社会主义先进文化育人，必须始终把实现个人价值同党和国家前途命运紧紧联系在一起，着力培养对中国共产党和中国特色社会主义制度有高度价值认同的社会主义事业建设者和接班人。

1. 社会主义先进文化以"以人为本"为价值取向

文化的根本使命在于"立人"，文化是以人为根本的。人创造文化，文化体现着人的本质力量；文化塑造人，人体现着文化的最终目的。在马克思主义看来，"每个人的自由发展是一切人的自由发展的条件"①，"文化上的每一个进步，都是迈向自由的一步"②，每个人的自由发展必须具备两个现实条件：一是"只有在共同体中才可能有个人自由"③；二是必须"把生产发展到能够满足所有人的需要的规模"，所有人都能够"共同享受大家创造出来的福利"，"社会全体成员的才能得到全面发展"④。人是社会文明进步的创造者和享有者，也是文化建设的核心，社会主义先进文化的"社会主义"也决定了要坚持以人为本，以满足人民精神文化需求为出发点和落脚点，"社会主义先进文化正是站在广大人民的价值立场，顺应了生产力发展的社会潮流，通过宣传教育、对话交往、文化实践等形式，引导人们广泛树立社会主义核心价值观，共同践行中国梦，为世界贡献了中国智慧和中国方案，从而赢得了文化自信和价值认同"⑤，可见，孕育于中国特色社会主义伟大实践中的社会主义先进文化，其目标指向即是最大限度地满足广大人民群众的利益诉求，"以人为本"成为它的价值取向。新时代社会主义先进文化坚持以人为本，就要深入研究人民群众对文化的新要求、新期待，积极反映人民生活，反映人民实践，反映群众诉求，推出更多群众喜闻乐见、高质量的文化产品，不断满足人民群众日益增长的精神文化需要。

2. 社会主义先进文化以培育担当民族复兴大任的新人为育人目标

"文化育人"内在地包含着"以文化人"和"以人化文"的深刻内涵，文

① 马克思恩格斯文集（第二卷）[M]. 北京：人民出版社，2009：53.
② 马克思恩格斯文集（第九卷）[M]. 北京：人民出版社，2009：120.
③ 马克思恩格斯文集（第一卷）[M]. 北京：人民出版社，2009：571.
④ 马克思恩格斯文集（第一卷）[M]. 北京：人民出版社，2009：689.
⑤ 徐国亮. 社会主义先进文化是中华民族文化自信的灵魂 [J]. 山东社会科学，2018（2）.

化的创造过程既是文化的生成过程，也是人的塑造与养成过程。文化育人强调的是"人"在育人环节的核心地位，"育何种人，如何育人"，也成为社会主义先进文化育人的关键问题。发展社会主义先进文化的根本任务，是培养一代又一代有理想、有道德、有文化、有纪律的公民，这也是社会主义先进文化所具有的最重要的塑造社会主义新人的总体功能和作用。社会主义的先进文化通过加强社会主义思想道德建设这一发展先进文化的重要内容和中心环节，充分发挥社会主义文化的教化功能；通过倡导爱国主义、集体主义、社会主义思想，教育人们树立正确的世界观、人生观和价值观，提高人们的思想道德素质，调节个人与社会相互关系，维护社会的稳定和良好的社会秩序，保证社会主义经济、政治的全面发展。在新时代，社会主义先进文化育人就是要努力培养担当民族复兴大任的时代新人，培养德智体美劳全面发展的社会主义建设者和接班人，这是社会主义先进文化所具有的巨大的育人功能。

五、新时代社会主义先进文化育人路径

党的十九届四中全会审议通过了《中共中央关于坚持和完善中国特色社会主义制度、推进国家治理体系和治理能力现代化若干重大问题的决定》，提出坚持和完善繁荣发展社会主义先进文化的制度，巩固全体人民团结奋斗的共同思想基础。《决定》强调，发展社会主义先进文化、广泛凝聚人民精神力量，是国家治理体系和治理能力现代化的深厚支撑。社会主义先进文化的发展，为文化育人提供制度基础，新时代社会主义先进文化育人必须夯实育人基础，坚持正确的导向，正确对待"外来文化"。

（一）夯实育人基础

以社会主义先进文化育人，必须夯实社会主义先进文化育人的坚实基础，培养为中华民族伟大复兴而自觉奋斗的时代新人。

1. 以马克思主义理论领航

马克思主义是社会主义先进文化的重要思想来源和基础，是被实践检验过的真理。马克思主义的指导地位，是社会主义意识形态的鲜明标识，是社会主义意识形态的质的规定性。社会主义先进文化是以马克思主义为指导，坚持把马克思主义的基本原理同中国革命、建设和改革的具体实际相结合，汲取中华优秀传统文化和世界文明成果的养分，创造出来的思想文化结晶。坚持马克思主义在意识形态领域的指导地位，是社会主义先进文化的本质要求。习近平总

书记在纪念马克思诞辰 200 周年大会上指出："两个世纪过去了，人类社会发生了巨大而深刻的变化，但马克思的名字依然在世界各地受到人们的尊敬，马克思的学说依然闪烁着耀眼的真理光芒。"在新时代，以社会主义先进文化育人，就必须坚持以马克思主义为指导，坚持马克思主义在意识形态领域指导地位不动摇，用马克思主义的立场、观点和方法对人们进行教育，引导人们认真学习马克思列宁主义和马克思主义中国化的重要思想，充分发挥社会主义先进文化宣传的主渠道作用，把培养坚定正确的政治方向放在第一位，引导人们树立共产主义的远大理想，自觉坚持党的领导，不断增强对中国特色社会主义道路自信、理论自信、制度自信、文化自信，积极开展能够增强对党中央和中国共产党的信任、建设中国特色社会主义伟大事业的信念、对改革开放和社会主义现代化建设信心的教育。

2. 以习近平新时代中国特色社会主义思想铸魂

习近平新时代中国特色社会主义思想，是马克思主义中国化的最新成果，是中国特色社会主义理论体系的重要组成部分，是全党各族人民为实现中华民族伟大复兴而奋斗的行动指南，是引领中国特色社会主义新时代的旗帜和灵魂。党的十九大报告中指出："必须坚持马克思主义，牢固树立共产主义远大理想和中国特色社会主义共同理想，培育和践行社会主义核心价值观，不断增强意识形态领域主导权和话语权，推动中华优秀传统文化创造性转化、创新性发展，继承革命文化，发展社会主义先进文化。"① 习近平新时代中国特色社会主义思想是新时代实现文化育人任务的基本遵循。新时代，用社会主义先进文化育人必须坚持用习近平新时代中国特色社会主义思想武装全党、教育人民，深入开展中国特色社会主义和中国梦教育，深入开展国情教育和形势政策教育，大力弘扬民族精神和时代精神，广泛开展党史、国史、改革开放史教育，传承和弘扬中华优秀传统文化，强化祖国统一和民族团结进步教育，加强国家安全教育和国防教育②。以社会主义先进文化育人，就必须充分发挥习近平新时代中国特色社会主义思想铸魂育人的作用，将习近平新时代中国特色社会主义思想融入文化育人体系，教育引导人们树立正确的世界观、人生观、价值观，引导人们坚定理想信念、厚植爱国主义情怀、加强品德修养、增长知识见识、培养艰

---

① 习近平. 决胜全面建成小康社会 夺取新时代中国特色社会主义伟大胜利——在中国共产党第十九次全国代表大会上的报告 [EB/OL]. 新华网，2017-10-18.

② 中共中央国务院. 新时代爱国主义教育实施纲要 [EB/OL]. 新华网，2019-11-12.

苦奋斗精神，把实现个人价值同党和国家前途命运紧紧联系在一起，把爱国情、强国志、报国行自觉融入坚持和发展中国特色社会主义事业、建设社会主义现代化强国、实现中华民族伟大复兴的奋斗之中。

3. 以新时代爱国主义固本

2019年11月，中共中央、国务院印发《新时代爱国主义教育实施纲要》，强调要在文化育人中厚植爱国主义情怀。爱国主义是中华民族的民族心、民族魂，是中华民族最重要的精神财富，是中国人民和中华民族维护民族独立和民族尊严的强大精神动力，也是社会主义先进文化的重要内容。党的十八大以来，以习近平同志为核心的党中央高度重视爱国主义教育，固本培元、凝心铸魂，新时代加强爱国主义教育，厚植爱国情怀，对于振奋民族精神、凝聚全民族力量，增强社会主义先进文化育人效果具有重大而深远的意义。从培育担当民族复兴大任的时代新人这一目标任务出发，社会主义先进文化育人，必须始终高扬爱国主义旗帜，着力培养全体人民爱国之情、砥砺强国之志、实践报国之行，使爱国主义成为全体中国人民的坚定信念、精神力量和自觉行动。在文化育人过程中，厚植家国情怀，培育全体人民的精神家园，引导人们坚持中国道路、弘扬中国精神、凝聚中国力量，为实现中华民族伟大复兴的中国梦提供强大精神动力。新时代爱国主义教育是全民的教育，面向全体人民，重点是青少年，为巩固爱国主义教育之本，必须建好用好爱国主义教育基地和国防教育基地，注重运用"同升国旗、同唱国歌"、入党入团入队等活动和仪式，强化爱国主义观念，发挥传统节日和现代节日的涵育功能，激发人们的爱国主义精神，利用大众传媒、新媒体等营造新时代爱国主义教育的浓厚氛围。

（二）坚持正确导向

新时代用社会主义先进文化育人，必须站在实现国家富强、民族复兴的高度，坚持正确的育人导向，切实筑牢学生信仰之基、思想之魂，培养一代又一代拥护中国共产党领导和我国社会主义制度、立志为中国特色社会主义奋斗终生的有用之才。

1. 以社会主义核心价值观贯穿育人全过程

"价值是文化组成的要素。价值为文化质料的组织提供种种罗聚的方式。我们要充分了解一个文化，必须深入地去了解它的价值系统。……文化的改变常为价值的改变"①，应该说，当今世界不同文化间的矛盾与冲突，实则是其各自代表的核心价值观之间的竞争与交锋。社会主义先进文化体现和代表了科学的世界观、人生观、价值观和方法论，新时代以社会主义先进文化育人，必须坚持以社会主义核心价值观贯穿育人全过程。习近平同志强调，"坚守我们的价值体系，坚守我们的核心价值观，必须发挥文化的作用"②，而当前培育和践行社会主义核心价值观是文化建设的重点，是"以文化人、以文育人"的核心内容和基本抓手。社会主义核心价值观是社会主义先进文化的高度凝练和集中体现，"社会主义核心价值观建设，说到底是人的思想建设、灵魂建设，聚焦的是造就具有正确世界观、人生观、价值观的建设者。这样的时代新人，应当在有自信、尊道德、讲奉献、重实干、求进取等方面，有新风貌、新姿态、新作为"③。习近平总书记的这段话从一个更高的视野和维度，把"发展什么样的先进文化""培育什么样的价值观"同"培养什么样的人"紧密结合起来，指明社会主义先进文化的育人导向。社会主义核心价值观"代表了中国先进文化的前进方向"，是增强社会主义先进文化凝聚力、吸引力和竞争力的精神支撑和价值灵魂。有学者提出："社会主义核心价值观是先进文化建设的根本内容，先进文化建设以各种形式实践社会主义核心价值观内含着的各种先进价值理念。"④ 在文化育人中，要坚持以社会主义核心价值观引领文化建设制度，把社会主义核心价值观贯穿于育人全过程，落实意识形态工作责任制，旗帜鲜明地反对、抵制各种错误观点和思想，坚持正确、积极的舆论导向，深刻认识社会主义核心价值观教育的极端重要性，"以社会主义核心价值观指导社会主义文化发展，推进社会主义文化价值观念的创新，是坚持社会主义主流意识形态主导地位的根本途径"⑤。因此，以社会主义先进文化育人就要将社会主义核心价值观贯穿育人全过程，大力弘扬以爱国主义为核心的民族精神和以改革创新为核心的时代精

---

① 殷海光. 中国文化的展望 [M]. 上海：上海三联书店，2002：77.
② 习近平. 完善和发展中国特色社会主义制度 推进国家治理体系和治理能力现代化 [N].人民日报，2014-02-18.
③ 中共中央宣传部. 习近平新时代中国特色社会主义思想三十讲 [Z]. 北京：学习出版社，2018：197.
④ 郑海祥等. 正确认识社会主义核心价值观与先进文化建设的关系 [J]. 思想理论教育，2011（23）.
⑤ 王永贵等. 意识形态领域新变化与坚持马克思主义指导地位研究 [M]. 北京：人民出版社，2015：310.

神，促进人们科学的世界观、人生观和价值观的形成和巩固，使他们在心灵深处认知认同社会主义核心价值观的中国特色、中国气派、中国风格，认知认同社会主义核心价值观的先进性、科学性、崇高性，引导他们争做自觉弘扬社会主义核心价值观的坚定信仰者、积极传播者、模范践行者。

2. 以中国特色社会主义作为目标引领

2018 年习近平总书记在全国宣传思想工作会议上指出："兴文化，就是要坚持中国特色社会主义文化发展道路，推动中华优秀传统文化创造性转化和创新性发展，继承革命文化，发展社会主义先进文化，激发全民族文化创新创造活力，建设社会主义文化强国。"① 社会主义先进文化植根于中国特色社会主义伟大实践，在多样化的文化观念和社会思潮中居于主导地位，以中国特色社会主义作为目标引领。习近平同志指出："如果一个社会没有共同理想，没有共同目标，没有共同价值观，整天乱哄哄的，那就什么事也办不成。我国有 13 亿多人，如果弄成那样一个局面，就不符合人民利益，也不符合国家利益。"② 在当代中国，中国特色社会主义是全党和全国各族人民的共同理想。在内涵和架构上，中国特色社会主义包含了中国特色社会主义道路、中国特色社会主义理论体系、中国特色社会主义制度和中国特色社会主义文化，社会主义先进文化就是"中国特色社会主义文化"的表达形式，中国特色社会主义的生动实践，亿万人民追求美好生活的不懈奋斗，为它的发展注入了蓬勃旺盛的创造活力。社会主义先进文化充实了中国特色社会主义的内涵，中国特色社会主义为社会主义先进文化建设提供了统一思想、凝聚共识的奋斗目标和精神动力。

3. 以中国精神作为精神支撑

中国精神作为社会主义先进文化的重要组成内容，包括以爱国主义为核心的民族精神和以改革创新为核心的时代精神，中国精神是中华民族生生不息、发展壮大的坚实精神支撑和强大道德力量，也是社会主义先进文化育人的精神支撑。在新时代社会主义先进文化育人中，要深化改革开放史、新中国历史、中国共产党史、中华民族近代史、中华文明史教育，弘扬中国人民伟大创造精神、伟大奋斗精神、伟大团结精神、伟大梦想精神，倡导一切有利于团结统一、爱好和平、勤劳勇敢、自强不息的思想和观念，构筑中华民族共有精神家园。

① 习近平. 在全国宣传思想工作会议上强调：举旗帜聚民心育新人兴文化展形象 更好完成新形势下宣传思想工作使命任务 [N]. 人民日报，2018-08-23.
② 习近平. 在网络安全和信息化工作座谈会上的讲话 [N]. 人民日报，2016-04-26.

同时，要紧紧围绕全面深化改革开放、深入推进社会主义现代化建设，大力倡导解放思想、实事求是、与时俱进、求真务实的理念，倡导"幸福源自奋斗""成功在于奉献""平凡孕育伟大"理念，弘扬改革开放精神、劳动精神、劳模精神、工匠精神、优秀企业家精神、科学家精神，使全体人民始终保持昂扬向上、奋发有为的精神状态。

（三）正确对待"外来文化"

新时代以社会主义先进文化育人，要坚持面向未来，坚持用科学态度对待外来文化，既立足本国又要尊重世界文化的多样性，大胆吸收世界一切优秀文化成果，兼容并蓄、海纳百川，不断吸收和借鉴外来优秀文化。

1. 尊重世界文化的多样性

在21世纪人类文明的大家园中，各国因为历史、地理环境、制度等方面因素的差异而形成不同的文化，在文化育人中要善于借鉴和吸收外来文化，用世界上其他民族的一切优秀文化成果来"育人""化人"，就必须要尊重世界文化的多样性。习近平总书记多次强调"我们不仅要了解中国的历史文化，还要睁眼看世界，了解世界上不同民族的历史文化，去其糟粕，取其精华，从中获得启发，为我所用"，他指出："每一种文明都扎根于自己的生存土壤，凝聚着一个国家、一个民族的非凡智慧和精神追求，都有自己存在的价值。"① 2017年在访问联合国日内瓦总部时，他说："不同文明要取长补短、共同进步，让文明交流互鉴成为推动人类社会进步的动力、维护世界和平的纽带。"② 世界文化的发展客观上具有多样性、共生性，"一花独放不是春，百花齐放春满园"。人类社会从茹毛饮血的原始社会到信息爆炸的现代文明，漫长历史中产生了浩瀚如海的文化成果，其间，大量的优秀文化作品"为时代画像、为时代立传、为时代明德；感国运之变化、立时代之潮头、发时代之先声"③，展现了巨大生命力。

2. 坚持社会主义先进文化的开放性

"古往今来，没有任何一种文化能够在绝缘自闭中迸发生机、传扬绵延，都

---

① 习近平. 在亚洲文明对话大会开幕式上的主旨演讲［EB/OL］. 新华网，2019-05-15.
② 习近平主席在出席世界经济论坛2017年年会和访问联合国日内瓦总部时的演讲［M］. 北京：人民出版社，2017：29.
③ 为时代画像、为时代立传、为时代明德——习近平看望政协文艺界社科界委员并参加联组会侧记［EB/OL］. 新华网，2019-03-06.

是在海纳百川、不拒细流中会通超胜，成就万千气象。在全球化、信息化浪潮席卷世界的当今时代，尤为如此。"① 中华文化本身就是在同其他文明不断交流互鉴中形成的开放体系，从历史上的佛教东传，到近代以来的"西学东渐"、新文化运动、马克思主义传入中国，再到改革开放以来全方位对外开放，中华文明始终在兼收并蓄中历久弥新。"文明因多样而交流，因交流而互鉴，因互鉴而发展。文明因交流而多彩，文明因互鉴而丰富"②，对各国人民创造的优秀文明成果，都要认真学习借鉴，并从中不断汲取各种文明养分。列宁说过："只有确切地了解人类全部发展过程所创造的文化，只有对这种文化加以改造，才能建设无产阶级的文化。……只有了解人类创造的一切财富以丰富自己的头脑，才能成为共产主义者。"③ 这启示我们，以社会主义先进文化育人，既要不忘本来，以中华民族的优秀文化"化人"，又要吸收外来，坚持文化发展的开放性，善于借鉴和吸收其他民族的一切优秀文化成果来育人、化人。社会主义先进文化是"面向世界"的文化，对待世界文化，始终以开放的、包容的、融合的眼光，博取各国文化之长，坚持以海纳百川的宽广胸怀打破文化交往的壁垒。社会主义先进文化的"先进性"也决定了它必然具有开放性，只有以开放性的态势不断博采众长、吸收外来文化的积极成果，才能始终保持自身的先进性。进入新时代，我国在各个领域开放的大门越打越开，在更加开放的环境下，文化的发展更应该立足于世界文化发展的前沿，以更为开放的态势去不断吸取国外优秀文化成果，才能保持自身文化与世界历史和世界文化发展的同步性与先进性。

3. 积极吸纳外来文化的精华

进入新时代，在经济全球化条件下，各种思想文化交流、交融、交锋日益频繁，在文化领域，某种程度上存在着"以洋为尊、以洋为美、唯洋是从"的"西方文化中心论"立场。同时，我国思想文化领域的变革也日趋广泛而深刻，中国文化成分也十分复杂，既有反映中国经济政治制度的思想、理论的主流文化，也保留了许多传统文化因素和革命传统因素，还存在着许多外来的文化因素。在外来文化因素中，既有积极层面的高精尖科学技术思想、科学管理思想、文艺哲学思想等，也有消极层面的极端个人主义、享乐主义、拜金主义、非理

---

① 沈壮海. 创造中华文化新的辉煌 [J]. 光明日报，2014-01-27.
② 习近平. 在亚洲文明对话大会开幕式上的主旨演讲 [EB/OL]. 新华网，2019-05-15.
③ 列宁选集（第四卷）[M]. 北京：人民出版社，2012：285.

性主义等性质的思想。我们讲的"立足中华文化",不是保守,不是孤芳自赏、自我封闭、妄自尊大的"唯中华文化独尊",恰恰相反,强调坚守中华文化立场,就是要面向世界,借鉴了其他民族的优秀文化,以兼收并蓄的态度积极吸纳其他民族和其他国家的优秀文化成果,"美人之美",更好地做到"以我为主、兼收并蓄、为我所用"。只有坚持洋为中用、开拓创新,不断吸收借鉴,取人之长,做到中西合璧、融会贯通,才能使中华优秀传统文化的思想内容在新的时代永放光芒,才能使文化育人既植根于传统文化的深厚土壤,又融汇于先进文化的时代大潮,才能更好发展自己的文化,为文化育人提供源源不断的新鲜养料,用人类创造的一切优秀文化成果培育和造就社会主义新人。

第八章

网络文化：新时代文化育人的"双刃剑"

伴随着信息技术的迅猛发展和网络社会的深入推进，网络既成为人们生活学习的重要工具，也是重要的思想文化阵地，这也使得有效利用网络优势，增强虚拟文化在育人中的积极作用显得越发重要和迫切。网络文化对于育人工作而言是一把"双刃剑"，一方面，通过网络平台，既能利用网络受众广、快捷性的特有优势，使育人工作形式多样、话语生动鲜活，优化育人环境，拓宽育人途径，提高育人效率，增强育人效果；另一方面，对于育人而言，网络文化也是一种风险和挑战，若管理不完善可能导致人们世界观、人生观、价值观发展的不健全。未来发展的难点、热点、敏感点、聚焦点在网络空间，从战略布局上来说，抢占网络阵地、占取网络育人制高点是做好文化育人工作的重中之重。2016年4月19日，习近平总书记在网络安全和信息化工作座谈会上发表重要讲话，他指出，网上网下要形成同心圆，在治理网络空间、建设网络内容、培育健康网络文化等工作上作出努力，总书记尤其强调要为青少年营造一个风清气正的网络空间①。因此，必须不断强化与完善校园网络文化管理体系，以社会主义核心价值观引导全社会网络文化建设，紧密跟进时代发展趋势推进网络文化育人进程，才能积极主动有效地利用网络，充分发挥网络文化的育人功效。

一、网络文化概念

网络文化是指在互联网时代下，以网络信息技术为基础，具有网络时代特性的一种集体性、信息化的智能型文化，是一种全新的文化形态。

（一）网络文化的内涵

网络文化是以网络信息技术为载体，融信息、人和文化三者为一体的文化

---

① 习近平. 在网络安全和信息化工作座谈会上的讲话［N］. 人民日报，2016-04-26.

思想、文化形态以及文化活动模式的集成体。

1. 网络文化是一种文化形态

网络文化属于一种全新形态的文化，是以文化为核心元素，以互联网作为媒介平台的以人类物质发展水平为基础的一种新的文化形式。有学者认为网络文化是指以计算机技术和通信技术相融合为物质基础、以提供传播一切信息资源的一种崭新文化，这是一种与现实社会文化具有不同特点的文化①。人、信息和文化三者为一体的网络文化，不仅包含技术、资源等物质成分，也涵盖了由网络技术衍生的价值取向、行为方式、道德准则等非物质成分。因此，有学者将网络文化定义为"网络文化是指以计算机技术和通信技术的相互融合为条件，以网络物质的创造发展为基础的网络精神创造，它是相伴网络技术的出现和进步而产生的一种新型文化形式"②，认为网络文化是在现实社会文化基础上，计算机与互联网技术在长期发展过程中，在网络空间衍生出来的一种不同于传统文化的新型文化形态和文化样式，是现实文化在网络上的再现，是文化在网络虚拟世界中延伸与发展的产物。

2. 网络文化是一种文化现象

有学者认为网络文化是指以信息化及数字化为本质，以计算机和通信技术相融合为物质基础而产生的以网上生活为核心内容的社会文化现象③，包括精神、制度与物质三个层面的网络文化。其中，精神层面的网络文化，指的是网民在网络空间进行学习、休闲、工作等活动所形成的思维模式、价值取向、道德观念等精神层面上的文化现象，包括网络理念、网络心理、网络态度等，它是网络文化的核心和精髓；制度层面的网络文化，指的是为保证网民在网络空间正常从事学习、休闲、工作等活动而建立的网络管理制度和规范评价体系，包括网络技术标准、网络运行规范和网络行为守则等；物质层面的网络文化，指的是网民在网络空间进行学习、休闲、工作等活动所依托的物质载体和网络环境，包括各种网络物质产品、网络技术、网络基础设备与设施等，它是整个网络文化的物质前提和基础。网络文化的核心在于文化在网络中更具生命力和

---

① 沙顺利，胡继东. 试论网络文化对 21 世纪大学生的影响［J］. 中南民族学院学报（人文社会科学版），2000（4）.

② 王少安，周玉清. 大爱精神与大学文化建设［M］. 北京：人民出版社，2008：185.

③ 赫连，华巍. 网络文化对大学生的负面影响及其对策研究［J］. 中国高教研究，2007（12）.

时代意义的文化属性, 网络文化虽然根植于网络并以网络作为自身的传播的媒介, 但是其文化属性中的发展衍变具有时代特征的属性是不变的。

3. 网络文化是一种文化集合体

有学者认为网络文化是基于网络技术和信息技术, 以电子信息为载体, 通过数字化的方式形成于网络中的独特的文化行为特征、文化产品特色、价值观念和思维方式①, 是文化观念、文化行为、文化产品等要素的总和。网络文化是现实社会中的文化延展和多样化呈现, 同时形成了其自身特有的文化观念特点、文化行为特征、文化产品特色②, 因而, 网络文化是"以网络信息技术为基础、在网络空间形成的文化活动、文化方式、文化产品、文化观念、文化行为的集合"③, 这种观点把网络文化看作是以文化作为内核的网络时代的文化或与网络相关的文化的集合体。

（二）网络文化的特征

作为一种以计算机通信技术为基础的新型文化形态, 网络文化具有虚拟性、开放性、互动性等特征。

1. 虚拟性

网络文化是在现实社会的基础上产生的, 但是同时又不单单局限于社会, 它是超越现实的一种全新的文化, 与传统文化人们置身其中进行自我感受与体验的现实文化场域和真实环境相比, 网络文化匿名性、隐蔽性、虚幻与现实的模糊性, 决定了网络文化的虚拟性。网络作为各类文化传播的载体和工具, 模糊了地域限制和时间阻碍, 通过网络通联, 赋予网络参与者极大的虚拟空间和网络环境, 为人们提供了一个发挥想象力和创造力的空间, 它可以没有由来, 凭借技术的发展, 人们通过各种工具软件, 展示出每个人独特的创造力, 这使得网络文化具有了虚拟性的特点。网络文化的虚拟性主要是指网络文化活动和网络文化主体的虚拟性, 但这种虚拟性又是建立在现实社会基础之上的, 因为网络文化不是人的主观意志所形成的, 而是人对现实世界的反应, 它始终围绕人而发展。

---

① 上海社会科学院信息研究所. 信息安全词典 [Z]. 上海: 上海辞书出版社, 2013: 44.

② 朱瑞海. 网络文化双重效应及对策研究 [J]. 人民论坛, 2013 (17).

③ 田世宏. 刍议网络文化如何从社会生活的边缘走向主流 [J]. 山西高等学校社会科学学报, 2016 (11).

2. 开放性

网络作为一个没有国界的虚拟平台，参与其中的网络主体参与网络文化互动无须很高的门槛，不分年龄、性别、种族、民族，也不论专业、兴趣、爱好，都能够在网络文化的生态环境中共生共存，各取所需，资源共享。网络突破了人们文化交流和信息获取的区域性、民族性界限，鼓励人们根据自己的意愿从网络上获取所需，与他人交流沟通，自由发表观点和看法。所有网民都可以通过网络平台，足不出户地获取来自世界各地的各类信息，可以通过网络平台，畅所欲言，与他人分享与交流信息，发表自己的观点。不同的思想观点、不同的文化价值观都可以在网络上输出与传播，而不受物理空间的限制。网络上不同的思想观点和价值观念在交锋的同时也不断交流融合，这种自由、平等、不受地域限制、没有疆界、主流文化和非主流文化并存的网络文化生态，决定了网络文化的开放性特征。

3. 互动性

相较于传统文化形态的单向性特征而言，网络文化具有鲜明的互动性，因为传统文化形态受到文化载体的制约以及空间和地域的限制，而互联网的快速发展使得网络文化成为网络参与者都能共享的文化资源，实现了思想文化的共享性。在网络上人们不再是被动的文化接受者，而是主动交互式的文化参与者，不同网络参与主体的网络参与需求各不相同，他们在满足自我需求的同时，也增进了彼此的交流沟通和互动互融。在网络环境中，网民既是主体也是客体，既是使用者和参与者，也是接受者和创造者，网络中的高度参与感与归属感，提高了网络主体间的互动性，可以通过网络实现与世界上不同国家、地区、民族、领域的人交流互动，从而实现信息资源和文化资源的共享。

二、网络文化的影响

党的十八大以来，中国特色社会主义建设进入新时代，新时代既是基于我国历史发展阶段的判断，也是对世界发展形势的准确把握。互联网迅猛发展，网络从一种技术的代名词逐渐演变成一种文化，网络成为影响文化育人的"最大变量"。网络文化以一种全新的表达方式，对人们的思想观念和行为方式产生深远影响。

（一）网络文化的困境

由于网络的虚拟性、匿名性、隐蔽性等特征，网络文化也相应地呈现出复杂性、多元性等特征，一定程度上给文化育人带来困境。

1. 网络文化环境复杂

网络空间是虚拟的，但不是脱离现实世界的，而是现实世界的延伸与投射。随着网络实名制的普及，账号成为网络空间行为主体的主要身份代号，成为用户网络行为的"记录仪"。随着移动互联网等新技术、新应用的普及，网络无处不在、处处可及，拓展了人类生活的空间，也使得网络文化环境复杂化。网络文化是高时效性文化，其传播速度比传统媒介迅速，网络的出现极大地缩短和节约了人与人交往的时间和空间，但是，网络环境用户身份的虚拟化、匿名化，对于无须实名认证的网站，每个人都可以随意设置自己的性别、年龄和身份，每个人都可以以匿名方式进行交流，而且所交流的信息有可能是虚假的或经过人为有意加工的，这大大增加了网络的神秘感、吸引力，也使得网络文化环境更为复杂。网络空间的虚拟性以及信息发布者的匿名性，导致人们对网络信息的真实性存疑，而大量令人存疑的信息的发布，造成网络诈骗、虚假广告层出不穷，防不胜防。

2. 网络文化内容多元

网络包容了一切形式的文化因素，多元的文化形态共存共生共融，在网络上，人们可以了解不同国家、地区、民族的文化传统，学习先进的科学技术和文化知识，可以接触多元世界，感受多元文化。与传统的以报刊为载体的文化形式相比，网络文化内容和网络信息资源相当丰富，涉猎面广，涉及政治、经济、文化、科技、社会生活等方方面面的不同观点和不同思想汇集于此，其涉及领域以及交流范畴涵盖的范围非常大。网络文化中许多不同的价值观念、文化形式、文化行为以及不同领域间的联系得到加强，文化形态处于兼容并包的多元化状态，在网络上经常出现的是不同的文化领域、不同思维方式以及价值观取向的人素未谋面却能够发表各自的观点。网络文化内容的多元化，让人们接触到许多新鲜的事物，包括世界各地的最新资讯，也包括各种文化形态。

3. 负面网络文化的冲击

互联网是开放的，信息庞杂多样，既有大量进步、健康、有益的信息，也有不少反动、迷信、黄色的内容，对文化造成巨大的冲击。在网络文化中，网络空间成为各种思想文化交锋和角力、民心民意争夺的新领域，一些非主流的、歪曲事实的负面网络文化对主流文化形成巨大的冲击。负面网络文化的冲击主要表现：一是价值观认同危机。网络负面文化对当前我国主流意识形态和公民道德建设等都会带来危害性或不良影响。改革开放后，一些西方国家试图利用互联网这个新的技术平台，向中国输入其精神文化，推销其意识形态，传播利己主义价值观，加上国内一些违法乱纪分子也会利用网络传播一些非主流的、错误的价值观，加剧中国价值观认同危机。二是动摇中国本土文化体系。随着对外开放的深入，大量国外的思潮、理论以及各种各样的文化产品纷纷涌入，一些媚俗文化、低俗文化和庸俗文化、敌对文化、色情文化、暴力文化也随之而来，撞击中国文化市场，引起中国文化的混乱和失衡，弱化了人们对民族文化特质的坚守，产生了人们对中国本土文化消解和抛弃的现象，从而引发中国文化体系中的不稳定。

4. 网络文化监管困难

网络文化的多元性、隐蔽性、虚拟性、匿名性、传播快、影响大、覆盖广、社会动员能力强等特点，导致网络文化内容的不可控性，如何加强网络法制建设和舆论引导，确保网络信息传播秩序和国家安全、社会稳定，已经成为网络文化监管上的困难所在。由于网络信息的内容庞杂、传播迅速、受众极广等特性，高校、企业、社区、政府机关等领域，网络管理人员往往对网络中的不良、虚假信息的筛查能力不足，稍有疏忽，有害信息在网络一经流传，影响面极广。由于网络系统的庞杂，网络中出现了文化糟粕，网络环境受到污染，网络的虚拟性也会导致网络黑客、网络色情、网络病毒、网络犯罪等问题的产生，加大了网络文化监管的困难。另外，网络安全隐患、网上侵权行为的发生、虚假信息的泛滥、敌对势力网上渗透的风险等，都使得网络文化监管困难加大。

（二）网络文化对人的发展的影响

互联网为人们提供了相互交流、相互沟通、相互参与的互动平台，同时也对人们的价值观念、行为方式、思维方式、生活方式等带来巨大的冲击，对人的发展产生积极或消极的影响。

1. 积极影响

网络文化是科学精神与人文精神融合的产物，对人们的世界观、人生观、价值观、道德观、审美观等方面产生了诸多积极影响。

一是促进文化交流。网络空间是无边界、大容量的信息传播集散地，网络能够满足不同人群的上网需求，为其提供大容量的数据信息。网络文化自由、开放、平等、宽松、多元、多样的虚拟环境，打破了传统的信息交流的时间和空间的限制，为不同民族、不同国家、不同地区的人们提供了自由对话的空间，使得更多的文化信息在网络上相互交流。人们在互联网上进行不同的思想观念的交流、碰撞，就为他们正确的世界观、人生观、价值观的淬炼和磨砺提供了素材和场景，通过接触其中一些具有较强教育意义、较大价值的文化信息，视野更加开阔，从而不断积累和完善自身的知识结构，也构建起与外界交流的桥梁，使得获取先进文化思想、价值观念的渠道都不断得到拓宽。多元思想文化交流、交融，极大地丰富人们文化生活，开阔人们视野，促进个性培养，提升人类智慧。

二是提升主体能力。网络文化以全新的信息传播手段提高了人的主体能力，并带来了交往方式和劳动方式的革命性变革，从而促进了主体性的发展，提高了人的思维创造性①，为促进人的积极、自由、自主的生存状态准备了条件。网络文化中，网民以匿名方式平等享有网络身份和网络地位，有利于提升主体意识，网民作为网络文化的参与者，可以随时行使自己的言论自由权，将自己深埋在内心的价值认知在网络中进行倾诉，促使主体在未知领域不断探索，促进人对现实性的超越和对自我的超越，走向更加开放、自主、创新的发展道路，从而促进他们主体意识、民主平等、开放观念的养成。

2. 消极影响

网络是一把双刃剑，其运行发展过程中自由、平等、共享的特点提供给网民以虚拟的在线实践空间的同时，由于监管的困难，也会导致网络无政府主义，对人的思想和行为产生一定的消极影响。

一是导致价值观偏移。网络文化作为一种多元的文化体系，普遍具有多重价值评判标准，尤其是一些西方国家加强了对于网络的运用，实现资本主义价值观念的推销，并加强"西化"，宣扬其政治模式，因此，一些人会受到相关信息的误导，进而导致其人生观、价值观、道德观的扭曲以及错位。特别是对于正处于价值观树立的黄金时期，尚未形成完整的世界观、人生观、价值观的青年学生来说，在面对各种文化的碰撞和融合，面对强势的外来网络文化的冲击，面对正面价值文化和负面价值文化的影响时，他们的思想价值观念较容易被一些表象所蒙蔽，容易造成主流价值观偏移，甚至导致价值观呈现多元化，利己主义、个人主义、享乐主义价值观念占有一定的市场。

二是导致道德人格缺失。相对于网络社会而言，现实社会已经进入到一个

---

① 詹扬扬. 论网络文化对人的主体性发展的影响 [J]. 学术研究，2001 (8).

法治、德治不断完善的社会阶段，人们的言行举止都会受到道德和法律的约束，而网络社会中很难确定网络用户的真实身份，网络文化缺乏有效的法律监管和制度约束，为所有网络参与者提供了一个表达观点、释放内心想法的"安全"而又"理想"的场所①。在网络多元文化体系和开放体系下，网民可以依托网络这一平台，挣脱道德责任的约束，将自己内心深处不轻易表露的本能释放出来，做出造谣、辱骂、道德绑架等违背道德约束和有损人格尊严的事情，并接纳网络文化中的糟粕，从而造成道德和人格缺失。

三、网络文化的作用与育人功能

网络文化不管是认知方面，还是思想方面，都对校园德育以及广大网民的思维方式、价值观念和道德判断等方面，潜移默化地发挥影响。

（一）网络文化对校园德育的"双刃剑"作用

互联网是一个虚拟社会，网络文化有优劣，当今时代已进入网络化、信息化时代，互联网的裂变式发展和广泛应用，不仅带来社会生产方式、生活方式的深刻变革，而且对校园德育工作带来巨大的影响。

1. 网络文化对校园德育的促进作用

网络文化因其是人们在互联网这个特殊世界中建立，借助计算机技术和信息网络技术以及网络经济基础上的精神创造活动及其成果，是人们在"现实"社会之外，利用在网络空间的"虚拟社会"进行工作、学习、交往、沟通、休闲、娱乐等所形成的活动方式及其所反映的价值观念和社会心态。

一方面，网络文化为校园德育的实施创造了全新的环境，提供了优越的条件。网络媒体在传播信息方面具有及时、大量、交互等优势，在时效性、连续流动报道、广为集纳相关信息、提供多种信息形态上优势明显，极大地丰富了学校的德育资源，为全社会育人创造良好的网络系统环境和育人模式，在网络文化环境中成长的青年学生更能准确地理解"地球村"的概念，更能清楚地了解国际竞争的激烈，这无疑会提高他们在未来社会的生存能力。互联网的普及，大大提高了思想教育信息的传播效率，大学生接受思想教育信息的途径和形式更加多样化，大大提升了学习效果，特别是有线电视、电信以及计算机通信

---

① 包双成. 微博、微信对大学生社会主义核心价值观教育的影响及对策［J］. 内蒙古师范大学学报（教育科学版），2019（12）.

"三网合一"的进程不断加快，将对学生进行思想道德教育的社会、家庭与学校通过网络连为一体，通过网络共同作用于学生，使得原本相对狭小的、封闭性的教育空间变成了全社会的、开放性的教育空间，形成高校大学生德育工作的合力。

另一方面，高校网络文化对高校德育具有价值引领功能。这种引领功能主要表现为，大学生在网络文化的熏陶过程中逐渐形成正确的世界观、人生观、价值观，实现价值引领。那些符合社会主义核心价值观的高校网络文化，既集中反映了高校的办学理念、价值观念、奋斗目标、行为规范等内容，又集中反映了政治、思想、文化等领域的价值指向标准，通过这些标准规范学生的网络行为并使其逐渐认同，并按照这种文化价值观的内容和标准去实践，使学生在网络文化实践中逐渐接受这种文化价值观。

2. 网络文化对校园德育的冲击

网络文化的虚拟性为人类想象力和创造力的充分发挥提供了一个巨大的文化空间，同时也给校园德育带来了冲击。

一是对德育效果的冲击。由于网络文化的创造、发展和运作，完全是在自主自愿和自我管理的基础上进行的，没有人控制、管理，完全靠个体的自律和慎独，这就导致网络德育效果无法保证。面对那些目不暇接的鱼龙混杂的网络文化信息、网络游戏和网络色情等文化垃圾，有的青年学生往往不能正确处理上网与学习、工作、人际交往的关系，而是沉湎于网络而不能自拔，影响学业的完成和良好的生活习惯的养成。网络文化不仅越来越影响着青年学生如何看待社会，而且影响着如何看待自己、如何看待他人及其与他人之间的相互关系，影响着青年学生的身心健康、人际交流和社会沟通，甚至导致青年学生的世界观、人生观、价值观发生嬗变。

二是对教师德育主导地位的冲击。传统的德育模式是一种以教师为中心的权威德育模式，教师在德育中起着主导作用，学生处于被动地位，只能对教师的"灌输"别无选择地"接受"。但在资源丰富的网络社会中，网络为学生提供了取之不尽、用之不竭的知识和信息，校园德育中原有的德育知识被强大的网络信息所淹没，学生可以不需要教师的指导和引导，自主地利用网络资源，进行网络学习，从网上自主选择性地接受教育。在网络文化中，学生不仅是德育的主体，而且也是德育内容和方式的建构者和选择者，这种接受教育途径的和方式的转变，大大削弱了教师"传道授业解惑"的功能地位，同时，教师作为德育教育的指导者、组织者和引导者的角色也受到巨大的冲击。

(二) 网络文化的育人功能

网络文化反映了置身网络社会的人的思想政治、道德观念、价值取向、行为模式、思维方式等，尽管具有两面性，但在文化育人中，网络文化也发挥着越来越重要的作用，具有明显的育人功能。

1. 价值引领功能

网络文化确立了一整套新兴的世界观、人生观、价值观体系，网民受其影响，会产生一系列的思想与行为模式。网络文化价值取向的多元化、价值信息的良莠混杂性，会侵蚀人们的思想，直接影响人们价值观的认同和内化，网络上出现的政治理想、经济格局、文化思潮等会随着网络互动、交互不断得到强化，衍化成比较完善的价值形态，并逐渐成为网民推崇的价值追求和价值理念。因此，网络文化通过规范标准实现价值指向性，通过价值观引导实现价值目的性，通过互动交互实现价值稳定性。正是从这个意义上，习近平总书记反复强调，在网络空间，要"用社会主义核心价值观和人类优秀文明成果滋养人心、滋养社会"，强调做好网上舆论工作要"大力培育和践行社会主义核心价值观"。

作为网络参与的重要群体的大学生，他们的学习、生活、思维、价值观等不断受到网络文化的影响，以传统校园文化为代表的主流价值观正不断受到侵蚀。2016 年的 31 号文件对网络载体的具体形式做出了说明，明确要求"要加强互联网思想政治工作载体建设，加强学术互动社区、主题教育网站、专业学术网站和'两微一端'建设，运用大学生喜欢的方式开展思想政治教育"①。如何正确看待网络文化这把"双刃剑"，又该如何引导大学生在网络文化和传统文化交融中学会取舍和判断，树立正确价值观，是当前高校要面对和亟待解决的问题。因此，在充分发挥网络文化育人功能的过程中，有必要通过制定相应的网络道德规范和法治规范，通过网络文明和网络法制教育学生，引导学生明确网络使用目标和信息选择标准，引导他们养成正确的网络习惯和良好的信息素养，提升他们的网络道德素质。

2. 思想渗透功能

网络文化具有广泛的联系性、强烈的交互性和强劲的渗透性，它对人的影

---

① 中共中央国务院. 关于加强和改进新形势下高校思想政治工作的意见 [N]. 人民日报，2017-02-28.

响是潜移默化的、隐蔽的。互联网上信息丰富，涉及社会政治、经济、科技、文化等各方面，这些对人的思想的影响是不言而喻的。随着科技的不断发展，网络文化极易催生新的思想观念、价值追求、道德要求、行为习惯等，不仅局限于形式的多变化，而且还有内容的多样化和知识面的广泛化，那些紧扣思想教育内容主题的网络文化，不但扩大了网民的视野，给人耳目一新的感觉，还能给他们带来新的生活和新的情感的体验，将一些积极的思想观念、价值理念润物无声地渗透于他们的观念之中。网络文化提升了文化传播的影响力，良性的网络文化，将为受教育者的内化过程提供优质的外部环境保障，促使其更好地完成个体内化，将网络文化积极健康的因素融入生活之中，不断获得物质和精神上的支持，产生向前发展的动力，完成内化过程。

但是，由于网络信息具有海量性，在网络中，人们可以自由地接收海量信息，能够在网络空间里自由而自律地发表言论，自由而理智地决定网络行为，自主而明智地选择价值取向，可以自觉地加深自己的道德认知，也可以净化自己的道德情感，这就需要网民具有一定的信息选取能力和信息加工能力。网民需要对网络文化中多元文化、多元观点有正确的认识，以保证接受优秀的和正能量的网络文化对个人思想产生作用和影响，将社会所要求的思想道德规范和行为规范内化为自身的世界观和方法论。

3. 感召力凝聚力提升功能

衡量一个国家或地区文化软实力的重要标志是其是否拥有强有力的感召力，并进而产生如约瑟夫·奈对"软力量"所界定的"通过吸引而非强迫或收买的手段来达到所愿的能力"。进入新时代，网络文化与人民的生活、学习联系日益紧密，产品和数字内容成为文化接受和文化消费中日益重要的对象，优秀的网络文化创作和文化精品、文化经典成为文化软实力构建和发展中必需的文化承载。网络文化的感召力和吸引力成为塑造民族精神家园、加强文化价值的传承发扬、提升文化认同度的重要力量。网络文化具有便捷性、交互性的优势，可以通过现代信息技术，更大范围、更好地弘扬和宣传主流文化意识，同时采取"线上线下"相互配合的模式，将网络文化实体化、行动化、成果化。经过长期积淀的健康积极的网络优秀文化，对网民具有强大的感召力量。

具有感召力量的网络文化，必定具有强大的凝聚功能。一方面，网络文化内容丰富、快速、直观、形式多样、图文并茂、音影一体、生动灵活的表现形式，具有非常强的感染力，可以使网民深受感染，成为他们生活的调节剂，从而愉悦身心、陶冶情操，带来精神上的享受，并形成思想和情感上的共鸣，不受时间、地点和群体的限制，提升感召力量，从而形成凝聚力；另一方面，在网络文化的影响下，具有相同个性、兴趣、爱好的网民容易达成共识，容易遵循共同的行为规范，可以形成共同的行为规范和价值追求，从而增强凝聚力。在网络文化中，更容易发挥网络传播互动、体验、分享的优势，听民意、惠民生、解民忧，凝聚社会共识，增强社会凝聚力。新时代网络文化建设的任务就是要建立起具有强大凝聚力和引领力的网络文化，凝聚起同心共筑中国梦的磅礴力量，挺起中华民族的精神脊梁。

四、新时代网络文化育人举措

随着网络的发展，各种思想、文化在网络中相互激荡、碰撞、交流和融合，网上言论良莠不分，"庞大的网络空间，先进的思想文化不去占领，各种错误的思想观点和腐朽落后的东西就会去占领，给社会和学校带来不良影响"①。新时代网络文化育人中，内容创新是关键，平台建设是核心，机制构建是保障。

（一）创新网络文化育人内容

网络文化育人内容，是网络文化育人的根本，提升网络文化育人实效，必须创新网络文化育人内容，大力推进中国特色社会主义理论体系网络化传播。

1. 打造网络文化精品内容

网络内容建设是网络文化建设的重要组成部分，网络文化内容广泛影响着人们的思想观念和道德行为，而能否创作出优秀的网络产品，则关系到网络内容建设的成败。新时代网络文化内容的打造要靠创新取胜，要创作出在内容上有深度、感情上有温度的网络名篇佳作，充分发挥网络文化作品在宣传真理、传播文化、弘扬正气等方面的作用，提升网络文化作品的思想教育价值，讲好中国故事，讲好百姓故事，讲好身边故事，弘扬网络正能量，尤其是应重点加强社会主义核心价值观纳入网络文化优秀作品的文案设计、内容设定以及宣传推广等重要环节，努力在增强网络精品影响力以及感染力等方面下功夫②。网络文化育人内容创新，必须利用专业团队、专业人员、专业知识，打造网络文化

---

① 钟家全. 和谐校园视域下高校网络文化建设［M］. 北京：科学出版社，2011：69.
② 王志强. 用社会主义核心价值观引领高校网络文化育人［J］. 中国高等教育，2014（21）.

精品。新时代网络文化内容建设要坚持内容为王，用习近平新时代中国特色社会主义思想团结、凝聚亿万网民，发展积极向上的网络文化，要弘扬主旋律，激发正能量，加强网上正面宣传，旗帜鲜明地坚持正确的政治方向、舆论导向、价值取向，让科学理论、正确舆论、优秀文化充盈网络空间，引导互联网企业和网民创作生产传播格调健康的网络文学、网络音乐、网络表演、网络电影、网络剧、网络音视频、网络动漫、网络游戏等。

新时代网络文化育人还要从建立正确的理想信念出发，加强互联网内容建设，倡导讲品位、讲格调、讲责任，抵制低俗、庸俗、媚俗，自觉在追求真善美中彰显正能量。要加强对网上热点话题和突发事件的正确引导、有效引导，明辨是非、分清善恶，让正确道德取向成为网络空间的主流，将社会主义核心价值观不同层面的内容精细化分类，融入主题栏目建设当中，通过打造不同的文化品牌，提倡并大力弘扬富强、民主、文明、和谐的核心价值观，提倡并引导自由、平等、公正、法治的社会主旋律，提倡并实践爱国、敬业、诚信、友善的核心价值思想。新时代网络文化建设既要坚持传播中华优秀传统文化、中国革命文化和社会主义先进文化，也要充分利用微动漫、微视频、微电影、微公益、微广告等人民群众喜闻乐见的"微"作品形式，利用移动互联网时代碎片化传播和浅阅读的特点，注重标题的凝练性、内容的故事性、语言的感染性、阅读的便捷性，切实提高广大网民的愉悦感和接受度。

2. 塑造网络特色文化

网络文化从横向上看，有校园网络文化、企业网络文化、社区网络文化、政府机关网络文化等。学校、企业、社区、政府机关等单位，应充分利用特色网络资源丰富门户网站内容，注重单位主页、二级网站的思想内涵提升和知识信息扩充，并学习和借鉴其他单位的特色网络资源，创造特色的传递形式，打造印有特定文化标签的栏目，打造一批具有时代特色、品位高雅的网站。各单位要牢牢把握网络思想政治教育这条红线，打造一批集交互性、思想性、知识性于一体的网络名刊名栏，从广大网民关心的社会热点问题切入，把握契机、抓住特殊事件等关键时间节点，鼓励原创，打造优秀网络特色文化产品，积极加强宣传教育，将思想政治素质、人文素质、科学素质和艺术素质的培育融入网络文化产品的制作中，将打造全新的网络文化纳入各单位总体文化建设的规划中，将党的大政方针、国家政策、社会正面信息传导进网络文化，增强网络文化育人效果。

不同的单位可以结合自身特色，塑造独具特色的网络文化，增强其吸引力和感染力。对企业而言，企业网络文化是企业文化的重要组成部分，是展示企业价值观、企业精神、企业规范、企业形象的重要载体，是扩大企业宣传思想工作阵地、传播社会主义先进文化、凝聚企业团队精神、创建企业文化服务的新平台。塑造企业网络特色文化，必须结合企业实际，突出企业特色，根据企业本身的需要和发展规律，提炼、营造企业的网络文化，突出本行业、本企业特点，反映出一个企业有别于同行业其他企业的显著特色，打造具有感召力、影响力和推动力的独特的企业网络文化。

对社区而言，作为人们生活起居的主要场所，社区无疑是网络文化建设的最佳载体。居民可通过网络社交平台反映自己的利益诉求，与周围邻居展开交流，线上带动线下，促进居民关系和谐发展，增加社区"人气"。它不仅关乎社区家庭关系、邻里关系和代际关系的健康发展，同时也是社区建设的一项重要内容。社区可以根据其服务惠民的特点，打造"接地气""能惠民"的智慧社区和提高公共服务质量的网络文化，借助数字化手段进行社区服务的改革，解决人们"最后一公里"的生活难题。

对政府部门而言，互联网正在成为党和政府同群众交流沟通的新平台，成为了解群众、贴近群众、为群众排忧解难的新途径，成为发扬人民民主、接受人民监督的新渠道。对党和政府来说，打造网络特色文化，一是根据政府职能，加强互联网内容建设，建立网络综合治理体系，加强官方网络文化建设，官方网站公开网民真正关心的关系网民切身利益的内容，以公开、诚信的态度赢得网民，从而占领网络主阵地。二是走网上群众路线，通过网络了解群众所思所愿，收集好想法好建议，积极回应网民关切、解疑释惑。通过网络了解民意，加快推动政府决策的透明化、科学化、民主化。三是在网络文化建设中，要敢于直面社会热点、社会思潮，特别是人民群众关心的社会问题和社会思潮，开展积极的社会讨论，澄清事实，疏导情绪，化解矛盾，传道解惑。

3. 成立数据研究机构和网络文化研究中心

互联网时代，数据成为重要的生产要素，各单位要运用互联网和大数据技术，通过建立大数据中心，协同各相关部门，建设思想政治教育信息库，充分发挥大数据技术的重要作用，构建方便快捷、资源共享的信息化平台，全面掌握单位网络受众的思想动态、行为特点以及实际需求，以此为基础，按照大数据分析的具体问题，进行有针对性的、特色化的教育及正确引导，精准实施网络文化育人策略。2017 年 12 月，习近平在主持中央政治局集体学习时强调，要推动大数据技术产业创新发展，要构建以数据为关键要素的数字经济，要运用大数据提升国家治理现代化水平，要运用大数据促进保障和改善民生，要切实保障国家数据安全。

同时，还应建设网络文化研究中心，针对社会主义核心价值观的各种价值维度和不同层面，从内容以及形式上积极创造出蕴藏社会主义核心价值观深刻思想内涵的公共文化产品，最大限度地形成一批具有社会影响力的重要理论成果，强化网络文化供给力。也可以利用网络文化研究中心，培养网络技术人才，推动网络文化产业发展，让网民参与其中，推动网络文化产业的发展，引导广大网民在表达个人意愿、价值追求、人生理想时，也要有社会责任担当，多一些家国情怀，少一些网络戾气，使网络文化与社会产生良性互动，使网络文化的精神内核得到充分发展。

（二）加强网络文化育人平台建设

随着互联网技术日益普及和发展，新时代网络文化育人应与时俱进，切实搞好新媒体建设，以先进的技术手段和有效方法构建辐射面宽、影响力大、渗透力强的网络文化育人平台，构筑网络思想文化阵地，推动高水平网络文化平台建设。

1. 打造网络文化互动平台

网络环境下，平台数量众多，要提升网络文化育人效果，一方面必须加强统一管理，明确责任体系，严守意识形态阵地，另一方面要有效整合资源，优势互补，避免重复浪费，要立足各单位、各部门的实际，多部门协同合作，统筹协调网络文化平台建设的制度化，做好平台建设责任的顶层设计，打造网络育人平台品牌，推动互动平台建设，用完善的制度建设推动网络文化平台的建设，提升育人实效。

要充分挖掘网络文化的育人资源，充分发挥网络文化引导人、教育人和动员人的作用，营造健康文明的网络文化氛围，紧密结合社会实际，弘扬网络文化主旋律。2015 年 12 月，习近平在第二届世界互联网大会发表主旨演讲时强调，"文化因交流而多彩，文明因互鉴而丰富。互联网是传播人类优秀文化、弘扬正能量的重要载体"。网络文化互动平台的建设，必须坚持巩固壮大主流思想舆论，弘扬主旋律，传播正能量，激发全社会团结奋进的强大力量。同时，要提高网络文化产品的服务和供给能力，按照"谁主管、谁负责"的原则运行，同时也要改变客观上存在的网络教育资源提供与使用方面的条块分割的状态，真正实现共建共享，推动各单位文化育人平台互动，构建全方位的网络文化育人平台互动，形成协同育人效应。

2. 推动多平台融合发展

网络文化育人平台建设，必须推动多平台融合发展。一是将不同的网络平台组建成平台联盟。全社会可以通过网络文化建设联盟等形式，集中各平台的网络文化资源，开发并推广联盟平台，通过联盟平台，开展参与面更广、影响力更大的文化活动，实现网络文化资源共享，实现网络文化协同育人。二是建立多功能融合的平台。在网络文化育人中以占领和开拓网络文化建设阵地为主要任务，建立丰富的网络文化育人平台，注重积累，融合发展，充分开发网络资源，将教育、管理、服务等功能进行融合，通过网络教育阵地的拓展，促进网络文化教育有效性的提升，坚持网络文化建设正确的政治方向。三是发展软硬件相融合的网络平台。在网络文化发展中，在硬件设施、软件开发、网络人才等方面下功夫、花力气，构建综合、联动、高效的网络文化教育工作平台，充分利用 App 客户端、微信、官方微博等网络平台，不断促进网络文化繁荣，增强网络文化育人实效。四是在网络文化中融合科技等元素，打造融合发展平台。文化与科技的融合必须以创新机制持续、有计划、有目标地实现网络文化层次的提升，从而增强网络文化育人效果。

（三）构建网络文化育人管理机制

习近平总书记强调，互联网已经成为舆论斗争的主战场、主阵地、最前沿，是我们面临的"最大变量"，甚至是"心头之患"。面对复杂严峻的网络安全形势，尤其是意识形态安全形势，必须构建网络文化育人管理机制。

1. 坚持宏观管理和微观管理相结合

网络文化育人管理机制既包括国家层面的宏观管理，也包括对网络用户的微观管理。在宏观管理上，网络文化建设包含意识形态阵地管理、教育信息化等宽广领域，涉及部门众多，应将此项工作视为一项系统工程，成立专门领导小组，研究制定网络文化建设的总体规划和相关制度，统筹协调重要问题和各部门分工，审定重要项目，巩固和加强网络安全与信息化工作；在微观管理上，要充分利用大数据手段，对网络的相关数据进行采集、存储、分析、挖掘和预测，一方面跟踪用户习惯，为网民量身打造更实用的网络文化产品，进行宣传思想引领，另一方面及时掌握网络舆情动态，及时发现和应对潜在的错误观点、言论或者可能发生的状况，并加以引导。要充分重视网民作为受教育者的主体性，尊重网民的网络行为方式和接受习惯，提高主动设置议题和引导舆论的能力，要用人们"容易接受的'普通话'去阐释他们关心的热点难点问题，在平等的网络互动中'因势利导'，在互动的氛围中'顺势引导'，切忌'居高临下'，善于'换位思考'，力求'教学相长'"①。对社会来说，公民、企业、非政府组织、研究机构、技术社群等各方主体都应当参与到网络治理中，企业积极履行社会责任，行业组织充分发挥自律作用，社会公众积极建言献策、开展网络监督和网络问政，与党和政府形成有机配合与互动，形成党委领导、政府主导、多方参与、良性互动、协同治理的理念和格局。

2. 加强网络平台的管理

加强互联网平台管理，正能量是总要求，管得住是硬道理，用得好是真本事。进入新时代，网络发展日益迅猛，微信、QQ、淘宝等网络平台不仅用户数量巨大、多种多样、行为活跃、复杂多变，而且跨行业、跨领域、跨地域发展，因此，必须加强网络社交平台、各类公众账号等管理，重视个人信息安全，建立完善新技术新应用道德评估制度，维护网络道德秩序。开展网络治理专项行动，加大对网上突出问题的整治力度，清理网络欺诈、造谣、诽谤、谩骂、歧视、色情、低俗等内容，反对网络暴力行为，依法惩治网络违法犯罪，促进网络空间日益清朗。

加强网络平台的管理，一方面，政府部门要完善有关网络产品的法律，推广使用类似游戏时间规定提醒、软件使用权限设置等防止沉迷其中的网络新技术，加强对于网络平台的监管力度，要求有关部门对推送的内容进行严格的审核和监管，例如QQ、微信、微博等聊天软件，加强实名制管理，禁止发布不良信息；对于斗鱼、抖音、快手出现的有不良社会影响的视频，明确平台和视频来源人的法律责任。另一方面，互联网企业也要遵守国家出台的各项法律，积极配合，制定具体的公司规章制度，对旗下相关产品严格要求，给广大网民创造一个良好的网络文化环境。

3. 建立网络综合治理体系

培育健康网络文化，重在做好网络治理。随着信息技术的迅猛发展和互联网普及程度的不断提升，网络与经济、政治、文化、社会、生态、军事等各领

---

① 冯刚. 新形势下推动高校网络文化建设的思考与实践 [J]. 思想教育研究, 2015 (08).

域的融合发展越来越普遍、越来越深化，呈现出跨时空、跨媒介、跨行业、跨地域的发展趋势，这就需要不断创新治理理念、加强网络综合治理。党的十九届四中全会《决定》提出，"建立健全网络综合治理体系，加强和创新互联网内容建设，落实互联网企业信息管理主体责任，全面提高网络治理能力，营造清朗的网络空间"①。网络治理也是国家治理的重要组成部分和关键环节，推进国家治理体系和治理能力现代化，也必须推进网络综合治理体系和治理能力的现代化，因此，要严格依法管网治网，依法办网、依法上网，加强互联网领域立法执法，让互联网在法治轨道上健康运行。强化网络综合治理，要整合相关机构职能，健全基础管理、内容管理、行业管理以及网络违法犯罪防范和打击等工作联动机制，健全网络突发事件处置机制，形成正面引导和依法管理相结合的网络治理强大合力体系。

习近平总书记在全国网络安全和信息化工作会议上强调，"要提高网络综合治理能力，形成党委领导、政府管理、企业履责、社会监督、网民自律等多主体参与，经济、法律、技术等多种手段相结合的综合治网格局"②，多主体参与、多种手段相结合，体现了协同和平衡理念，即注重层级化管理与扁平化管理的协同和平衡，注重中心化管理与网络平台自我管理的协同和平衡，注重管得住与用得好的协同与平衡，既要让互联网保持良好运行秩序，实现"管得住"的目标；又要让互联网为经济社会发展注入新动力，实现"用得好"的目标。建立网络综合治理体系还必须压实互联网企业主体责任，强化管理部门监管责任，分清责任边界，确保责任落地。通过网络治理营造良好网络文化生态，使网络文化更好地实现育人的目的。

4. 加强网络立法

对互联网的应用、管理都要做到"有法可依"。互联网进入我国 20 多年来，我们顺应互联网技术的发展变化，不断制定和完善互联网管理的法律法规，健全网络法律规范，加大对网络违法犯罪的惩处。党的十八大以来，我国网络立法进程明显加快，各个层面的法律法规密集出台，制定了一系列涵盖网络信息服务、网络安全保护、网络社会管理等方面的法律法规，形成了网络综合治理的制度体系，依法管网、依法办网、依法治网，推动互联网在法治轨道上健康

---

① 中共中央关于坚持和完善中国特色社会主义制度 推进国家治理体系和治理能力现代化若干重大问题的决定 [EB/OL]. 新华社，2019-11-05.

② 习近平. 自主创新推进网络强国建设 [EB/OL]. 人民网，2018-04-19.

运行。这些法律法规大都把网络安全与发展、规范与鼓励、管理与支持等作为重要立法内容，体现了秩序、协同与平衡理念，对于深入开展净网专项行动，清理违法和不良信息，依法惩治网络违法犯罪行为等具体的网络执法实践，具有重要指引和规范作用。面向未来，网络立法应进一步深入研究掌握互联网发展规律，把握信息技术发展趋势，支持和促进网络新技术、新业态、新应用的发展，这有利于推动互联网企业加大技术创新投入，提升我国网络信息核心技术水平，增强经济社会发展的科技底蕴。

5. 加强网络舆论引导

网络文化育人中，网上舆论是宣传思想工作的重中之重，必须加强对网络舆论的引导，传播正能量，提升传播力和引导力。习近平指出，在新的时代条件下，党的新闻舆论工作的职责和使命是：高举旗帜、引领导向，围绕中心、服务大局，团结人民、鼓舞士气，成风化人、凝心聚力，澄清谬误、明辨是非，连接中外、沟通世界。这也是网络舆论工作的职责和使命。要承担起这个职责和使命，必须把政治方向摆在第一位，牢牢坚持党性原则，牢牢坚持马克思主义网络文化观，牢牢坚持正确网络舆论导向，牢牢坚持正面网络宣传为主。

习近平总书记在多个场合就做好新形势下舆论引导工作提出把握好"时、度、效"的方法论。他指出，做好巩固壮大主流思想舆论工作，关键是要提高质量和水平，把握好时、度、效，增强吸引力和感染力，让群众爱听爱看、产生共鸣，充分发挥正面宣传鼓舞人、激励人的作用。做好网上舆论工作是一项长期任务，要把握好网上舆论引导的时、度、效，要适应社会信息化持续推进的新情况，占领信息传播制高点。要通过网络加大正面宣传力度，通过多种方式，加强爱国主义、集体主义、社会主义教育，引导广大网民树立和坚持正确的历史观、民族观、国家观、文化观，真正发挥网络文化育人的作用。

（四）抓好网络空间道德建设

当今社会已经进入网络化、信息化时代，互联网的普及成为社会生活中越来越活跃的因素，与信息网络相适应，人类面临新的道德要求和道德选择，网络空间道德问题也应运而生。抓好网络空间道德建设，发挥道德教化引导作用，对新时代网络文化育人具有至关重要的意义。

1. 净化网络文化环境

网络是一个自由开放的平台，各种文化都可以依托网络呈现，但自由是相对而言的，不能盲目为了高关注度、高点击率、高额利润率而放弃底线，制造一些标题作为噱头，传播一些无价值的网络文化。在网络文化管理中，要有底线思维，坚持法律法规底线、社会主义制度底线、国家利益底线、公民合法权益底线、社会公共秩序底线、道德风尚底线和信息真实性底线，做好网络育人的主流话语表达，掌握网上舆论工作主动权。习近平总书记强调：书写新时代网络正能量的使命担当，就是要始终聚焦主题主线、唱响新时代主旋律，始终弘扬正气、汇聚网络正能量，始终引领创新、传递中国好声音，始终凝聚共识、画大网络同心圆，为决胜全面建成小康社会、夺取新时代中国特色社会主义伟大胜利、实现中华民族伟大复兴的中国梦营造良好网上舆论氛围。因此，必须开发建设有助于文化育人的绿色网站，将有利于网民身心健康发展的内容融入网络空间。网络文化的建设既要符合不同年龄段网民的思维能力、知识能力、艺术鉴赏能力等发展的要求，又要坚持社会主义核心价值观的正确导向作用，把主流文化和游戏、软件、网页等文化载体相结合，营造健康的网络文化氛围。

同时，必须倡导文明、理性上网，不断强化网民的责任感和自律性，2019年公布实施的《新时代公民道德建设实施纲要》中从加强网络内容建设、培养文明自律网络行为、丰富网上道德实践、营造良好网络道德环境四个方面对网络空间道德建设提出了具体要求。网络信息内容广泛影响着人们的思想观念和道德行为，要发展积极向上的网络文化，弘扬主旋律，激发正能量，让科学理论、正确舆论、优秀文化充盈网络空间，加强网上热点话题和突发事件的正确引导、有效引导，明辨是非、分清善恶，让正确道德取向成为网络空间的主流；要建立和完善网络行为规范，明确网络是非观念，培育符合互联网发展规律、体现社会主义精神文明建设要求的网络伦理、网络道德，倡导文明上网、文明互动、理性表达，远离不良网站，防止网络沉迷，自觉维护良好网络秩序；加强网络公益宣传，拓展"互联网+公益""互联网+慈善"模式，引导网民随时、随地、随手做公益，推动形成关爱他人、奉献社会的良好风尚。网络文化并非一方净土，必须营造良好网络道德环境，抢占网络思想文化阵地，弘扬主旋律，突出网络政治性、思想性、导向性、理论性、亲和性、多样性，努力构建健康文明、艺术化的、蓬勃向上的网络文化环境，使网民在这种文化环境中既获得信息素养和审美能力，又具有正确的信息价值观和道德观。

2. 培养文明自律网络行为

习近平总书记指出，网络空间是亿万民众共同的精神家园，网络空间天朗气清、生态良好，符合人民利益；网络空间乌烟瘴气、生态恶化，不符合人民利益。遵守法律法规的网络行为有利于维护网络空间的良好秩序，尊重他人权利的网络行为有利于形成平等共享的网络氛围。每个网民既是网络空间的建设者，也是网络道德的维护者，每个人的网络行为在互联网上都会留下记录，影响网络生态。因此，每个网民都要为营造良好的网络生态环境而规范自己的行为，培养文明自律网络行为，遵守法律法规。

网上行为主体的文明自律是网络空间道德建设的基础，要建立和完善网络行为规范，明确网络是非观念，培育符合互联网发展规律、体现社会主义精神文明建设要求的网络伦理、网络道德；倡导文明办网，推动互联网企业自觉履行主体责任、主动承担社会责任，依法依规经营，加强网络从业人员教育培训，坚决打击网上有害信息传播行为，依法规范管理传播渠道；倡导文明上网，广泛开展争做中国好网民活动，推进网民网络素养教育，引导广大网民遵德守法、文明互动、理性表达，远离不良网站，防止网络沉迷，自觉维护良好网络秩序。

3. 丰富网上道德实践

互联网为道德实践提供了新的空间、新的载体，要积极培育和引导互联网公益力量，壮大网络公益队伍，形成线上线下踊跃参与公益事业的生动局面，加强网络公益宣传，引导人们随时、随地、随手做公益，推动形成关爱他人、奉献社会的良好风尚。拓展"互联网+公益""互联网+慈善"模式，广泛开展形式多样的网络公益、网络慈善活动，激发全社会热心公益、参与慈善的热情。为此，必须加强网络公益规范化运行和管理，完善相关法规制度，促进网络公益健康有序发展，将网络道德理念具体化到网络平台手册、网络用户协议、网络社区规则等网络行为准则中，纳入"中国好网民"创建活动中，引导网民依法上网、文明上网。

第九章

高校校园文化：新时代文化育人的
"孵化器"

习近平总书记在全国高校思想政治工作会议上深刻指出，"要更加注重以文化人以文育人，广泛开展文明校园创建，开展形式多样、健康向上、格调高雅的校园文化活动"。高等学校是发展中国特色社会主义先进文化的重要阵地、示范区和辐射源，高校校园是人才培养的摇篮、是人才的输出地、是高素质的"人才池"，对大学生来讲，文化的力量特别体现在校园里，高校的文化育人基本内涵就是通过校园文化"促进人的全面、自由、充分、和谐、健康的发展"①，可以说，高校校园文化是新时代文化育人的"孵化器"。

一、高校的属性

高校作为传承和创新文化的重要组织，在一个国家和民族的文化发展史上占有基础性地位，在新时代文化育人中依然负有义不容辞的历史重任。

（一）高校的文化属性

文化是大学的本质属性，高校校园文化作为一种重要的育人途径和手段，在新时代文化育人中理应发挥至关重要的作用。

1. 高校的文化性

"回顾世界高等教育千年发展的历史，人才培养能力和高等教育发展水平的竞争，实质上也是大学文化传承和创新的竞争。从欧洲中世纪大学的人文文化育人，到德国柏林大学的科学文化育人，再到美国大学的社会服务文化和创新创业文化育人，大学的文化创新直接推动着世界高等教育中心从意大利、英国、法国向德国并继而向美国的转移，而世界高等教育中心的转移又促进了世界科

---

① 韩延明. 强化大学文化育人功能［J］. 教育研究，2009（4）.

是文化育人。因此，从理论与实践上探索高校文化育人的内容、途径、方法，依据大学生成长和发展规律以及高等学校教育教学特点，对文化育人作出顶层设计，对于促进其他九大育人体系，提升育人质量，具有重大现实意义。

（三）高校文化的育人意蕴

高校文化有着深厚的思想底蕴，为大学生的全面发展提供"坚强的思想基础、强大的精神力量和丰润的道德滋养"①，具有重要的育人价值。

1. 从大学的功能看高校文化的育人意蕴

现代大学不仅仅是传播知识的摇篮，其最主要的功能是人才培养、科学研究、社会服务、文化传承创新，四个方面是一个有机整体，其中，人才培养是核心，科学研究是做好人才培养工作的前提条件，人才培养是服务社会、传承和创新文化的直接表现。什么样的人才才能承担起科学研究、社会服务、文化传承创新的任务，这是高校在人才培养过程中必须深入思考的问题。大学作为知识殿堂根本上是文化的载体，大学中人是文化人，大学"育人"重点也在于文化育人，通过文化传承和文化熏染来达到培育合格人才的目的。育人是一个复杂的过程，文化的功能是渗透式地催化心灵的完善，提升人的内在文化品格和精神境界，文化对人思想生成的心理机制，对人的主体行为，对人的价值取向，都具有独特的影响力，因此，推进高等教育现代化进程，必须创新大学生人文素质、思想观念、价值取向培养，用文化中所包含的思想、价值、伦理、观念、格调、情怀等深化大学生思想教育和文化养成教育。

2. 从高校教育的目标看高校文化的育人意蕴

新时代，高等教育终极目标就是培养德智体美劳全面发展的社会主义建设者和接班人，要胜任"建设者"和"接班人"的角色，必须具备多方面的能力和素质，即哈佛大学前校长、《回归大学之道》一书的作者德雷克·博克提出的大学教育至少要包含的八大目标：表达能力、批判性思维能力、道德推理能力、公民意识、适应多元文化的素养、全球化素养、广泛的兴趣、为就业做准备，所有这些都以学生的道德文化素质培养为基础。高校的育人功能与传授知识、培养技能不同，把思想理念建构在别人的头脑里，既需要教育者的智慧，也需要受教育者的吸收内化。因此，在高等教育目标中需要融入人文内涵和文化底

---

① 习近平. 在会见第四届全国文明城市、文明村镇、文明单位和未成年人思想道德建设工作先进代表时的讲话［N］. 人民日报，2015-03-01.

蕴，以价值理念、道德规范、思维方式、人文修养、习惯养成充实高等教育内容，以文化人、以文育人。

二、校园文化的内涵

校园是师生学习、工作的空间，校园文化体现在学校内部则形成其独特的校园环境、和谐的人际关系、共同的思想作风和行为准则，它是这一时空存在的物质文明和精神文明的总和。高校校园文化是高校在发展过程中形成的自己独有的文化和文化传统，"校园文化作为一种复合文化形态，是高校在长期发展过程中形成的被普遍认可和共同遵循的基本观念和价值标准，是对高校所承载的价值观念和行为规范的综合表现，具有多元化、开放性的特点。高校文化通常是由校训、校规、历史、环境文化、学科特色和学术实力以及科研创造力共同孕育的，是实现信仰塑造、价值传送以及政治引领的直接载体"[1]，校园文化是一所学校综合实力的反映。

（一）校园文化的主要内容

一所高校所展现的文化，是在长期的办学实践中积淀的特有的校园文化和精神风貌，它包括大学精神、文化传统、知识系统、教育载体、校园环境等载体，具体而言，高校校园文化可以分为物质性校园文化、精神性校园文化和制度性校园文化，其中物质性校园文化是校园文化的基础和条件，精神性校园文化是校园文化的核心与灵魂，制度性校园文化是精神性校园文化和物质性校园文化的中介，它们相互融合，构成高校校园文化。

1. 物质性校园文化

高校校园是物质文化的集合体，物质性校园文化主要是能被人们所直观感受到的高校内部一切物质性对象，它是一种物态和实体性文化，是高校校园文化的物质性载体，是校园文化发展的基础和条件，它体现了一所高校的文化传统、历史底蕴和办学理念、育人理念等。高校物质性校园文化既包括校园建筑、教学楼、实验楼、图书馆、文娱体育活动等各种设施、校园纪念物、校名、校徽等，也包括物质性校园文化景观，如校园绿化、人文景观、校容校貌、楼宇风格、学校标识、地标建筑等，体现出一所高校的独特气质。显性的校园环境是物质性校园文化的重要组成部分，任何教育的发生都离不开环境的影响，马

---

① 刘先春，赵洪良. 高校文化立德树人的育人功能研究［J］. 思想教育研究，2018（12）.

克思的教育环境理论认为"人创造环境，同时，环境也创造人"①，积极健康的文化环境不仅能够促进人在各方面的发展，还能促进育人活动的有效运行。物质性校园文化虽然是一种表层文化，但它也是一所高校在自身发展过程中长期建设的物化结果，在一定程度上是精神性校园文化的重要基础，集中体现高校风格和环境特色，是一所高校综合实力的重要表现形式。

2. 精神性校园文化

高校既是客观的物质存在，也是一种精神性的存在，高校校园文化的核心与灵魂体现于高校文化洗练出的高校精神品格，即精神性校园文化。精神性校园文化是高校在人才培养、科学研究、教学实践及管理服务中长期积淀、整合、提炼而形成的，蕴含着一所高校的办学理念、办学定位、发展目标、学科特色、学术风范、教风学风班风等独特风格，体现师生员工共同的理想目标、价值观念、精神信念、文化传统和行为准则的价值观念体系和群体意识的深层文化形式，是教师、学生和管理者共同传承和创造的精神成果的总和，是大学区别于其他社会组织的重要象征，是一所大学赖以生存和发展的重要根基和不竭动力，是大学的精神和灵魂。精神性校园文化是高校校园文化的核心与灵魂，是一所高校凝聚力和创造力的核心体现，也是一所高校生存和发展的源泉和动力，精神文化一旦缺失，大学校园文化就如同无源之水、无本之木、无魂之躯。精神性校园文化主要表现为校园精神，如自由精神、人文精神、科学精神、批判精神、独立精神、创新精神等，是校园文化的精髓和统领。

3. 制度性校园文化

制度性校园文化是在高校发展过程中为保障办学治校的整体秩序，实现教学秩序、学习秩序、管理秩序、服务秩序等的正常化、稳定化、高效化而制定的规章制度和行为规范等，它是高校文化建设与发展、教育教学质量提升的有效制度保障。高校制度性校园文化包括显性制度文化和隐性制度文化，显性制度文化主要是指高校制定的各种规章制度的总和，是形成了文字性的可视的硬性的制度要求，它通过显性的规范保障功能，来实现教书育人、管理育人、服务育人、文化育人等育人目的；隐性制度文化是由规章制度、办学理念辐射和衍生出来的校训、校纪、校规、班规、校风、教风、学风等，对校园师生具有无形约束力的制度、规范和要求，通过其中所蕴含的价值观念产生一种特定文

---

① 马克思恩格斯文集（第一卷）［M］. 北京：人民出版社，2009：545.

化氛围和精神场域，和校园精神文化一同促进高校师生正确价值取向和精神追求的形成，从而实现高校制度性校园文化育人的目的。

（二）高校校园文化的特征

高校校园文化反映的是长期办学历程中所拥有的一种理想、信念以及价值观念，是一所高校的传统、特色和优势。高校校园文化作为一种文化样态，既融合其他文化，又传承文化和创新文化，因而，具有开放性、传承性、创新性等特征。

1. 开放性

高校校园文化在形成、发展、创新的过程中并不是单一的，也不是单向的，而是由校园内全体教职工和学生共同创造的多元文化的共生共处、和谐共荣、多姿多彩的校园文化态势。高校校园文化的整体性决定了它的开放性和整合性，即它将渗透于大学精神、大学制度、大学办学理念、知识传播与大学生日常学习、生活的整个过程，和各个方面的文化进行优化和整合，形成一个开放的系统。高校校园文化不可能独立于社会主流文化之外，它必须吸取社会主流文化营养，使校园文化具有强大的生命力，同时，校园文化也会受到社会其他文化的制约和影响，甚至面临着各种文化和思潮的渗透，而以其开放性的特征承担着对外来文化、西方文化、传统文化的整合并加以利用，并对各种优质文化的相互吸纳、相互碰撞、相互借鉴。

2. 传承性

高校校园文化，如办学理念、价值观念、学术传统、思维方式、校风、教风、学风等内在品格的形成，不是一代人，而是几代人或数代人自觉不自觉地缔造的。这种经过长时间大浪淘沙式形成的校园文化必定是科学的、符合本校办学实际的、可持续发展的，因此，一经形成，在一段时间必将具有稳定性，并内化为校园文化永续永生、不断传承的精神气质，代代相传，相沿成习，渗透在全体教职员工和学生的思想、观念、言行、举止之中，渗透在高校的教学、科研、校风、学风之中，不因时代、社会制度不同而消失。文化的传承与创新作为大学人才培养、科学研究、服务社会三大功能之外的"第四大职能"（袁贵仁）越来越得到高校的普遍重视，校园文化建设是实现文化传承创新的重要基础，没有良好的校园文化建设，就不会有文化的传承，更不会有文化的创新。

3. 创新性

高校是文化传承和创新的主要力量，高校的任务和使命决定了创新性是大学的重要功能之一，也是高校校园文化的一个重要特征。活跃在高校校园的师生是一个较为特殊的文化群体，他们在生活、教学和学习中，不断受到各种文化和各种思潮的冲击，这决定了他们必须不断地、有选择性地借鉴以往文化成果，并在此基础上，不断进行文化建设和创新，他们的身份也决定了他们担负有文化创新的责任和使命。"大学文化的形成过程是大学人的人化过程，亦即大学人创造了大学文化"①，高校校园文化是一个不断选择、优化和创新的过程，也是拔尖创新人才培养的人文摇篮。

三、校园文化的育人功能

校园文化是展示高校文化育人理念和育人形式的直接载体，是构建高校育人平台的重要渠道。高校校园文化不仅是一个文化环境，更是一个教育环境，它对大学生的影响是春风化雨、润物无声、潜移默化、入心入脑的。高校校园文化对大学生的思想观念、价值取向、行为方式、思维方式有着潜移默化的影响，具有重要的育人功能，立德树人，提升学生的综合素养是高校校园文化育人、化人最核心的功能。

（一）立德树人功能

高校文化虽然有物质文化、精神文化、制度文化等多样形式，它们在高校文化育人中发挥影响和作用的途径不同，但各自都通过自身的特质在影响和塑造着大学生，在持续的交互共融中推动、促进和发挥着高校立德树人的育人功能。高校文化育人的基本内涵就是通过大学文化促进人全面、自由、充分、和谐、健康地发展，实现立德树人的根本目标②。

1. 高校物质文化的立德树人功能

高校校园建筑、设施、布置、景观等物质性载体本身是文化的产物，一草一木、一砖、一石无不体现文化育人的引导、熏陶和浸润作用，渗透在大学教学、科研、管理、服务以及师生生活的各个方面。高校物质文化是实现文化育人和落实立德树人的重要途径和载体。高校校园建筑会起到文化隐性课程作用，

---

① 袁贵仁. 加强大学文化研究，推进大学文化建设［J］. 中国大学教学，2002（10）.
② 韩延明. 强化大学文化育人功能［J］. 教育研究，2009（4）.

"建筑物给学生是见贤思齐的精神激励作用重要，还是简单好记方便重要，就在于通识教育的价值衡量上"①，具有精神内涵的建筑物中所蕴含的隐性价值取向直接或间接会对师生的心理产生影响。校园环境是最基本的物质文化，校园环境反映着高校的校史景象与品格特征，集中体现高校风格和环境特色，是高校发挥价值引领和情感陶冶的重要资源，也是实现立德树人育人目标的重要方式。

　　校园文化环境包括校园自然环境和人文环境，中共中央、国务院在《关于进一步加强和改进大学生思想政治教育的意见》中指出："校园文化具有重要的育人功能"，各学校要重视校园人文环境和自然环境建设。校园文化环境中良好的校园布局、独特的建筑风格、优美的绿化都渗透着不凡的人文气息，是高校校园里鲜活的精神标识和文化符号，能够帮助学生净化心灵、陶冶情操、提升境界、涵养气象的优美环境和文化氛围，无时不在潜移默化中培育学生的文化品位和审美观念。这种无声的育人载体，营造出一种春风化雨、润物无声的育人环境和氛围，启迪师生智慧、提高师生审美情趣、激发师生创造力，使师生员工在心旷神怡中获得价值的认同、审美的陶冶、思想的感化、行为的养成，自然而然地影响着师生员工的价值追求、自我认同和对教育事业的热爱，其潜在和深远的意蕴不言而喻，是实现高校立德树人目标的有效方式。

　　2. 高校精神文化的立德树人功能

　　高校文化的基础是物质性的，但其核心是精神性的。高校精神文化是一种隐性文化，它涵盖了高校历史传统和师生认同的文化理念、价值理念、生活方式等意识形态，是高校精神面貌的集中反映，对高校文化育人具有主导性、决定性的作用和影响。黑格尔曾说过："精神的伟大和力量是不可以低估和小视的"②，高校精神是一所高校发展的内在推动力，高校精神作为一种内生动力，当它根植于高校每一位师生员工内心的时候所产生的催化作用，会形成强大动力，激发和感召师生去探索知识，追求真理。

　　优秀的精神文化，可以陶冶大学生的情操，引导大学生树立正确的价值观，尤其是渗透在高校的物质文化景观当中的校风学风、知识体系、校园环境、大学精神、文化理念、师德师风等精神文化，以其隐性的内化功能更深刻、更持久地发挥着隐性的文化育人效力。高校精神文化的形成是顶层设计者的治学理

---

① 黄坤锦. 美国大学的通识教育——美国心灵的攀登［M］. 北京：北京大学出版社，2006：244.

② ［德］黑格尔. 逻辑学［M］. 人民出版社，2002：36.

念、教师的治学精神、大师对学术研究的执着和教书育人的责任感以及学生主体意识、主人翁意识等长期凝结的结果，正如美国教育家波伊尔所描述的：学校是"一个目标明确的场所，一个相互交流思想的场所，一个充满正义感的场所，一个纪律严明的场所，一个相互关心的场所，一个欢庆聚会的场所"①。这样的场所是将高校的价值观念和行为规范内化于高校师生自身价值追求，为立德树人目标实现提供原动力。

3. 高校制度文化的立德树人功能

高校文化是一种氛围，也是一种精神，但这种精神的传承既靠师生自觉，也靠制度文化规范和约束。制度是大学精神与办学理念的外在表现，高校制度文化是高校的内在机制和制度，是高校文化育人的制度保障，更是立德树人得以实现的重要立足点。高校制度文化实质是高校办学理念、办学规律、办学过程的制度化、科学化、规范化、合法化的集中表现。与高校物质文化和精神文化不同，高校制度文化具有"刚性、普遍适应性、直接性、外显性等特征"②，规则明确、严明有序的制度的设立，是高校实现高质量发展和长远发展目标的保证。

高校制度文化通过相关的制度、规章、准则、条例、仪式等保障机制，使高校全体成员形成共同的行为准则和价值追求，以适当的强制性或者潜移默化的方式规范和约束着高校成员的认知、理念、行为及思想，让规章制度内化为师生员工自觉自愿的规范和习惯，从制度层面保障高校育人工作有章可循、有规可依、顺畅有序，保障高校按照自我发展目标稳定运行。在高校内部营造尊师重教、鼓励创新、爱护人才、关爱学生的优良制度环境和民主、科学、平等、高效的制度文化，可以产生一种特定文化氛围，为立德树人目标的实现提供科学育人体制和机制，充分发挥制度文化在思想和行为养成中的育人功能。

（二）素质提升功能

高校校园文化是大学精神、校风学风、校史校友、学生价值观和行为规范等资源的聚合体，对大学生具有十分重要的素质提升功能。高校的育人过程相较于家庭和社会而言，实际是一个"有目的、有计划的文化过程"③，这种目的

---

① ［美］厄内斯特·波伊尔. 基础学校：一个学习化的社区大家庭 ［J］. 小学科学（教师论坛），2011（3）.

② 赵观石. 我国大学制度文化建设：问题与发展趋势 ［J］. 煤炭高等教育，2007（3）.

③ 袁贵仁. 加强大学文化研究推进大学文化建设 ［J］. 中国大学教学，2002（10）.

性和计划性决定了"文化育人"本身即是高等学校教育目标尤其是德育目标或思想政治教育目标之一，因而，在高校人才培养中，文化不只是充当知识育人的"配角"，还要独当一面地发挥育人的功能和作用，要充当育人的"主角"。新时代高校文化育人既是"高等教育发展进入新时代"这一新的发展阶段的必然选择，也是高等学校实现人才培养目标的必然要求，更是大学生发展的根本需求和文明养成的必要途径，在人才培养全过程中发挥着越来越重要的作用。

1. 引导正确的价值取向

高校校园文化是一种优质的育人载体，对大学生价值取向具有深远的影响，积极向上的校园文化在价值追求上与社会主义先进文化和社会主义核心价值观具有一致性，良好的校园文化有助于引导大学生价值观的正确方向。一方面，高校校园文化通过营造特定的文化氛围和环境，引导大学生对国家、社会以及学校的价值产生认同并进行内化，坚定大学生理想信念，厚植高校师生的爱国主义情怀，着力培养有德行有情怀的人，从而引导大学生形成正确的世界观、人生观、价值观。

另一方面，高校校园文化的存在时刻牵引着师生员工的价值取向、行为规范和治学理念，大学生在高等教育文化的熏陶下可以不断规范自己的言行，不断加深对社会的认识，在不断审视个人追求和社会需求之间进行价值重塑，逐渐形成符合社会现实发展需要的价值观，达到社会需求的价值认同。高校校园文化不是一个独立的物质形态，它依附在大学肌体之上，但又牵引和引导着这个肌体的思维和行动①，当一种价值观普遍得到师生的共同认可后，便会像黏合剂一样凝聚人心，由内向外产生一种向心力、凝聚力和推动力，激发个体能量。可见，校园文化作为一种外在氛围对大学生的价值观念发挥着指引和引导作用。

2. 陶冶高尚的道德情操

高校校园文化最大的功能就是在高校浓郁的文化氛围的陶冶下，物质文化、精神文化、制度文化等蕴含的文化内核耳濡目染地融入学生的道德培育体系之中，通过激发大学生内在的道德力量，实现涵养性灵、愉悦身心、陶冶情操的教育目的，达到"蓬生麻中，不扶自直"的育人效果。在每一所高校的历史发展进程中，都会锤炼出具有独特品质的高校精神，这些精神信念长期滋养学生，

① 韩延明. 强化大学文化育人功能［J］. 教育研究，2009（4）.

能对学生道德观、价值观产生重要影响，并在其内心逐渐积淀为道德提升的内驱力，转化为陶冶高尚道德情操的育人力量。

进入新时代，习近平总书记指出，必须加强全社会的思想道德建设，激发人们形成善良的道德意愿、道德情感，培育正确的道德判断和道德责任，提高道德实践能力尤其是自觉践行能力，引导人们向往和追求讲道德、尊道德、守道德的生活，形成向上的力量、向善的力量。思想道德建设的主要目标之一，就是促进学生良好道德习惯的养成，培育学生高尚的道德情操。一所具有深厚文化底蕴的高校，给予大学生的远远不止与知识相关联的东西，其中的文化精神和道德情感对大学生的成长发挥着更重要的作用，它可以帮助大学生塑造品质、陶冶心灵、完善人格，以培养高尚的道德情操。高校校园文化散发的这种内在的育人品质和育人力量，具有深刻的持久性、渗透性和深刻性。

3. 引导正确的行为选择

优秀的校园文化氛围本身就是一种积极有益的德育因素，其中的隐性教育因素会对学生产生一种无形的约束力和支配力，使他们在无形之中受到熏陶、约束、影响和激励，影响他们的行为选择，增强自我管理意识，自觉地维护和遵守学校规章制度，将相对进步的社会准则和优良的道德规范内化为个人的思想品德，逐步完善自己，使自己成为一名克己自律、严修立德的合格大学生，以实现其引导、约束和规范学生行为的育人功能。

高校校园文化对学生正确行为选择的引导功能的实现，一方面通过渗透性的、隐形的、非强制性的育人内容和途径，使学生的思想、情感及内心世界在校园文化的大环境中，不知不觉、自由自在、深刻而持久地受到潜移默化的影响，将所接受的信息内容转化为内心稳定的心理认知，并形成一种行为习惯；另一方面，表现在制度文化对学生行为的引导性和规范性上，制度文化是一种体制下的文化条款，是硬性约束，具有一定的强制性和控制力，在制度文化的约束下，学生会开始自觉审视自己的行为缺失，判断自己的行为是否符合群体的定位和环境的要求并加以改正，在此基础之上形成坚定的道德观念、崇高的道德品质和积极进取的人格精神。因此，校园制度文化能使学生由被动地遵守学校规章制度到主动自觉地领悟校园文化的精髓。

四、高校校园文化育人实施路径

高校校园文化不是单一的文化形态，而是融物质性文化、精神性文化、制度性文化于一体的文化体系，它们在高校文化育人中形成一股合力，通过校园文化活动、社团文化、校风校训等多种载体，共同实现高校文化育人目标。

（一）打造美化校园的物质文化

育人离不开环境，优美的校园环境，如诗如画的校园风光，风格各异、错落有致的校园建筑，鸟语花香的校园小景，宽敞明洁的校园道路，万紫千红的绿化景观，明亮宽敞的教室、图书馆，这些都能给学生以巨大的精神力量。学生在优美的校园环境中学习、生活，增进了他们热爱学校、热爱家乡、热爱祖国的情怀，能帮助他们形成正确的世界观、人生观、价值观。

1. 保护和传承校园物质文化

校园物质文化建设要充分考虑高校的历史传统，立足于校园史迹和传统优势物质文化载体和景观，挖掘在本校历史发展过程中，具有育德、育人价值的文化因素，不断提炼高校优秀文化基因，凸显立德树人的精神内涵，营造立德树人的文化氛围，实现高校物质性校园文化的育人功能。为此，必须"传承保护校园经典建筑和校园景观，精心规划论证新校园建筑布局和设计，增强校园建筑命名的文化意涵，加强校园文化仪式建筑等"①，在高校校园的物质性存在中注入更多精神性的或具有文化含量的内容。

高校校园中的建筑遗存是学校发展的历史见证和传统来源，也是学校鲜活的精神标识和文化符号，传承保护承载校史文化的校园经典建筑、特色博物馆和校园文化景观，必须维护校园历史建筑的文化生态，使之成为传播传统文化和开展艺术教育的生动教材，"新老建筑混合在一起，如同一部记录时间的历史书籍"②，这些精心设计的校园建筑将艺术韵味与学校的价值理念结合了起来，传承了学校的特色与优势文化精神，营造了校园文化教育的氛围，并且营造出一种春风化雨、润物无声的育人环境和氛围，使学生在心旷神怡中获得审美的感受、价值的认同、心灵的陶冶、思想的感化、行为的养成，真正做到生活即教育、学习即成长。

2. 将文化元素融入物质形态中

高校校园物质形态，应彰显大学文化特色和大学精神，展示大学的理想，

---

① 参见陆挺. 大学校园文化的隐形课程认知及建设路径探析 [J]. 思想教育研究, 2017 (3).

② 娄枝. 浅谈 MIT 的艺术教育 [J]. 设计艺术研究, 2011 (5).

体现大学的气象。在校园物质文化建设中，要因地制宜、因校制宜、因时制宜，在建筑风格、人文景观和自然景观中融入高校自身的办学理念和特色，将大学的精神文化与个性气质融入高校基础设施中，打造出识别度高、特色明显、人性化、个性化、文化气息浓厚的校园景观，充分展示高校的价值理念、学术气息和文化氛围，并将人文艺术气息孕育于校园建筑、亭台楼榭、名人雕塑、图书馆、教室、报告厅、运动场馆等客观物质形态之中，使之与校园的有影响性的事件、有重要影响的人物、典型性的活动、文化典故等产生关联，浸润文化的灵气，将校园文化精神以外显的视觉形象为载体，传递给师生员工，形成自上而下的文化认同，启迪师生心智。同时，在校园物质文化建设中，可以以学校雕塑、公共场所的建筑造型等为载体，展示学校形象，挖掘历史底蕴，传承历史记忆，弘扬大学精神，彰显大学文化气象，表达大学文化理念，营造艺术氛围，让这些无声的物质文化载体形成隐性育人路径，使大学生获得文化的熏习、审美的陶冶、情志的感化、行为的养成，在高校文化育人中顺畅地发挥熏陶和化育的作用。

总之，新时代高校文化育人的实现，需要软硬件的配套实施，特别是在硬件设施的完善中要将大学文化的软件恰到好处地融入其中，有目的地将大学文化元素如学校优秀文化传统或学校的特色文化等进行整合，融入学校的教学楼、图书馆、体育设施等学生活动核心区域，将高校的校园自然之美和人文之美有机融合，以人性化特征强化育人功能，使学生在不着痕迹中受到影响。1917年，蔡元培在《新青年》杂志上发表的《以美育代宗教说》一文中说："同一自然景物，在科学上为形体解剖，生理实验，用途改造等等，而文学家乃注重于色、声、香、味之观赏的描写与印证。"英国艺术教育家拉斯金也认为，周围环境的艺术化对人审美能力的培养和提高是极其重要的①。高校优美的校园环境、高雅的人文景观、完善的校园文化设施、科学合理的布局、各具特色的建筑，无一不是育人的重要载体。

（二）营造净化心灵的精神文化

精神文化是高校的文化基因，高校文化育人的最高目标就是精神育人，使学生精神上真正成人，高校校园精神文化要发挥其育人功能，必须加强精神文

---

① ［美］阿瑟·艾夫兰著，邢莉等译. 西方艺术教育史［M］. 成都：四川人民出版社，2000：182.

化建设，注重精神文化的熏陶和精神价值的培育。2017年6月，共青团中央和教育部联合印发的《关于加强和改进新形势下高校共青团思想政治工作的意见》中也强调：要"发挥团学优势，围绕学术科技、文化艺术、公益服务等主题组织开展丰富多彩、积极向上的校园文化活动，深化大学生'走下网络、走出宿舍、走向操场'主题课外体育锻炼活动，将德育与智育、体育、美育有机结合，寓思想政治教育于文化活动之中。积极参与文明校园创建，强化校训、校歌、校史的育人功能，从班风、舍风抓起，营造良好校风和学风"①。底蕴深厚的大学精神、良好的校风、学风等，都是高校精神文化育人的重要抓手和载体。

1. 涵养大学精神

大学精神源于一所大学发展历程中的先进文化积淀和先进文化发展方向的结合，是大学在长期的教育实践中积淀的最富典型意义的精神特征，是大学的根和魂。大学精神最核心的层面是由一些具有历史文化积淀的元素构成，包括办学理念、校训、校史、校风、校标、校徽、校歌等，它们是形成一所高校文化传统的核心要素，既反映其鲜明的办学特色，又体现其深厚的历史底蕴和深层的价值追求，如创新意识、自由思想、人文传统等。大学精神既践行"明明德、新民、止于至善"的大学之道，又彰显一所高校师生的精神风貌和现代大学文化的精气神，其核心是以育人为第一要旨，学校的精神品格会对学生产生潜移默化的影响和熏陶，这种熏陶的结果会在师生的价值观、精神状态、行为方式、思维方式中反映出来。

新时代，大学精神的涵养，要充分吸收现代大学的办学理念与思想精华，在尊重人文精神和科学精神的基础上，在发扬批判精神和包容精神的基础上，深入挖掘集中体现高校本质、特色、历史积淀、文化素养和展示高校的整体面貌、办学特色的精神文化，丰富大学精神的内涵。同时，要汲取人文社会科学中的崇德尚美的人文精神和自然科学中的求真务实的科学精神，处理好高校历史文化继承与文化改革创新、大学精神与大学生信仰之间的关系，营造以先进的文化和高尚的精神品质塑造人的心灵的精神文化。

2. 深挖校训的育人价值

大学校训是大学精神文化的重要组成部分，是广大师生共同遵守的基本行

---

① 共青团中央，教育部. 关于加强和改进新形势下高校共青团思想政治工作的意见 [N]. 中国青年报，2017-06-06.

为准则与道德规范，它既是一所高校办学理念、办学传统、办学特色、办学目标、治校精神的反映，也是一所学校教风、学风、校风的集中表现，是体现一所学校精神文化的核心内容。由于历史的不同，以及地域文化与学科差异的影响，不同的高校形成了各自的传统和精神，展现不同高校的特色与个性，而最能反映一所大学传统和特色的就是校训。

校训以其简练的语言展现了一所高校所培养的人才的特质，以其厚重的文化底蕴和鲜明的时代特色发挥着潜移默化、深远持久的人格精神塑造与价值观养成的育人作用，是激励师生员工不断奋进的助推器，对激励全校师生弘扬传统，增强荣誉感、责任感，继续奋发向上，具有特别重要的意义，尤其有利于大学生在成长发展过程中，将校训内化于心、外化于行、激励心智，在潜移默化的影响中感染人的情绪、陶冶人的情操、美化人的心灵，督促学生积极向上观念的形成、良好品行的养成和理想人格的塑造。因此，高校精神文化育人必须深入挖掘校训的潜在育人价值，充分发挥校训的价值导向作用，将校训所包含的理念融入大学教育教学全过程、渗透在大学校园文化建设全过程、贯穿于大学实践育人全过程、嵌入大学制度建设全过程，使学生从校训中怡情养性，找到精神依归，提升审美境界和文化品位，真正使大学校训的育人功能现实化、常态化。

3. 营造良好的校风

一所学校的校风在一定程度上折射出该校的治学理念、大学精神，习近平总书记曾多次强调要弘扬优良校风学风、营造风清气正的校园文化生态。校风包含针对教师而言的教风和针对学生而言的学风。教风的核心是师风，加强师风建设是营造良好的校风的关键一环，2019年3月18日习近平在学校思想政治理论课教师座谈会上的重要讲话中指出，要打造一支有理想信念、有道德情操、有扎实学识、有仁爱之心的"四有"好老师队伍，应当将加强师德师风建设、增强教书育人能力摆在突出位置。加强师风建设要按照中央政策文件的指示和习近平总书记有关"师德师风"的系列讲话精神，完善制度安排，坚持以师德师风作为教师素质评价的第一标准，打造既具有过硬知识储备，又具有良好道德素质的教师队伍，不断提高教师的专业素养和师德水平。师德师风是大学精神的集中体现，是文化育人的有力抓手。营造良好校风必须充分发挥教师理想信念、道德情操、人格魅力所具有的传导和示范引领作用，引导教师以德立身、以德立学、以德施教、以德育德。教师要回归教书育人的初心，将高尚师德、教师的言传身教内化为文化育人的"无形教材",对学生思想品质和道德养成的意义重大。

同时,要切实增强教师思想政治工作实效性,引导教师将"学高为师、身正为范"的观念内化于心,要"坚持教书和育人相统一,坚持言传和身教相统一,坚持潜心问道和关注社会相统一,坚持学术自由和学术规范相统一,引导广大教师以德立身、以德立学、以德施教"①,热爱教学、倾心教学、研究教学,潜心教书育人,敬畏讲台、珍惜讲台、热爱讲台,注意用人格力量去感化学生、亲近学生、关爱学生,走到学生群体中,走到学生心灵里,营造尊重、友爱、和谐的文化环境,并用他们在科学研究中形成的科学情感、钻研精神、职业道德,促进健康的学术氛围的形成,营造良好校风,为实现最佳的育人效果扎下根基。在学校思想政治理论课教师座谈会上,习近平总书记强调思想政治课教师"政治要强、情怀要深、思维要新、视野要广、自律要严、人格要正"②,要给学生心灵埋下真善美的种子,引导学生扣好人生第一粒扣子。

良好学风,是营造校园氛围和精神文化的关键要素,是衡量学校内在潜质和文化底蕴的外在表现形式,学风主要是针对学生而言,包括学习态度、学习原则、学习方法、学习品格、学习效果、学习效益、学习环境等等。高校应设法营造为培养富有创新精神和实践能力的高层次复合型人才的校园文化环境和崇尚学术、追求卓越、勤学求实、敬业创新的治学氛围以及勤奋、严谨、求实、创新的优良学风,激发学生学习的内在动力。学风建设不仅仅是一个教学问题,它还对营造健康向上的校园文化,弘扬刻苦学习、顽强拼搏的精神和求真务实、明理诚信的道德风尚,引导学生树立正确的成才观、价值观以及学会做人、做事等方面都有着积极作用和深远影响。

4. 营造优良的环境氛围

环境是人才成长的重要条件,它直接影响着每个学生的身心健康发展。中共中央《关于培育和践行社会主义核心价值观的意见》中指出:"注重发挥校园文化的熏陶作用,加强学校报刊、广播电视、网络建设,完善校园文化活动设施,重视校园人文环境培育和周边环境整治,建设体现社会主义特点、时代特

---

① 习近平在全国高校思想政治工作会议上的讲话强调 把思想政治工作贯穿教育教学全过程 开创我国高等教育事业发展新局面 [EB/OL]. 央视网,2016-12-08.

② 习近平主持召开学校思想政治理论课教师座谈会强调:用新时代中国特色社会主义思想铸魂育人,贯彻落实立德树人根本任务 [N]. 人民日报,2019-03-19.

征、学校特色的校园文化。"《意见》以深邃的目光对校园文化育人方式作了深刻的论述，强调通过有意识地设置文化环境，加强校园文化环境的培育和建设，创造文化育人的效益最大化。

营造优良的环境氛围，一方面可以以宿舍文化为载体，结合专业特点积极组织开展各种课外文化活动，充分发挥校园文化、宿舍文化的德育功能，努力把思想道德教育内容带入校园文化、宿舍文化建设之中，大力营造良好的文化环境，让大学生发展自己的兴趣爱好，充实课余文化生活，从中受到熏陶和教育；另一方面要全方位营造育人氛围，曾任香港中文大学校长的金耀基指出："文化生活常决定大学的风格，常影响学生的气质品性和有文化情调、有生命意义的生活方式"①，大学校园里一切动态发生的东西，教学、科研、服务等等方面，渗透着大学的历史积淀和精神追求，体现在校园生活的每个角落，展现了大学全方位育人的教育氛围，这种氛围是无形的，让生活在其中的学生受到熏陶，使学生在高尚和谐环境中耳濡目染、潜移默化地提升文化气质。

（三）完善激发兴趣的文化活动

文化活动对大学生的思想观念、价值取向和行为方式有着潜移默化的影响，具有重要的育人功能。高雅、丰富的文化活动能够持之以恒地发挥熏陶化育的作用，最终影响学生的精神世界。发挥校园文化的育人功能，必须完善能够激发学生兴趣的各种校园文化活动。

1. 开展丰富多彩的校园文化活动

校园文化活动是高校文化育人的重要载体，也是校园精神文明建设的重要构成部分。2016 年，习近平总书记在全国高校思想政治工作会议上强调："要更加注重以文化人、以文育人，广泛开展文明校园创建，开展形式多样、健康向上、格调高雅的校园文化活动。"② 高校校园文化活动内容广泛，相比纯理论性的说教，形式丰富多彩，趣味性强，对丰富学生知识，激发个性和潜能，提高学生组织、交往和沟通协调能力，锤炼学生品格，促进学生全面发展大有裨益。校园文化活动的集聚性，使得大学生在参加这些校园文化活动时，都会产生相互的影响而发挥朋辈教育的作用，能更好地起到"润物无声"的育人效果。

---

① 博伊. 学院——美国本科生教育的经验［M］. 发达国家教育改革的动向和趋势：第二集，1988：154.
② 习近平. 在全国高校思想政治工作会议上的讲话［N］. 人民日报，2016-12-09.

当然，在校园文化活动的开展上也要避免"泛娱乐化"和"纯学理化"的倾向，不能将校园文化活动等同于简单的唱歌跳舞而缺乏思想性、教育性和文化性的内涵，也不能只注重理论知识宣讲或纯粹的说教而丧失了第二课堂的感召力、吸引力和生命力。校园文化活动在设计上应该与学校文化育人的整体设计协调一致，精心组织，使大学校园的文化生态里的各种内容丰富、形式新颖、吸引力强的思想教育、学术科技、文娱体育等校园文化活动蓬勃开展，既有短期的高潮震撼，又有长期的持续熏陶，把德育、智育、体育、美育、劳动教育渗透到校园文化活动之中，使得浸润其中的学生获得刻骨铭心的高峰体验。同时，注重引导这些活动把大学的精神、理念和共同价值观内化与升华到学生心中，使之真正成为高校文化育人的重要载体和平台。

2. 组织有精神内涵的社团文化活动

社团是大学生的第二课堂，也是大学隐性课程的活动涵育课堂和重要的育人载体。高校社团不同于学校其他机构和组织之处就在于自发性，它以学生共同的兴趣爱好和价值观念为基础组建和发展壮大，具有较强的自我管理和约束能力。美国教育家厄内斯特·博伊指出："大学本科教育是否成功与校园生活质量有关系。它与学生在校园内度过的光阴和他们所参加活动的质量有直接关系。"[1] 高校社团文化活动不仅是大学生人际交往的一种方式，而且可以活跃大学生的精神风貌，提升大学生的团结协作意识和合作共事的能力。

针对目前高校社团文化活动泛化、娱乐化等现象，学校必须对其加以合理的引导，组织有精神内涵的社团文化活动，创建文明校园、先锋班级、文明宿舍，让高雅艺术、先进理论走进校园，提升社团文化活动的育人品味，通过开展一系列积极向上、活泼新颖、精彩纷呈的校园活动，增强社团文化活动的思想性、知识性、艺术性、高雅性和教育性，优化社团文化活动品质，提升学生综合素质。为此，必须构建高校社团文化活动育人机制，一是社团文化的"濡化"机制，即通过显性和隐性的文化传播形成促进大学生对社团文化表征和内涵产生的感性认识；二是社团文化的"内化"机制，即大学生经过一个文化接收、反思和选择的内化过程，逐步形成了对社团文化的体察和共鸣；三是社团文化的"外化"机制，即大学生在接收社团文化后主动调整行为、积极践行，

---

① 博伊. 学院——美国本科生教育的经验 [J]. 发达国家教育改革的动向和趋势：第二集，1988：154.

促进社团文化的进一步成熟，扩大社团文化的影响效力，从而推动社团文化的代际传承。

3. 打造有特色的品牌文化活动

大学校园里发生的一切活动都会成为构成校园文化的重要内容，要打造具有学校优势和特色的品牌文化活动，高校必须立足学校人才培养战略，引导校园文化活动向高雅化方向发展，敢于创建特色、善于宣传特色，丰富校园文化传承的载体，加强树立品牌意识，建立多形式、多层次、多系列的主题特色活动，从组织形式、活动内容、精神风貌、文化内涵等方面创建品牌，使高校文化活动产生强大吸引力，凸显校园文化活动品牌育人的整体效应。打造有特色的品牌文化活动，对内以特色文化为支撑，培养文化自觉，凝聚师生对校园文化活动的认同感，增强师生的归属感、责任心与自信心，激发学校的发展动力与竞争力；对外以特色文化为形象与资源，培养文化自信，以品牌文化活动扩大学校的社会影响力，并以此为契机拓展学校获得资源的渠道。

五、新时代高校校园文化育人的长效机制

高校校园文化育人是一项长期而又艰巨的系统工程，要顺利实现育人目标，还需着眼长远，科学构建校园文化育人的长效机制。

（一）构建校园文化育人的保障机制

高校校园文化育人目标的实现，离不开完善的保障机制，只有构建完善的保障机制，高校校园文化才能在社会主义先进文化的引领下，更好地发挥育人作用。

1. 管理机制

发挥校园文化的育人功能，高校在制定管理体系的过程中，在内容上，可以融入社会主义先进文化的内涵和基本要求，使高校管理体系的内容与社会主义先进文化的基本内涵一致。在主体上，要鼓励师生积极参与到学校管理中来，这样的管理制度才能做到深入人心，规范一旦在学校中形成，它将以无形的力量对教师和学生产生深远的影响。在管理队伍建设上，要提高高校管理队伍的专业素质和水平。管理人员在与广大师生沟通的过程中，应该注意多一分理解和包容，采取积极主动服务的方式，密切与其他部门做好配合工作，致力于构建优秀的服务体系。在形式上，互联网现已成为高校校园文化传播的重要路径，高校应以社会主义先进文化为价值导向，积极打造和建设校园网络平台，坚持线上和线下共同合作的原则，将老师和学生相结合，并设立学生网络监督组织，积极配合高校网络监管工作。

2. 协调机制

要建立协同运行机制，协调政府、行业、企业和学校资源，充分调动宣传部门、教务部门、学生管理部门和各教学部门，打破封闭壁垒，形成协同育人格局。要建立组织协调机制，成立领导小组和专门机构，统筹协调文化育人中的重大问题及重要工作，强化组织领导，落实主体责任。同时，要协调文化育人的四个要素，高校文化育人作为一种重要的育人途径和手段，包含育人主体（教育者）、育人客体（大学生）、育人媒介（文化载体）和育人环境（以社会主义先进文化为主导）四个基本要素，这四个要素都是文化育人得以发生和实现的关键性因素，四个要素之间相辅相成、密切配合，共同构成相对稳定的要素结构。首先，作为文化育人主体的教师必须具有高度的文化自觉，因为任何一所大学，文化的形成往往取决于教师，教师是大学文化的主要承载者和创造者，对大学的文化底蕴和特色影响深远；其次，作为文化育人客体的大学生，也必须提升自身文化素养的主动性和自觉性，这是文化育人工作的内生动力；另外，高校要积极引导大学生将知识、能力内化为个人素质，使之在思想和行为上发生显著变化。文化育人的过程实质就是文化价值客体主体化的过程，是在育人过程中充分展现文化底蕴、体现文化内涵的一项系统工程。高校发挥文化育人的功能和作用，就要实现理论灌输与文化渗透的有效融合。理论灌输和文化渗透并不是相互脱离的两层皮，理论灌输离不开文化的滋养，在理论灌输的过程中可以有效利用文化的力量，在为大学生所熟知的文化氛围中提升理论灌输的吸引力、影响力和感召力；文化渗透同样也离不开理论灌输的导引，在文化渗透中需要坚定、系统的理论作为指导。

3. 合力机制

高校校园文化育人并不是高校单打独斗，要增强育人效果，必须构建合力机制。一是要整合社会、家庭、学校的合力，充分发挥学校教育、家庭教育和社会教育各自的职能和优势，聚合三方育人合力，实现校社互动、家校联动，协同育人，达到"从家庭、学校到社会，共同培育良好的文化氛围，激励新时代青年大学生树立远大理想，热爱伟大祖国，担当时代责任，勇于砥砺奋斗，练就过硬本领，锤炼品德修为"① 的目的；二是要整合学校党委及宣传部的领导力量、学校思想政治工作队伍的中坚力量、专业课教师的主导力量和广大学生的主体力量，调动校内各方面的资源和力量形成合力，才能推动整个高校的德育化发展，真正落实立德树人的根本任务。学校党委及宣传部是落实立德树人任务的"总指挥"，高校如何下好文化育人、立德树人这盘棋，很大程度上取决于学校党委及宣传部的决策和部署；思想政治工作队伍大致包括两支队伍，一支是专门从事学生工作的学工部门、团委、辅导员队伍，另一支是思想政治理论课专职教师队伍，两支队伍构成育人的中坚力量，高校文化育人、立德树人的成败很大程度上取决于这两支队伍的素质高下；专业课教师也要主动将立德树人融入学科体系、教学体系、教材体系之中，增强"课程思政"的育人实效，"好老师应该懂得，选择当老师就选择了责任，就要尽到教书育人、立德树人的责任，并把这种责任体现到平凡、普通、细微的教学管理之中"②；大学生作为文化育人的主体力量，在"立德树人"工作中要发挥他们自我教育、自我管理、自我服务的积极性、主动性、创造性。

4. 保障机制

高校校园文化建设要探索建立完善有力的制度保障，要建立体系配套、结构合理、内容科学、设计严谨的制度体系，实现校园管理制度的民主化、科学化、制度化，为文化育人提供健全的制度规范，注重育人资源的整合挖掘，实现制度管理系统性和层次性的有机结合，切实提升制度规范在保障高校校园文化育人中的实效性。在校园制度文化载体建设方面，积极构建与学校培养目标相适应的学生激励体系、保障体系、辅助体系，积极引导师生的理想信念和行为标准，既要健全校园文化建设的组织机构、工作体制和工作格局，也要加强校园文化建设的日常管理，形成符合高校自身特点的日常管理规范，还要严格执行校园文化建设制度，增强制度的刚性约束，提高学生的自我管理能力。《高等教育法》规定的"高等学校应当面向社会，依法自主办学，实行民主管理"是现代大学制度的核心，也是现代大学制度的基本标志。大学必须充分发挥制度文化在思想和行为养成中的育人功能，加强法制教育，倡导依法办事、按规

---

① 习近平. 决胜全面建成小康社会 夺取新时代中国特色社会主义伟大胜利——在中国共产党第十九次全国代表大会上的报告 [EB/OL]. 新华网，2017-10-18.

② 习近平. 在同北京师范大学师生代表座谈时的讲话 [EB/OL]. 中国新闻网，2014-09-10.

则办事，增强广大师生的制度意识。必须从制度上保证学校重大原则、重大决策的民主化，形成学校自我发展、自我约束的运行机制；必须积极推进学术民主制度的建设，充分发挥学者在治学和学科建设中的积极作用；必须不断完善学校管理的法制化、民主化制度建设，推进"依法治校"进程；切实加强用人上的民主制度建设，完善公开、平等、竞争、择优的选人用人机制；高度重视人才为本、人才强校战略，建立更加有效的激励与约束机制，创新人才工作制度。此外，要建立经费保障机制，设立文化育人专项基金，每年拨付经费用于文化育人各项任务落实，改变文化经费供给不足的"缺氧"状态，改变文化人才供给不足的"缺血"状态，改变文化设施供给不足的"缺钙"状态，改变文化精神气象不足的"缺魂"状态①。

（二）常态化加强校园文化建设

要充分发挥校园文化的育人功能，必须常态化加强校园文化建设，"坚持大学文化发展的正确方向，丰富大学文化的内涵，提升大学文化的品位"②，必须坚持以马克思主义为引领，将习近平新时代中国特色社会主义思想、社会主义先进文化和社会主义核心价值观融入其中，以多种途径和方式传播和推广高校校园文化。

1. 坚持以马克思主义引领大学校园文化建设

马克思主义是我们党和国家的指导思想，是我们认识世界、把握规律、追求真理、改造世界的强大思想武器，也是引领高校校园文化建设的一面旗帜。校园是高校师生日常生活、学习和工作的主要空间，作为高校文化建设的重要阵地，校园文化对学生思想品格、道德素养、价值观念的养成具有潜移默化的熏陶作用。要充分发挥校园文化的育人功能，必须坚持以马克思主义为引领，推动新时代大学校园文化建设，建设有特色的、高品质的校园文化环境，引导大学生坚持正确的政治方向，在校园文化活动中增强大学生运用马克思主义的立场、观点和方法来分析问题和解决问题的能力。坚持以马克思主义引领大学校园文化建设，必须通过丰富多彩的校园文化活动，深入浅出地做好马克思主义的宣传与教育工作，主动讲好中国共产党治国理政的故事、中国人民奋斗圆

---

① 孟宪平. 习近平关于社会主义文化建设重要论述的特征论析［J］. 中国井冈山干部学院学报，2019（1）.

② 冯刚. 关于大学生核心价值观培育问题的思考［J］. 学校党建与思想教育，2012（05）.

梦的故事、中国坚持和平发展合作共赢的故事，增强学生的马克思主义理论素养。其中，最关键的是要把习近平新时代中国特色社会主义思想贯穿在大学校园文化建设的全过程中，在"学通""弄懂""做实"上下苦功夫，坚定"四个自信"、增强"四个意识"，使大学生树立共产主义远大理想和中国特色社会主义共同理想，更加自觉地投身于新时代中国特色社会主义建设的伟大实践中。

2. 将习近平新时代中国特色社会主义思想融入校园文化建设中

将习近平新时代中国特色社会主义思想融入校园文化建设中，首先必须将习近平新时代中国特色社会主义思想与学校自然环境、历史文化、发展定位、人才培养要求等结合起来，建设整洁幽雅、美丽和谐、人文气息浓厚的校园环境；其次，必须着力构筑宣传攻势，以校园报纸、杂志、广播、电视台、新媒体等平台为载体，通过思想宣传、舆论引导、榜样激励等，促进学生自觉学习和践行习近平新时代中国特色社会主义思想，丰富校园文化活动，以形式多样、格调高雅、内涵深厚的文艺晚会、比赛竞赛、节庆纪念等，使学生在轻松愉悦的环境中接受习近平新时代中国特色社会主义思想的熏陶，并在活动参与中逐步实现个人成长和全面发展；再次，必须把习近平新时代中国特色社会主义思想融入校园朋辈教育，以学生党团组织、社团组织为载体，积极探索有效途径，发挥朋辈群体感染浸润作用，并通过调研走访、参观考察、公益服务等形式增强感染力和号召力，让学生在亲身实践中、在与同辈的交往活动中潜移默化地学习领会并践行习近平新时代中国特色社会主义思想①。

3. 将社会主义先进文化融入校园文化建设中

社会主义先进文化是人类文明的产物，它是以马克思主义为指导思想，以"面向现代化、面向世界、面向未来"为特点，以"民族的、科学的、大众的"为发展方向，以培育"有理想、有道德、有文化、有纪律"的"四有"新人为目标的优秀文化，理所当然具有提升人的精神境界，促进人的自我发展和自我完善的育人功能。高校校园文化是社会主义先进文化的重要组成部分，社会主义先进文化是引领校园文化育人的思想基础和精神保证。在高校校园文化建设中融入社会主义先进文化的内容，建设体现社会主义特点、时代特征和大学特色的校园文化，不仅能够保证校园文化建设正确的政治方向和文化发展方向，

---

① 参见沈壮海. 用习近平新时代中国特色社会主义思想铸魂育人 [J]. 思想理论教育，2020（6）.

而且能够满足大学生日益增长的精神文化需求的迫切需要。将社会主义先进文化融入校园文化建设，必须深入挖掘高校校风、教风、学风、班风中与社会主义先进文化相契合的相关要素，在正面灌输的基础上，将社会主义先进文化的内涵和价值有机融入其中，这是为培养社会主义合格建设者和可靠接班人提供强大精神动力的必然之举，也是增强大学生认知、认同和践行社会主义核心价值观的重要抓手与途径。

4. 将社会主义核心价值观融入高校校园文化建设

文化育人，最根本的就是利用各种文化现象和文化形态中所蕴含的价值观对人的影响，坚持以文化人、以文育人。高校校园文化建设的最高目标是帮助或促使大学生形成科学而正确的价值观，而这只有在社会主义核心价值观的引领下才能够实现。高校校园文化是一种优质的育人载体，其中所蕴含的精神气质、价值观念必然影响大学生的价值取向，引导大学生正确的世界观、人生观、价值观的养成。社会主义核心价值观在党和国家事业中居于灵魂位置，在社会主义先进文化中具有精髓意义，在中国特色社会主义发展中起着决定方向的关键作用。因此，高校校园文化育人和高校校园文化建设，必须将社会主义核心价值观融入其中，"要从为中国特色社会主义事业培育什么人、怎样培育人的政治高度，以总体的眼光和全局的视野来开展大学生核心价值观培育"①，加大对社会主义核心价值观的宣传力度，广泛而细致地开展各种核心价值观教育，通过营造有利于培育和弘扬社会主义核心价值观的生活场景和社会氛围，使其转化为大学生的情感认同和行为习惯，勤学、修德、明辨、笃实，努力成为社会主义核心价值观的积极践行者，引导大学生对国家、对社会以及对学校的价值观产生认同，从而坚定理想信念，厚植爱国主义情怀，着力培养有德行、有情操、有情怀的人。

---

① 冯刚. 着力培育大学生社会主义核心价值观 [J]. 高校理论战线，2012（09）.

参考文献

［1］马克思恩格斯选集（第一卷～第四卷）　［M］. 北京：人民出版社，1995.

［2］列宁选集（第四卷）［M］. 北京：人民出版社，2012.

［3］毛泽东选集（第一卷～第四卷）［M］. 北京：人民出版社，1991.

［4］毛泽东文集（第七卷）［M］. 北京：人民出版社，1999.

［5］邓小平文选（第三卷）［M］. 北京：人民出版社，2001.

［6］江泽民文选（第三卷）［M］. 北京：人民出版社，2006.

［7］胡锦涛文选（第二卷）［M］. 北京：人民出版社，2016.

［8］习近平谈治国理政［M］. 北京：外文出版社，2014.

［9］习近平谈治国理政（第二卷）［M］. 北京：外文出版社，2017.

［10］习近平谈治国理政（第三卷）［M］. 北京：外文出版社，2020.

［11］中央文献研究室. 十八大以来重要文献选编（上）［Z］. 北京：中央文献出版社，2014.

［12］中央文献研究室. 十八大以来重要文献选编（中）［Z］. 北京：中央文献出版社，2016.

［13］中央文献研究室. 十八大以来重要文献选编（下）［Z］. 北京：中央文献出版社，2018.

［14］中共中央宣传部. 习近平新时代中国特色社会主义思想三十讲［Z］. 北京：学习出版社，2018.

［15］中共中央党史和文献研究院. 习近平关于"不忘初心、牢记使命"论述摘编［Z］. 北京：党建读物出版社、中央文献出版社，2019.

［16］中共中央党史和文献研究院. 习近平关于"不忘初心、牢记使命"论述选编［Z］. 北京：党建读物出版社、中央文献出版社，2019.

[17] 中共中央宣传部. 习近平新时代中国特色社会主义思想学习纲要 [Z]. 北京：学习出版社、人民出版社，2019.

[18] 梁漱溟. 中国文化要义 [M]. 济南：山东人民出版社 1990.

[19] 张岱年. 文化与价值 [M]. 北京：新华出版社，2004.

[20] 张岱年，程宜山. 中国文化论争 [M]. 北京：中国人民大学出版社，2006.

[21] 冯惟榘，金百芬. 国学纲要 [M]. 济南：山东教育出版社，2011.

[22] 韩延明. 大学文化育人之道 [M]. 北京：高等教育出版社，2013.

[23] 袁银传. 价值观 核心价值观 核心价值体系 [M]. 武汉：武汉大学出版社，2014.

[24] 侯长林. 高校校园文化基本理论研究 [M]. 北京：人民出版社，2014.

[25] 冯天瑜，何晓明，周积明. 中华文化史 [M]. 上海：上海人民出版社，2015.

[26] 王永贵等. 意识形态领域新变化与坚持马克思主义指导地位研究 [M]. 北京：人民出版社，2015.

[27] 万建中. 中国民间文化概论 [M]. 北京：北京师范大学出版社，2016.

[28] 王炳林，张泰城. 高校红色文化资源育人发展报告（2017）[M]. 北京：人民出版社，2018.

[29] 沈壮海. 论文化自信 [M]. 武汉：湖北人民出版社，2019.

[30] 张立学. 以文化人：大学文化育人研究 [M]. 北京：人民出版社，2019.

[31] 沈壮海. 中国文化建设的现实境遇及其方法论原则 [J]. 武汉大学学报（人文科学版），2000（09）.

[32] 冯刚. 文化传承创新与行业特色高校的发展路径 [J]. 中国高等教育，2012（01）.

[33] 刘献君. 论文化育人 [J]. 高等教育研究，2013（02）.

[34] 骆郁廷，陈娜. 论"化人"之"文" [J]. 思想理论教育导刊，2016（11）.

[35] 杨威. 论思想政治教育的文化根源 [J]. 江汉论坛，2016（09）.

[36] 冯刚. 思想政治教育创新发展的四个着力点 [J]. 教学与研究，2017 (01).

[37] 王爱遥. 党的十八大以来习近平文化建设思想研究 [J]. 毛泽东思想研究，2017 (05).

[38] 冯刚. 增强高校思想政治工作的文化力量 [J]. 思想理论教育，2017 (07).

[39] 楼宇烈. 中国文化的根本精神及其传承 [J]. 人民教育，2017 (07).

[40] 杜玉波，赵长禄，李和章等. 落实立德树人根本任务 大力发展素质教育（笔谈）[J]. 中国高教研究，2018 (02).

[41] 徐国亮. 社会主义先进文化是中华民族文化自信的灵魂 [J]. 山东社会科学，2018 (2).

[42] 许慎. 革命文化的出场、演进和生命力的内在逻辑 [J]. 贵州社会科学，2018 (4).

[43] 田旭明. 革命文化：涵育社会主义核心价值观不可或缺的重要载体 [J]. 思想理论教育导刊，2018 (8).

[44] 刘先春，赵洪良. 高校文化立德树人的育人功能研究 [J]. 思想教育研究，2018 (12).

[45] 冯秀军. 时代新人培养与新时代的大学使命 [J]. 东北师大学报（哲学社会科学版），2019 (02).

[46] 王磊，景飞. 用革命文化资源提高思政课水平 [J]. 思想政治工作研究，2019 (6).

[47] 沈壮海. 新中国 70 年与中华民族文化自信的重建 [J]. 思想理论教育导刊，2019 (09).

[48] 王易，田宇晴. 习近平对培育和践行社会主义核心价值观的新贡献 [J]. 马克思主义研究，2019 (11).

[49] 包双成. 微博、微信对大学生社会主义核心价值观教育的影响及对策 [J]. 内蒙古师范大学学报（教育科学版），2019 (12).

[50] 佘双好. 习近平关于高校思想政治工作重要论述的发展过程及基本观点探析 [J]. 思想政治教育，2020 (04).

[51] 沈壮海. 用习近平新时代中国特色社会主义思想铸魂育人 [J]. 思想理论教育，2020 (06).

［52］任世强. 大学文化的育人功能及实现路径［N］. 光明日报, 2013-12-01.

［53］吴潜涛. 社会主义核心价值观教育: 立德树人的必由之路［N］. 北京日报, 2014-01-13.

［54］韩振峰. 文明: 社会主义的文化价值追求［N］. 人民日报, 2014-01-16.

［55］陈先达. 文化自信与民族自强［N］. 人民日报, 2016-12-05.

［56］路日亮. 人学视域下的立德树人［N］. 光明日报, 2017-03-27.

［57］翟博. 新时代教育工作的根本方针［N］. 中国教育报, 2019-09-16.

［58］教育部. 完善中华优秀传统文化教育指导纲要［EB/OL］. 中华人民共和国教育部网站, 2014-03-28.

［59］习近平. 决胜全面建成小康社会 夺取新时代中国特色社会主义伟大胜利——在中国共产党第十九次全国代表大会上的报告［EB/OL］. 新华网, 2017-10-18.

［60］新华社评论员. 以立德树人铸就教育之魂——学习贯彻习近平总书记在全国教育大会重要讲话［EB/OL］. 新华网, 2018-09-10.

［61］习近平主持召开学校思想政治理论课教师座谈会［EB/OL］. 中央广播电视总台央视新闻, 2019-03-18.

［62］中共中央国务院. 新时代公民道德建设实施纲要［EB/OL］. 新华网, 2019-10-27.

［63］中共中央国务院. 新时代爱国主义教育实施纲要［EB/OL］. 新华网, 2019-11-12.

［64］［宋］张载. 张载集. 横渠语录［M］. 北京: 中华书局, 1978.

［65］［清］顾炎武. 日知录（卷十三）［M］. 兰州: 甘肃民族出版社, 1997.

［66］杨伯峻, 杨逢彬译注. 孟子［M］. 长沙: 岳麓书社, 2016.

［67］杨逢彬, 欧阳祯人译注. 论语 大学 中庸译注［M］. 上海: 华东师范大学出版社, 2018.

［68］［英］泰勒著, 蔡江浓编译. 原始文化［M］. 杭州: 浙江人民出版社, 1988.

［69］［德］雅思贝尔斯著, 邹进译. 什么是教育［M］. 北京: 三联书店出

版社，1991.

　[70]［美］阿瑟·艾夫兰著，邢莉等译. 西方艺术教育史［M］. 成都：四川人民出版社，2000.

　[71]［美］赖特·米尔斯著，陈强，张永强译. 社会学的想象力［M］. 北京：三联书店，2016.

　[72]［美］杰里·D·穆尔著，欧阳敏等译. 人类学家的文化见解［M］. 北京：商务印书馆，2016.